北京华景时代文化传媒有限公司 出品

交易大师

股市投资完整解决方案

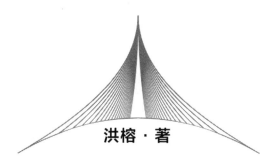

洪榕·著

中国出版集团 | 全国百佳图书
中国民主法制出版社 | 出版单位

图书在版编目（CIP）数据

交易大师：股市投资完整解决方案 / 洪榕著. —
北京：中国民主法制出版社，2024.1
ISBN 978-7-5162-3479-2

Ⅰ.①交… Ⅱ.①洪… Ⅲ.①股票投资—基本知识
Ⅳ.①F830.91

中国国家版本馆CIP数据核字（2024）第000688号

图书出品人：刘海涛
出版统筹：石　松
责任编辑：张佳彬　李婷婷

书　　名/ 交易大师：股市投资完整解决方案
作　　者/ 洪　榕　著

出版·发行/中国民主法制出版社
地址/北京市丰台区右安门外玉林里7号（100069）
电话/（010）63055259（总编室）　　63058068　63057714（营销中心）
传真/（010）63055259
http：//www.npcpub.com
E-mail：mzfz@npcpub.com
经销/新华书店
开本/16开　710mm×1000mm
印张/25　**字数**/381千字
版本/2024年3月第1版　　2025年8月第3次印刷
印刷/文畅阁印刷有限公司

书号/ISBN 978-7-5162-3479-2
定价/88.00元

推荐语

知其然，知其所以然，知其所以必然。资本市场的作用是什么？该让怎样的企业上市？"风险"二字如何理解？这个市场中究竟谁更重要？只有走出这些误区、认清市场真相，才能更好地发展中国资本市场，最终迈向金融强国。本书对这些问题做了较为深入的思考，值得一读。

——中国人民大学原副校长 吴晓求

资本市场是大国博弈的主战场。股市是大国崛起的核心竞争力之一，振兴中国资本市场，是提振国人信心、化解新矛盾、服务好市场经济的重中之重，具有多重战略意义。洪榕先生这本书可以帮助投资者全面深入地认识我国资本市场现状，并给出了完整的股市投资解决方案。

——中国政法大学资本金融研究院原院长 刘纪鹏

洪榕先生是新浪财经平台上的优质财经内容分享者，笔耕不辍，十多年如一日。这种坚持与勤奋和资本市场长期价值投资的理念不谋而合。新浪财经愿意与更多财经内容创造者一起见证中国资本市场的蓬勃发展。

——新浪财经 CEO 邓庆旭

洪榕先生把自己近三十年的投资实战经验，凝结成一套为个人投资者量身打造的"在股市赚到属于自己的钱"的完整解决方案。针对个人投资者在股市不赚钱的本质原因，本书用简单易用的策略帮助投资者战胜人性的贪婪和恐惧，另辟蹊径，巧妙地帮助个人投资者系统解决选股、看消息、看盘、择时、操盘及风控等普遍难题。

——《华夏时报》原社长、总编辑 水皮

投资是科学，更是艺术，模糊的正确远胜于精准的错误。本书重点谈的洪攻略极端交易体系在降低基本面分析难度、摆脱技术分析困局方面，做了比较精妙的安排。能够帮助投资者形成有长期目标的价值投资理念。

——上海大智慧股份有限公司创始人 张长虹

"投资大时代"来临，投资者大有可为。一套系统、科学、易学的投资体系，将助力我们拥抱大时代，成就"人生好时代"。而本书主角——洪攻略极端交易体系，正是这样的一套体系。

——信达澳亚基金管理有限公司总经理 朱永强

洪榕先生的这套投资体系，是西方证券投资的基本理论与中国股市投资具体实践相结合的产物。从现代文明史的发展角度，用另类的视角和独特的眼光高屋建瓴地诠释了投资背后的逻辑，指出了价值投资的误区，让一些价值投资者对择时有了不一样的理解，利于突破价值投资认知瓶颈，使投资更上一层楼。

——上海申毅投资股份有限公司 CEO 申毅

一套理论、一套体系好不好用，用过的人最有发言权。我与洪榕先生相识多年，深知他本人亦是洪攻略的最大受益者。他习惯用洪攻略思维思考几乎所有问题，可以说洪攻略成就了他的投资好人生。

——东吴证券股份有限公司常务副总裁 孙中心

估值本身是件主观的事，不存在放之四海而皆准的估值体系，不同市场适用不同估值体才是合理的。洪榕先生在中国资本市场具有丰富经验，对上市公司估值体系和中国资产的价值重估有着极为独特的见解和认识，并在本书中做了详细的论述。同时，本书还给出了一套针对 A 股投资者的投资体系，是一本非常实用的投资必读书。

——上海交通大学上海高级金融学院教授 陈欣

庄子智慧强调顺应自然之道、掌握人道，这在投资领域同样适用。投资是认知的变现，考验的是人性及人对规律的把握。本书在帮助投资者认清市场规律的同时，用一套完整的体系帮助投资者提升对规律的把握和对市场的判断，从而能在投资时保持内心的自由与宁静，在波动中找到安定的力量，看清股势走向，赚取规律的钱。

——全球领先项目管理协会年度大奖评审专家 张文光

自序一

从业 30 年，所有的思考和行动都是这本书的一部分，对这本书我寄予厚望。

如果念大学时我可以读到这样一本书，我的人生可能会不一样。

如果你有缘和这本书相遇，希望你可以借这本书帮自己做个人生重要且严肃的决定：走还是留？即是销户离开股市，还是留下来继续战斗。

或者，你先认真读完这篇自序，再决定要不要认真对待"去留"问题。

编写这本书的初衷是希望帮助"洪粉家人"掌握一套成功概率相对高的投资方法——洪攻略极端交易体系（以下简称洪攻略）。

截至现在，洪攻略已经帮助不少普通人实现了财务自由，这是我推广洪攻略最大的底气。我一直期待可以用一本书完完整整地讲述洪攻略，包括帮助投资者学习、了解、理解和使用洪攻略，力求帮助投资者解决学习、使用洪攻略过程中遇到的所有问题。

现在书完成了，本书可以达到我的期待吗？思前想后，突然发现，这本书解决的只是"留"的问题，并没有解决更重要的"去"的问题，如果进入股市一开始就是个错误呢？

洪攻略是一把好刀，但如果让手无寸铁的投资者走上九死一生的战场，这何尝不是一种残忍！

很不幸，A 股市场确实可能是让普通投资者"九死一生"的地方。

为了更好地理解我后面要说的，我们先来读马克思在《资本论》中引证托·约·邓宁的一段话："如果有 10% 的利润，它就保证到处被使用……有 50% 的利润，它就铤而走险；为了 100% 的利润，它就敢践踏一切人间法律；

有300%的利润，它就敢犯任何罪行，甚至冒绞首的危险。"

A股市场在"一些人"眼里，是一个利润超过300%的市场。

股市中有三种钱（利润）可以赚：

一是企业成长的钱（价值投资）；

二是别人的钱（"割韭菜"）；

三是政策的钱（政策红利）。

很不幸，A股市场中最大的钱是第二种（以十万亿计），第二种钱几乎让市场所有的牛机构、聪明的人及内幕知情者趋之若鹜。有些人为了获取最大的利益，无所不用其极，企业业绩及行业政策也都成了他们用来"割韭菜"的工具。在这些人眼里，A股市场就是一个大猎场，广大的普通投资者就是他们眼里的猎物。他们频繁制造极端行情，暴涨暴跌，利用普通投资者的恐惧和贪婪围猎，所以A股市场成了全球波动最频繁、最没长期趋势的股市，这些"猎人"在行情波动中赚得盆满钵满（折线拉直一定比直线长）。为了提高"割韭菜"的成功率，他们不仅利用规则，而且影响规则的制订。另外，因为炒作存在巨大的利益，不少上市公司大股东、券商研究员亦沉溺其中，推波助澜。

因为频繁围猎交易热络，给了A股市场不缺流动性的假象，其实A股市场一些大盘绩优蓝筹长期处于低估值，很重要的原因就是缺乏流动性。

A股市场人为设置了很多交易障碍，这对以发现价格为目的的要素市场而言，属于咄咄怪事，但却长期存在。对于炒作"割韭菜"的资金而言，印花税不是什么大数字，但对于一些未被选中炒作的股票就是大事了，这显然会妨碍交易者的积极性。

不仅制度，很多政策也被猎人利用来降低围猎成本，提高围猎的成功率，比如指数期货、期权、ETF、北向资金等，都直接或间接成了围猎的帮凶。

利用一切可利用的手段，通过制造极端行情去围猎普通投资者获取巨额利益——这是A股市场30年来盛行的商业模式。

明白了这一点，大家自然能看清楚A股市场乱象背后的真相：

1.A股市场炒作盛行，监管很努力，但屡禁不止。（是因为炒作有暴利，主力参与趋势炒作比做价值投资赚钱容易）

2.A 股市场行情走势极端，波动巨大，牛短熊长。(是因为只有极端走势、巨幅波动炒作主力才能割到"韭菜"，牛市大量"韭菜"进场，一旦被"割韭菜"，"韭菜"再长起来需要时间)

3.A 股市场走势和我国经济发展严重不匹配。(是因为"围猎"赚钱容易，"养殖户"自然减少，上市公司忙于助力炒作)

4.A 股市场赚钱和赔钱两极分化非常严重。(是因为"围猎"是零和游戏，自然是惨烈的)

5.A 股市场有比较完善的保护散户投资者的交易制度（T+1，涨跌停板），但散户亏损最严重。(是因为 A 股独特的交易制度，降低了操纵股价走势的难度，减少了炒作的成本，提升了"围猎"的成功率，让大量的炒作资金乐此不疲，助长了"围猎"的长期存在)

6.流动性是股市的生命，流动性严重影响估值，流动性是充分合理定价的基础，人为阻碍流动性的设置（比如 T+1、涨跌停板、高印花税），必然带来变形的定价、变形的估值。A 股的流动性、高估值给了新股、差公司、小公司等胡乱炒作的股票，日换手率可以达到 50%，而一些绩优蓝筹日换手率不及 0.1%（比如工商银行日换手率多数时间不足 0.05%）。A 股市场所谓不缺流动性完全是误解，一些绩优股票正是因为缺乏流动性而长期处于不合理的低估值，这是中国资产估值长期失真的背后真相，也是价值投资者灰头土脸难有作为的根本原因。

在这样的猎场，"猎物"要想不被"猎人"猎杀，唯有像"猎人"一样思考，像"猎人"一样行动，这是唯一的选择——"洪攻略"应运而生。

洪攻略是为普通投资者量身定制的 A 股投资完整解决方案。如果你是个坚定的价值投资者，洪攻略对你的帮助将会更大。

自序二

致股市有缘人，给你一把金钥匙

很高兴你翻开这本书，你是股市有缘人，这不是一本普通的股市投资书，而是一把打开"股市盈利法门"的金钥匙。

这本书可能会掀起一场投资革命，会颠覆很多人对投资的认知。

认真读了这本书后，你可能会认识到过去自己对股市真的很"无知"，会被自己一直以来的"瞎忙"惊出一身冷汗，也会开始感受到原来从"猎人"的视角来看股市是多么的赏心悦目。

这是一本讲述"股市投资完整解决方案"的书籍，有效解决投资者在股市投资中的"疑难杂症"。本书系统讲述了洪攻略极端交易体系（简称洪攻略），这是一套集股市投资牛人智慧之大成的投资体系。洪攻略另辟蹊径，帮助投资者解决了择时、选股及风控的难题，可以帮助投资者大大提高投资成功率。

本书可以让你了解股市中那些颠覆常理的真相，帮你认识真实的市场和真实的自己，并且对症下药。

洪攻略经历了多轮牛市、熊市的实践，取得了巨大的成功，让我拥有了大量"铁粉"，相信并认真使用洪攻略的"洪粉家人"中有人实现了财务自由，有人感受到了投资的快乐，亦有人改善了家庭关系、工作状态……有些人希望能够有一本完整阐述洪攻略的书，这也是我出版这本书的原因之一。

洪攻略是基于人性层面设计的，这套交易体系确实可以帮助投资者突破过去难以突破的投资困境。在微博等媒体平台有大量洪攻略的实战讲解，但内容太多，也不够系统，这影响了一些人学习洪攻略的效率。现在这本书，可以大大提高了解、学习洪攻略的效率。希望立志成为股市长期赢家的你，不要放过这个触手可及的机会，花一些时间认认真真读读这本书。当你了解了洪攻略的设计原理，体会了洪攻略的妙处，你会为你与洪攻略的缘分而骄傲的。

目　录

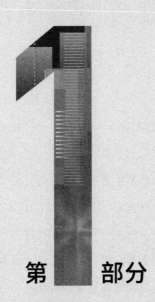

第部分

成为“合格投资者”

导　语

　　投资是认知的变现，作为投资者，先问问自己：对股市的认知够吗？

　　认知不够，显然不能算合格投资者。

　　股市是聪明人聚集的市场，有武装到牙齿的实力机构、基金经理，有长期市场竞争胜出的游资猎人。面对强有力的竞争对手，如何让自己成为一名合格的投资者，是作为投资者必须首先解决的问题。当然，这也正是本书希望帮助投资者解决的问题。

第一章　谁是"合格投资者"？

日常生活中，找到一份好工作需要大学毕业证书作为敲门砖，但面对重要的股市投资，几乎没有投资者拿过"股票大学"的毕业证书，甚至很多投资者连一堂相关的课都没有上过，赤手空拳便来到股市这个残忍的战场。

投资者来到这个市场其实只有一个目的——获取收益。这个目的简单又明确，但并不容易。因为投资是一件专业的事，需要一定的专业能力。然而很多投资者并不具备这个能力，甚至连股市中最基本的问题都没有思考清楚，比如对"来股市能不能赚到钱"心中抱有疑虑；对"谁在股市赚到了钱""谁在股市赔钱、为什么赔钱""如何才能在股市赚到钱"这些问题都没有想明白，甚至都没有认真思考过这些问题，那又如何能达到获取收益的目的呢？我们先来回答这四个问题，再来看自己是不是一个合格投资者。

对投资者的灵魂四问

第一个问题，来股市能不能赚到钱？

这是来股市之前必须先解决的问题。投资就和挖石油一样，如果去的地方是贫油区，地下根本就没有油，那任凭你再怎么努力，也挖不到石油。

这个问题的答案是肯定的，因为过去确实有大量牛人在股市赚到了钱。可能有投资者认为那是因为过去有牛市，赚钱很容易。而现在甚至以后基本很难有全面牛市了，所以以后赚钱不容易了。但我认为未来的机会只会越来越多，因为现在的中国已经进入了一个崭新的"资本大时代"。不难发现，现在做投资的人比过去多很多，也有越来越多的资金通过买公募基金、ETF等方式进入这个市场。国家越来越重视资本市场，资本市场的枢纽作用也与日俱显。

过去20年，房地产可能是最赚钱的产业，但在"房住不炒"的大前提下，再想通过房地产赚钱是非常困难的。当下符合广大普通老百姓投资需求的只有资本市场，广大民众也有进入资本市场的需求。

当然国家也确实需要资本市场，因为科技是国运之争。国家要大力发展科技，但很多科技公司有的只是无形资产，没有实体资产等作为抵押，很难从银行借到钱。公司要实现融资只能借助资本市场实现股权融资。所以，资本市场必须发展起来，保证科技企业顺利融到资金。只有科技企业发展起来，国家的科技力量才能强大起来。

中美之间的博弈，最终是科技的博弈。我们的生活要变得越来越美好，最终靠的也是科技的发展和进步，而这个过程都需要大量的钱，这个钱的获取路径之一就是资本市场。

我们国家的发展也已经达到了一个阶段：普通民众有投资需求，国家也有融资需求，所以"资本大时代"就这样开启了。如果错过了将会很可惜，很有可能就像十几年前错过房地产投资一样。

过去几十年，财富通过房地产做了一次重新分配。我个人认为未来几十年，财富将会通过股权再次做新的分配。未来资本市场的机会会越来越多，如果身边的人抓住了这个机会，你没有抓住，最终你的财富就会被别人挪移走。股权市场，也将成为实现新一轮财富大挪移的地方。股市也是普通投资者能够赚到钱的好地方，相比创业、投资房地产或做其他资本投入，通过股市赚钱相对容易。

股市是个相对公平的地方，数据摆在那里，行情怎么走，价格也是直接透明的，这是一个通过努力就有可能获取一定回报的地方。在这里，普通投资者只要能克服散户思维，建立一套完整的投资体系，赚钱的概率就会大大提高。

中国股市还相对年轻，确实存在这样那样的问题，但解决问题的过程就是机会呈现的过程。研究发现，很多投资者在股市没赚到钱，其实不少是自身的问题，而这正是本书希望帮助投资者解决的问题。

第二个问题，到底谁在股市赚到了钱?

这是我们在做投资之前需要了解的问题，否则连学习的目标都没有，甚至连赚的是什么钱都不知道，即使赚到了钱下次可能还会莫名其妙地赔回去。在股市，有三类钱可以赚:

第一类，赚企业成长的钱。我们买股票买的是股权，买一家公司的股票，然后和这家公司共成长。这家公司将来赚了很多钱，你就可以分到红，这个公司的股价也会上涨，最后你还可以分享这家公司成长给你带来的收益。这就是通过买一家上市公司的股票去分享它的发展成果。

第二类，赚其他投资者的钱，这就是 A 股的特殊之处。在这个市场存在大量的"散户思维的韭菜"，让很多人忍不住去"割韭菜"，从中赚取大量利润，甚至比赚企业成长的钱还多。也正是因为这个原因，让很多人看不懂这个市场:一家烂公司竟然能一涨再涨，涨的唯一理由就是它被当成了用来赚其他投资者钱的工具。而且这个钱是以十万亿计的，巨额的利润吸引着无数的人前赴后继重复地"割韭菜"。这就是 A 股市场真相，非常残忍。

第三类，赚政策红利的钱，这是 A 股市场上特别重要的一点。我们是发展中国家，始终坚持着改革开放，国家会有很多相关政策来适应社会的发展。普通投资者要去把握这些政策，并从中发现投资机会。而我们想要赚到这类钱，就必须清楚这类钱的特征与特点。

在"资本大时代"之下，政策变革处于时代风口，赚政策红利变得简单，因为站在风口上"猪都能飞起来"。A 股市场这种赚政策的钱，是和价值投资不同的。传统价值投资讲究的是赚企业成长的钱，研究的是财务报表。但通过研究财务报表，并不能赚到第二种和第三种钱，这也是研究不透的。

在 A 股市场，这三种钱三分天下。如果你只研究价值投资，只可能赚到1/3 的钱，而且疯狂炒作的现实极可能让你对价值投资产生怀疑，做不好价值投资。

A 股市场独特的涨停板敢死队，赚得就是第二类钱，属于典型的"割韭菜"，虽然长期面临严厉监管，但因为获利丰厚，游资等乐此不疲。

中国股市的传奇人物赚的都是第三类钱。比如有些牛人喜欢买 ST 股，赚的是政策红利的钱。这是因为 A 股市场当时的特殊制度，退市比例小，重组成功率高，这决定了投资 ST 股成功概率高，且能赚到大钱。这是赚企业二次上市的钱，炒 ST 股相当于打新。

第三个问题，谁在股市赔钱？为什么赔钱？

我们在做投资时，一定要清楚自己赚的是什么钱，同时要知道是谁在股市赔钱，也要知道为什么会赔钱。你可能会说这个市场是散户在赔钱，是散户在被围猎。我认为，准确地说，应该是有散户思维的人在赔钱，有散户思维的人在被围猎。

贪婪、恐惧是人性常态，是散户思维（本书后面有专门章节谈散户思维）的典型体现，对应的交易行动就是追涨杀跌。

是否是散户和拥有多少资金没有关系，只和散户思维有关。即使是掌握着上亿资金的基金经理，如果他有典型的散户思维，思维不成体系，那他也是个大型散户。

俗话说，股市投资七亏二平一盈，这句简单的话说的是股市盈亏比。这个市场是多数人在赔钱，多数人被围猎。但其实 A 股不光是散户在赔钱，一些牛人也在赔钱。因为我们经常听到一些华尔街大牛折戟 A 股，和散户一样在这个市场赔钱，这不是因为他们不够牛，只是因为他真的不了解 A 股市场的特征和特点。

A 股市场炒作盛行，不少价值投资的神话也在这里破灭了，难道是价值投资不灵了？并非如此，这是由 A 股市场特点决定的。只有了解市场真相，然后用一套适合这个市场的方法，才能在这个市场生存下去。价值投资的神话并不会破灭，只不过用的方法、用的时间出了问题，就会让使用者赔钱。

在股市赔钱的人有个共同特征，就是不知彼知己，他们不明白 A 股市场的真相，也错误地估计了自己的能力。本书用了大量篇幅来帮助投资者知彼知己。

第四个问题，如何才能在股市赚到钱？

在投资之前，要先确定你想赚或能赚哪种钱，然后找到适合自己的交易策略或交易模式，才能成功赚到对应的钱。

什么样的交易模式才能提高投资成功率？不仅要好操作、易上手，能够帮助你克服自身的毛病，摆脱散户思维，还需要考虑 A 股的独特性，能够做到因时制宜，这才是最适合 A 股投资者的交易模式。

思考清楚以上四个问题，是成为合格投资者的基础，而真正的合格投资者长何模样？如何真正地成为一名合格投资者？我将为各位一一展开。

你是"合格投资者"吗？

一名投资者是否合格，只需要问他两个问题就能测试出来：

第一个问题，对 A 股市场有没有最基本的认识？

A 股市场不同于西方市场，有很多独有的特色和特点。比如 T+1、涨跌停板、政策市、存在广大的散户投资者、比较年轻且依然处于发展阶段。这是 A 股市场的一些基本情况，想要投资成功，这些是必须了解的基础。

第二个问题，对自己了解吗？

你了解自己的优势和劣势吗？承认无知、短视、赌性、恐惧和贪婪这些"臭毛病"是投资大忌吗？如果你习惯找顶找底，显然是把自己当成了神仙，属于错误地估计了自己的能力。再比如，你可能会错误地估计自己的忍耐力，尤其是对被套股票的持有时间。有人觉得一只股票可以持有一两年，但实际情况是，市场发生变化的时候，往往是他受不了、情绪崩溃的时候。一只股票下跌，你能忍受持有 3 个月，但它可能会跌 3 个月零 1 天；你能坚持 100 天，它可能会跌 101 天。股市就是如此残忍，让你忍无可忍，"割肉"离场，倒在黎明前。

如果你顺利通过以上两个问题的测试，恭喜你，你是一名合格的 A 股投资者！可惜在 A 股市场，大多数投资者是不合格的。

不合格投资者有个共性：赢的时候不知道自己为什么赢，输的时候也不知道为什么输。就这样稀里糊涂地赢、稀里糊涂地输，账户始终保持着亏损状态。表面上看，他们分析得头头是道，但其实股票的走势和那些分析并没有确定的因果关系，因为结果验证了他的判断，并没有验证他的分析逻辑。他的赢只是巧合，或者是无数个巧合的结果。

《孙子兵法》讲"知彼知己，百战不殆"。只有知彼知己，打仗胜率才会高。如果对一个领域完全搞不清楚，也不知道真相，就很容易掉到陷阱里面去，这是一个基本常识。但很多投资者根本不管这些，既不知彼，也不知己，不了解 A 股市场，也不了解自己人性中的贪婪和恐惧。

都说"可怜之人必有可恨之处"，我觉得这话说得在理。在 A 股存在不少不肯深入学习，天天梦想掉馅饼的投资者。行情来了，行情走了，他们根本不知道市场究竟发生了什么，也不知道自己该怎么做。甚至在连基本交易规则都不清楚的情况下，就把自己辛辛苦苦赚来的钱砸进去，希望赌一把。偶尔凭运气赚来的钱，最终全凭本事赔回去了，甚至是加倍赔回去。

很多投资者认为自己没赚到钱的原因是没买到牛股，但做过投资的人都知道，牛股基本都买到过，只是要么早早地把牛股给抛了，要么是买得太少，大涨也赚不到多少钱。还有很多常年满仓的投资者，经常被套牢，完全丧失了投资主动权，只能被行情牵着鼻子走，心情也在市场的涨跌中沉浮。

股市投资想获取一定的收益，首先需要成为合格的投资者。这里合格投资者不是美国市场讲的合格投资者，美国市场认为个人 100 万美金以上，公司 1000 万美金以上，才是合格的投资者。国内对投资者也有类似的划分方法，比如私募基金只能卖给申购额 100 万以上的客户，账户 10 万资金才能参与创业板，50 万才能参与科创板。

背后逻辑是：资金量多的投资者能够承担一定的风险，资金量少的投资者对投资风险认识不到位，亏损后会成为社会不安定因素，所以需要用这样一个"合格投资者的标准"来防范社会风险。

但我认为对 A 股市场的合格投资者，应该有特殊的定义。我们也听说过很多华尔街来的牛人折戟 A 股。他们有足够多的资金，但却在 A 股亏得一塌糊涂，那他们就不是合格投资者吗？显然不是！

在我看来，投资者是否合格与资金量无关，与心态有关，与是否知彼知己有关，与是否拥有一套适合 A 股投资、适合自己的投资交易体系有关。

首先，合格投资者的心态要好。做投资心态是第一位的，但很多投资者并不重视，认为这是一句虚话。只有心态好的人才能接收到正能量，接受他人有价值的信息，否则再好的理论、再好的消息、再好的知识，也听不进去，因为完全不在状态。好心情是一时的，好心态是一辈子的。作为合格投资者，心态一定要好。心态好的人有一个特征——不怕赔钱。因为他知道亏钱只是暂时的，自己以后一定有方法把钱加倍地赚回来。

其次，合格的投资者要做到知彼知己。投资成功有概率，知彼知己才能提高成功率，了解 A 股市场真相的同时，也要了解自己的人性特征和特点。只有了解了这些，才能看懂市场，顺势而为，同时克服自己的人性弱点，找到适合自己的、成功概率高的交易体系。

最后，合格投资者必须掌握一套适合自己的投资方法，一套好的投资方法首先必须能够呵护投资者的好心态，其次要能够降低操作难度，提高投资成功率。

第二章　知彼知己，百战不殆

在股市这个生态体系中，散户是生物链的最底端，是金字塔的最底层，是决定 A 股盈利模式的基石。A 股所有的盈利模式都源于它有一个强大的散户投资群体。在弱肉强食的股市，广大散户也往往是最终买单的人。因为无论是从信息源还是从资金实力，或是投资工具来说，散户群体都相对差些。现实是残酷的，大部分散户确实是无法逃脱"投资亏损"的命运。

在 A 股市场，真实情况是大量有散户思维的投资者（和资金量大小无关）为 A 股市场提供了宝贵的流动性，决定了 A 股市场独特的生态：

因为大量散户的存在，A 股可以完全脱离价值进行炒作，总会有人在高位接盘，这大大提高了庄家炒作成功的概率；

因为有大量手无寸铁的散户存在，一些机构可以通过"割韭菜"获益，而完全不用考虑和上市公司共成长；

因为有大量不明真相的散户存在，所以真假消息漫天飞舞，屡禁不止，总有人可以从中获得巨大利益；

因为有大量散户需要保护，所以助力 A 股炒作，阻碍价格发现的 T+1 及涨跌停板交易制度可以一直存在，证券市场的变革也变得异常小心，这其实大大拉长了 A 股市场化发展的进程；

因为有大量喜欢追涨杀跌的散户存在，所以行情趋势一旦形成，A 股市场出现完全偏离经济发展周期的行情也很正常。散户追涨杀跌也把公募基金彻底训练成了"追涨杀跌的趋势投资者"（散户申购赎回公募基金，左右着公募基金的决策）；

因为炒作成功概率高，获益丰厚，所以炒作难以完全禁止。炒作也彻底改变了人们对一家企业的真实判断。不知从什么时候开始，"容易炒作成功的公司就是好公司"，成了市场衡量一家公司价值的重要标准。再好的公司，如果没有炒作价值就等于价值不大，这种判断对上市公司经营的影响是摧毁性的。因为在这种情况下，上市公司股东管理层的思考和行事方式以及所有的努力，都是希望让自家的公司便于炒作，业绩也只是助推炒作的一种因素。而这也让传统的公司价值评估效果大打折扣。

A 股呈现明显的炒作周期，每一轮牛熊就像是一个"春夏秋冬"，"春夏"是最适合百草生长的"季节"，但到了"秋天"草会被割，"冬天"则百草凋零。可悲的是，散户的命运和草的命运几乎没有区别，每一个牛熊轮回最后受伤最多的都是散户。在牛市初中期，散户可以在股市赚到一些钱，但一到"秋冬"就亏钱，几乎成了必然。

知道 A 股真实情况的你，是否会感到诧异？监管部门不是一直强调要保护中小投资者，为此出了不少政策，并且明令禁止资金炒作吗？为何大多数散户始终无法摆脱投资亏损的命运？要想明白这一点，需要回到中国资本市场本身以及人性本身上。

知彼：中国特色的资本市场

股市是资本主义的东西，但可以为社会主义所用。我国是中国特色社会主义国家，我国的 A 股市场也是特色的 A 股市场。

A 股市场的高波动性

中国股市经过十几年的发展取得了举世瞩目的成就，但与国外成熟股市相比仍然属于新兴市场，其显著特征之一便是股价呈剧烈、频繁的波动状态。尽管这种剧烈、频繁的波动对推动中国股市的高速发展起到过积极的作用，但不可否认的是，股价的过度波动扭曲了股市的价格机制，致使股价不能较为真实地反映上市公司的内在价值，从而阻碍了"股市优化资源配置"这一核心功能的有效发挥，这一不利影响在中国股市中已有充分体现。

多年来，A股市场一直以"防范过度市场波动"作为一个重要的监管目标。很多条例、举措都围绕着这个目标来制定实施。但现实情况是，A股市场的波动并非如愿地"平稳"。

反思A股高波动率的根源：源于A股的特色。下面我们从几个最关键的影响因素入手，来探究一下为什么A股市场的牛熊转换如此剧烈，以及市场高波动率的根源究竟是什么。

特殊土壤——散户群体庞大

A股土壤是什么？是我们的投资者结构。我们的投资者结构很明显，中小投资者众多。

一只股票，假如每天成交量一两个亿，如果摊到数万人来买这只股票，一个人可能只买几百股。可以说，A股散户群体庞大。其中绝大部分散户心态不好，容易被诱导交易，所以散户创造了A股市场80%的交易量。

上海证券交易所统计年鉴 2018 卷		Shareholder 投资者
		投资者交易和盈利状况
		Inverstor's Trading and profits

年度各类投资者买卖净额情况
Balance of Inverstors in 2017

	买卖净额(亿元)	交易占比(%)
自然人投资者	-318.69	82.01
一般法人	1785.48	1.92
沪股通	629.73	1.30
专业机构	-2096.53	14.76
其中：投资基金	139.57	4.15

图 2-1　2018年年度上证交易所各类投资者买卖净额情况

A股目前的散户参与程度应该是各国股市中排名最靠前的，过高的散户交易比例导致了市场中的羊群效应极其明显，投资者群体兴奋的时候就会把市场快速推进非理性的高估值区间；而投资者群体沮丧的时候又会使市场陷入长期的非理性低估值低迷区间。同时过高的散户参与度，也给市场主力和别有用心的上市公司，以及游资等在资金体量和信息来源有明显优势的群体创造了特殊的生存机会。

这些用资金优势、信息来源优势和技术手段优势武装起来的"猎人"，可以在市场中使用大量不合规的方式，甚至是违法的方式，通过制造极端走势来"收割"散户。而过去的 A 股市场中，保护普通投资者的监管手段总是落后于这些"收割"手段的升级和进化，即使近年来监管部门在严肃监管和保护中小投资者利益方面不断发力，但使用这种"围猎"方式获取的利润太大，大到即使冒着被处罚甚至被追究刑事责任的风险，也有人不断尝试。

每次"猎人""收割"散户之后，"羊群"的元气都大伤，而"猎人"是为了"吃肉"而来，赚了钱之后，大多数人会把盈利转移出市场，而非持续地进行长线再投入，同时一些精明的"羊"总是寄希望于跟在"猎人"后面获利，这就造成了 A 股市场多年难以改善的"好炒短，厌买长"的投机性偏好。而一旦整个"羊群"被市场主力的手段和周期的变化"收割"干净，就需要漫长的休养生息，才能有足够的资金再次推动市场转暖。

当然，一个市场因为散户参与比例过高，从而导致市场剧烈波动的情况，也并非 A 股市场特例。对比成熟市场和新兴市场历史走势情况，发现除了本国居民无力大规模参与股市的国家，基本上都经历过这样的市场阶段。我们可以看一下图 2-2 和图 2-3。

如果不特意去看指数数值和名称的话，估计很少有人能分辨出哪个是道琼斯指数，哪个是印度孟买指数，因为印度市场的走势和美股相似度太高了。而出现这种情况的主要原因是：这两个国家的本国居民储蓄率都不高，能有资金参与本国股市的境内居民比例很低，市场中大量的股票都被本国金融机构持有，或是被外资金融机构作为全球化配置而持有。因此羊群效应很弱，波动率和牛熊周期转换的剧烈程度远不如 A 股市场。

而像中国居民这样有一定收入，有大量投资者参与股市的国家和地区，比如日本、韩国以及中国台湾和香港地区，都曾经因为散户化比例过高而出现过

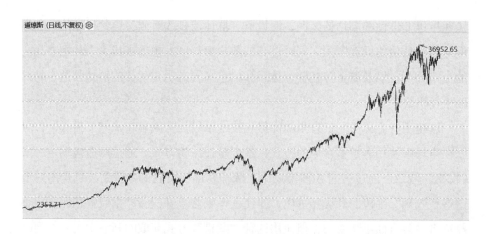

图 2-2　美国道琼斯指数日线图

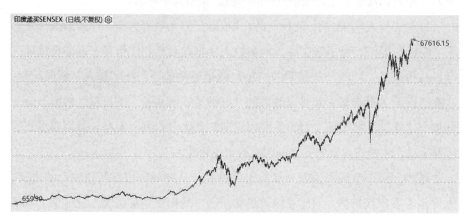

图 2-3　印度孟买 Sensex 指数日线图

各种高波动率和牛熊剧烈转换的问题。

　　从中国台湾地区加权指数看，台湾股市历史上的波动率非常高，曾经出现过著名的"脚踝斩"，即使是目前，其波动率也是处于偏高的状态。而看过《大时代》的读者对中国香港股市的高波动率也不陌生，香港股市也是随着近年来不断地扩张，以及境外资金的大量涌入，严重稀释了原来本地投资者在市场中的整体比例，从而让市场迎来相对平稳期。

图 2-4　中国香港恒生指数日线图

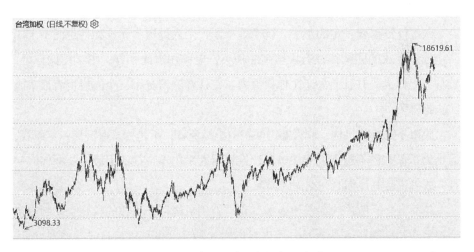

图 2-5　中国台湾加权指数日线图

　　综上来说，散户参与度较高的市场，遭遇高波动率和剧烈牛熊转换是发展过程中必然经历的一个阶段。当然，这个结论很肤浅，没有指出背后残忍的逻辑，散户参与度低的市场波动小，可以说是猎物少的市场波动性小，猎物少，围猎就没动力，猎人只能寄希望于赚企业成长的钱，无须制造波动让散户恐惧贪婪而达到围猎的目的。A 股市场散户以千万计，投资 A 股市场的资金达数万亿，如此广袤的"草原"，自然是"豺狼虎豹""猪马牛羊"理想的"栖息地"。

因为看不到事情的本质，一些专家提出了改善这种状态的不切实际的希望：

一是不断提高和进化监管水平，在"猎人"和"羊群"之间建立起足够高的栅栏，让"围猎"的成本和难度提高到一定水平，使得"猎人"在这个生态系统中的生存概率和存在意愿降低。

二是不断提高金融机构的资产管理水平，培养更多更优秀的"牧羊犬"来保护"羊群"而不是把"羊群"暴露在"猎人"的猎枪之下，或者是干脆让"羊群"对这个生态系统彻底失望而离场。

30年来监管水平一直在提高，"牧羊犬"水平也在提高，但为什么波动率不见减弱，牛熊转换不见温柔？激烈波动为的是"围猎"，只要存在猎物，围猎就不会停止，围猎不止则波动不止。

做好投资需要一定的水平、技术等条件，个人投资者无论如何也比不上团队作战。专业的团队往往有学历高的精英，电脑用得比你好，书读得比你多，消息也比你灵，并且人家还比你更努力。在这样的情况下，个人投资者很难比团队赚得多。

股市不是慈善机构。监管部门保护中小投资者，不是为了保证你一定赚钱，而是为了保护你不被别人非法牟利，避免别人采用不合规的手段去获取你的利益，或者说避免让你的利益受到损害。

总而言之，散户的存在让A股变得"特别可爱"，现在的特殊交易制度还会把散户长期圈在A股市场，所以我们的A股还会继续保持自己"特别可爱"的特点，但这份"可爱"对应的是盛宴散席后的一片狼藉。

特殊交易制度——T+1制度和涨跌停板制度

散户众多这个事实，成就了A股市场最赚钱的"趋势投资＋割草"的盈利模式。于是制定了很多全球独一无二的制度，比如T+1、涨跌停板交易制度，它们存在的理由就是：保护中小投资者。

这个独特的T+1及涨跌停板交易制度就好比：A股是一片海，在"深水区"有"鲨鱼"，散户来这片海抓鱼之前，"救生员"担心散户在"深水区"溺水，就给每个散户发一个叫"T+1及涨跌停板"的"救生圈"，让散户带着"救生圈"下水抓鱼，再告诉散户小心"鲨鱼"就万事大吉了。"救生员"只保证散户不被水淹死，但散户被"鲨鱼"所伤就只能怪自己了，因为一直在用"股市有风险，入市需谨慎"这句话反复地提醒着投资者。"救生员"采用这种方式，最开心的就是主力（"鲨鱼"）了，因为这个"救生圈"的存在，散户下水时可以不用考虑自己的水性，不假思索地游到"深水区"，送到"鲨鱼"嘴里。

可悲的是，如果"救生员"不发"救生圈"，散户是最反对的，理由就是没"救生圈"去不了"深水区"。

正因为存在大量非专业散户，让"鲨鱼"可以轻松获得美食。一旦出现财富效应，一些股票就成了"赌博的筹码"。投资者不是不知道风险，只是不少人抱着"小玩一把"的心态下注，即便如此，这些抱着交学费心态做投资的人，也可以把股票炒翻天。而聪明的主力正因为看出了这一点，所以可以肆无忌惮地爆炒股价，因为他知道，无论如何，最终都会有大量散户来分担下跌的风险。

这也是同一家公司A股、H股股价呈现天壤之别的本质原因。包括爆炒小盘股、爆炒新股和爆炒ST股这些大家公认的A股三大顽疾。

爆炒小盘股的根本原因其实是交易制度的问题，T+1和涨跌停板制度，让爆炒小盘股需要的资金成本较小，风险也变得非常低。"涨停板敢死队"成为市场公认的成功交易赢利模式，就是最好的佐证。同样，爆炒新股的根本原因也是交易制度。为何新股炒作更严重？原因之一就是新股交易比老股交易更容易，因为新股筹码锁定比例高，且首日涨跌停板规定的幅度比老股大，这样的设计其实是鼓励了炒新。

A股市场雪片似的100股、200股的单子就可以把一只股票打到涨停板，主力只要守住关键价位，关键的时候稍微推一推就行了。财富效应一旦出现，不管多大的风险，最终都会由投资者（散户）分担，并且分担到每一个账户上的亏损绝对额并不会很大。而制度和投资者结构都非常支持这种"割草"的商业模式，短期内也不太可能改变。

特殊制度——中国特色的 IPO 制度

股市是一个生态系统，很多制度、交易规则对市场的影响是多层面的，是相互影响的，如果我们总是头痛医头，脚痛医脚，只会让问题越来越多。交易制度很大程度上影响了投资者的行为，而投资者的行为就影响了我们股市的生态。

A 股市场早期出现的目的，主要是为了解决当时市场条件下的公司融资难题，当时的上市制度是审核制而非注册制。审核是有成本的，会有溢价，甚至会减慢上市速度，也会提高 A 股壳资源股的投资价值，有些 ST 公司反而很容易翻身。

同时 IPO 制度也让大量周期性非常强的国企和央企优先上市，导致 A 股强周期行业的权重占比极高，问题是不够完善的退市制度，导致这类企业的淘汰率过低。日积月累之下，最终造成了 A 股业绩优异、运行平稳的上市公司权重占比较低，在经济周期影响下，抗跌的绩优股难以对抗周期性权重股集体下行给市场造成的负面压力。

因为不够灵活的上市制度，导致了 A 股上市公司和行业的构成与实体经济中公司和行业的构成，至少存在着 10 年的差距，这一情况引起政府重视并不断改善，但改善和转变带来的扩容和冲击，对市场中期影响也很沉重。为历史包袱买单，也是造成 A 股市场运行不平稳的关键因素之一。

如今，从科创板注册制，到创业板注册制，再到主板注册制，A 股已进入全面注册制时代。但仅从科创板的个股走势来看，围猎生态并不会因为注册制的到来而发生根本性的变化。对投资者而言，可以在早期介入一些未来较好的公司，当然，这同样会让投资者有更大的概率买到可能夭折的公司。注册制会增加好股票的数量，但会大大降低好股票的比例；能带来更多的"小牛犊"，但也会带来更大量的垃圾股。这让选股能力更有用武之地，也让"围猎"有了更大的空间。

全面注册制时代，监管层希望通过市场机制来调节 A 股市场 IPO 速度。但这很难如意，因为我国企业融资难、融资贵的问题长期存在，再差的市场也不缺上市融资的企业。

A 股所处的独特现状——发展中阶段（政策市）

市场上存在一双看不见的手，但它不是万能的，市场会失灵，出现一些非理性的情况，这时政策的调整就显得尤为重要了。

从过去的历史来看，政府对股市的政策调整比较生硬，明显滞后于市场状况，有时不仅不能平抑市场过度的波动，反而会加剧市场牛熊转换的剧烈程度。

比如 2007 年上调印花税：2007 年，中国股市以逼空式的上涨不断改写着各项新的纪录，为了防止过度投机，2007 年 5 月 30 日，财政部上调证券交易印花税税率至 3 ‰。同日 A 股开盘暴跌，在短短一周内沪指重挫近千点，从 4300 点一路狂泄至 3400 点，众多股票连续遭遇 3 个跌停板，广大投资者因猝不及防而损失惨重，史称"5·30 事件"。

股票交易印花税是从普通印花税发展而来的，是专门针对股票交易发生额征收的一种税。我国税法规定，对证券市场上买卖、继承、赠予所确立的股权转让依据，按确立时实际市场价格计算的金额征收印花税。股票交易印花税是政府增加税收收入的一个手段。印花税增加了投资者的成本，这使它自然而然地成为政府调控市场的工具。

总的来说，我国股市发展时间还比较短，还处在制度变革完善期；我国资本市场、金融市场也处于同样的松绑变革期；我国投资者结构及投资者还处于不够成熟的阶段。这种状态下，投资者更多的是关注新闻，关注重大的政策变革，思考管理层、监管层的想法。可以说，这种政策市，为炒作提供了大题材，加大了牛熊转换的剧烈程度。

特殊 A 股市场分析

综上这些 A 股的特色，我们可以看到 A 股市场的表象，以及产生这些特色的原因和基础：

A 股市场炒作盛行，屡禁不止。（因为炒作有暴利，比价值投资赚钱容易）

A 股市场行情走势极端，波动巨大，牛短熊长。（只有极端走势才能割到

"韭菜"，牛市吸引大量"猎物"进场，"围猎"需要很长时间才能完毕，不被监管层关注）

A股市场走势和我国经济发展严重不匹配。（"围猎"赚钱容易，"养殖户"自然减少）

A股市场赚钱和赔钱两极分化非常严重。（"围猎场"自然是惨烈的）

A股市场有最保护散户投资者的交易制度，但散户亏损最严重。（A股独特的交易制度，降低了"围猎"的成本，提升了"围猎"的成功率，助长了"围猎"的长期存在）

对于A股市场目前的牛熊转换过于剧烈和波动率畸高的问题，既有历史发展的必然，也有制度的不完善、调控手段生硬等人为因素。克服A股市场目前的问题，如果简单地交给时间，那付出的代价必然是昂贵的。所以改变投资土壤刻不容缓，加速制度调整势在必行。

身在这个市场的投资者，必须承认A股市场存在的一些特色，只能去适应，去学习方法改变自己，才能摆脱"投资亏损"的命运。抱怨是没有用的，解决不了任何问题，只会让你离成功的道路越来越远。当然，想要成为合格投资者，除了了解散户投资亏损的外在客观原因，做到知彼外，还要了解散户自身的内在原因，做到知己。接下来这一节，我们就来聊聊散户自身的问题。

知己：我们有哪些"臭毛病"？

投资心态很重要，是决定投资成败的关键。因为市场上赢家和输家的心态存在天壤之别，存有散户心态最容易被市场"收割"，注定成为输家。那么，散户心态有哪些？什么是散户的输家思维？输家有哪些亏钱思维？以下列出的这些"臭毛病"，读者们可以比照一下自己，看是否有这些顽疾。

散户心态五大特征

第一个特征，天天打听牛股。

刚刚有个牛股，马上要找下一个牛股，天天打听牛股，认为自己是神仙，可以驾驭很多牛股，这是违背市场规律的，因为不可能存在那么多"神仙"。

第二个特征，到处打听消息。

很多投资者做投资，就是到处打听消息，但作为一个普通投资者，你所能获取的消息，很有可能是别人故意放出来的，甚至可能会是过时的消息。

第三个特征，不问逻辑、爱去"天桥看热闹"。

炒股的时候不问逻辑，只是找自己莫名其妙的感觉，听到风就是雨，总是一惊一乍的。不肯学习，可能连看一篇长文章的心思都没有，但喜欢去"天桥看热闹"，听那些一惊一乍人的股评，又涨了，又跌了，涨停了，跌停了，似乎只有这些能够让他兴奋起来。

第四个特征，永远活在后悔中。

天下最难买的就是后悔药，因此很多人总是活在后悔中，后悔买少了或卖早了。但市场似乎总是和投资者反着来，于是，投资者买完就跌，卖完就涨，也成了常态。

第五个特征，听到风就是雨。

喜欢猜涨跌，猜顶猜底，总是疑神疑鬼，听风就是雨。

散户被"割韭菜"的三大原因

第一大原因，常年满仓。

常年满仓的投资者，只有换股的需求，只对牛股感兴趣，每天到处打听牛股，喜欢荐股群，喜欢追涨杀跌，总是活在不远的过去。

第二大原因，被动投资。

被动投资的投资者，在股市极端跌时没钱买，只能恐惧地斩仓；在股市极端涨时没有股票可抛，只会贪婪追高。

散户为何会追涨杀跌？因为有些股票可能天天涨停板，但他踏空了，人性使然，会忍不住追涨；买完一只股票后不断下跌，最终会让人心理破防，让人恐惧，此时似乎只有卖掉才能安心。这其实就是人性中的贪婪和恐惧被主力充分利用了，达到他们"割韭菜"的目的。如果老是追涨杀跌，那无疑就是散户心态，中了主力的圈套。

当主力拉某只股票的时候，如果你一直不买，不敢跟，那这只股票大概率就一直涨，这叫"标杆"。主力充分利用"榜样"的力量，让你看见它，然后通过拉其他股票达到"割韭菜"的目的。这其实就是洪攻略"城门立木战法"原理，这个课程在本书的第十七章有相关介绍，感兴趣的读者可以先去看看。

第三大原因，倒金字塔投资。

倒金字塔投资为何是亏钱的根本原因？这里举一个例子帮你理解：指数在 2000 点的时候，开启了大牛市，你买了 10 万股票，3000 点的时候，赚到 20 万，5000 点的时候，10 万变成了 50 万。但这个时候，你又从家里拿来 100 万，用 150 万在做股票。但如果跌 20%，30 万就跌掉了，跌 50%，75 万就没了，不仅把之前所有的利润都亏掉了，还亏了本金。这就是典型的做了倒金字塔投资，指数涨得越高，投入的钱越多。正确的方法应该是这样的：在价格或指数低的时候，投入更多的钱，在指数大涨后逐步减少投资额，这样才不会亏大钱。

以上这些都是散户心态、散户思维非常明显的特征，如果你有一半这样的特征，那你其实就是散户心态。这个心态不改，想要摆脱投资亏损的命运，几乎不可能。市场作为一个生态体系，遵循丛林法则，也遵循二八定律，有猎物就有猎人，有输家就有赢家，如果不摆脱输家的"臭毛病"，永远无法做到与赢家共舞。

散户的输家思维

谁是赢家？我定义的赢家是指之前一段行情中跑赢大盘并踏准行情节奏的人。谁是输家？我定义的输家是指之前一段行情中跑输大盘并节奏混乱的人，他们一般开始踏空或仓位较轻，后逐步加仓追高买入，或者仓位不轻但持仓股票严重跑输大盘，后逐步调仓追高强势品种。输家有个特点，就是随着行情的上涨他们会分批"叛变"，逐步加仓。但由于没有获利，他们的心态会非常不好，一有风吹草动就非常担心和焦虑，这会让他们成为后面行情的输家。

一轮行情是否会结束，就看赢家获利回吐的卖盘是不是大于输家叛变的买盘，如果是，这轮行情基本就处于尾声了。

股市没有专家，只有赢家和输家。

且不论前半句有没有道理，后半句说到了问题的核心。无论你是机构还是散户，无论你是专家还是连 K 线图也搞不清楚的新入市者，用输赢来评判才最为合理，因为来股市不是为了比身份或身价，而是为了比输赢。

当然，一时的输赢无法决定你是"狗熊"还是牛人，因为从每一个阶段看都会有不同的赢家和输家。前一轮行情的赢家也可能成为后一轮行情的输家。但我的研究表明，前一轮赢家成为后一轮赢家的比例，远高于前一轮输家成为后一轮赢家的比例，这叫赢家有成为赢家的道理，输家有成为输家的必然。

基于这一点，我一直推崇炒股赚钱要有"赢家思维"，赢家才是决定股市走势的群体。散户做投资之所以一直亏损，从根本上来说，是他总在用输家思维去思考股市、思考问题，散户的"臭毛病"都是输家思维的外在体现。

赢家跑赢大盘并精准踏点。

要成为真正的赢家，必须具备赢家思维。哪怕现在是个输家，具备了赢家思维，之后也有机会成为赢家。

输家不讲逻辑，只关心代码。

如果要问什么才是吸引输家最好的方式，毫无疑问，一定是那些直接讲股票代码、一惊一乍、过分夸大让人恐惧或贪婪的方式。

很多所谓的大神，每天说的最多的就是，某个板块或某只股票肯定会涨、会跌、会涨到多少。即使他错得一塌糊涂，追随者也视而不见，只要他肯坚决地重复这些信息，就会一直被追随。这种思维不改变，想要在股市赚到大钱几乎是不可能的。

输家愿意看的信息更容易流传。

输家喜欢看的知识一定是漂亮的、会打鸣的"公鸡型知识"；赢家喜欢的知识则是性感的、能下蛋的"母鸡型知识"。"公鸡型知识"是市场上流量大的，输家特别喜欢看的，长得漂亮，引人注意。不要看它叫得很响，它是"公鸡中的战斗机"又怎么样，也是不会下蛋的。"母鸡型知识"指的是其貌不扬但是能"下蛋"的知识，能帮助你找到牛股并且让你拿得住，让你具备战斗的能力，具备好心态，这才是赚钱的最根本。事实一再证明，如果你通过那些碎片化的财经资讯尤其是股市投资知识做投资，是很难取胜的。在这个市场，太多为了追求流量而不择手段的机构、媒体、"大 V"，因为他们就是靠流量、靠点击生存的。

股市投资必须承认一个事实：80% 以上的人都是赔钱的。赚钱的人，十中有一。市场上所有流传的信息，一定是输家愿意看的，因为输家占 80%，输家愿意看的信息才会流传开来，传播的媒体才能生存下来，这就是"眼球经济"。输家看到的各种消息，也都是经过输家筛选出来的，财经信息一直存在"劣币驱逐良币"现象。市场上那些吸引眼球的信息，都是能让你投资掉坑里去的信息，往往是输家喜欢的信息。而输家成为下一任输家的概率比较大。这叫强者恒强，弱者恒弱。

对于那些"大力丸"信息，很多人喜欢围观，时间久了，说不定哪天就买个"大力丸"回家了。这和智商没关系，只是当时的那个氛围"恰到好处"。但可能就是这一次，就把前面所有的盈利都回吐了。

以上的种种"臭毛病"，我们比照一下自身，占了几项呢？中国股市由众多的参与者构成完整的生态体系。大鱼吃小鱼，强者猎杀弱者，高手掠夺小散户。某种意义上说，也是一种"生态平衡"。

第三章　赢家必备

股市中一般有两类人：赢家和输家。对于前者而言，股市往往就像一台印钞机；而对于后者，股市往往就像一台绞肉机。

股市本来就是零和博弈游戏。在这里，竞争的难度并不仅仅取决于你自身的水平，还取决于你对手的水平。你的对手会不断进步。这也解释了为何熟读《孙子兵法》300 遍依然会惨败，研究巴菲特 20 年，投资依然会亏损。因为你的对手可能已经读了 500 遍《孙子兵法》，研究了巴菲特 30 年。

这种对方不断进步的竞争，会导致有效的投资策略在很短时间内失效，毕竟对方不会在同一地方摔倒 3 次，前面 2 次你用某个固定的投资方法赚了他的钱，到了第 3 次，他就不会再上当，你的投资策略也就失效了。除非你累积到足够多的财富来抵御接下来的失败，例如从 100 万做到 1 亿，然后再从 1 亿猛摔下来，亏掉 80%，只剩 2000 万，这样你依然是人生赢家。但如果你从 100 万做到 200 万就开始往下摔，亏掉 80%，就只剩 40 万，你就是股市的输家。

赢家一直在学习，一直在进步，掌握的也是会随市场进化而进化的投资方法。

那么散户是否能够摆脱股市输家身份，成为赢家呢？

扭转"亏损的宿命"——赢家思维

一轮行情的输家，按照他目前的思维去思考，无论如何都属于"输家思维"。但如果能够强迫自己像赢家一样思考，从赢家的角度出发，后续也有可能变成赢家。那么，我们如何才能做到像赢家一样思考呢？

下面举个例子来说明。

如果我们看好 A 股未来，认为未来将步入长牛市，那怎样的思考算是赢家思维呢？具体来说：

如果长线看牛，那 A 股就值得投资，在 A 股市场配备一定的资产是必需的。（赢家思维：长线、看牛、A 股值得配置）

快牛不可能长，既然长那意味着慢，前进的道路也一定是曲折的，所以仓位轻重没有关系，因为完全有时间有机会进行调整，建仓策略也完全可以不紧不慢，完全可以逢调整买入自己心仪的股票。（赢家思维：行情会反复、不着急买卖、选股很重要、调整时买入）

大的调整出现后，反而是加大仓位的好时机。（赢家思维：可能会有大的调整，提醒自己记得抓大调整时的加仓好时机）

长牛市，真正的好股票的筹码稳定性一定强，一旦大盘出现调整，那些业绩稳定增长的行业龙头公司反而会逆势上涨，所以在阶段性高点（"夏季"末）抛出题材热点股票，反而可以入手调整量缩的绩优行业龙头股。（赢家思维：炒热点要及时收手，收手时可反手买入业绩稳定的龙头）

不过早埋伏痛点板块，除非痛点板块价格加速下跌表现出很好的性价比。（赢家思维：不参与"冬天"股票，有要抛掉，但可关注快速下跌，跌出很好的性价比的股票）

逢调整适当配置一些独角兽公司作为底仓，可以让自己的心态变得更稳。（赢家思维：调整时配置一点行业绝对龙头股票，长期持有，已经配置的不要频繁操作）

坚决放弃对平庸公司的奢望，参与这类股票的补涨行情时要非常小心。（赢家思维：对手中表现平庸的股票坚决砍仓，参与这类股票的大跌反弹也要很小心）

长牛期间容易出现两类调整，一类是持续上涨一定幅度后，管理层有意调节，这类调整容易被游资利用，出现日线级别的较大调整。还有一种是题材轮番炒作比较充分，市场普遍看多，但大盘往上压力重重，这个时候主力往往会选择往下打出空间，这类调整时间会比较长，空间也不会小。（赢家思维：监管

要的是稳定，游资要的是赢利，赢家要借力打力，记得获利回吐，一些股票需要阶段滚动和轮动）

长牛市中，启动龙头板块龙头股策略比痛点变甜点策略要好。（赢家思维：重点放在龙头板块龙头股，应该放弃投资痛点股票，券商算痛点股票）

龙头板块龙头股也分两类，一类是价值成长龙头，一类是题材炒作龙头。价值成长龙头涨速慢时间长，题材炒作龙头涨速快时间短。题材炒作龙头切记不要流连忘返。（赢家思维：耐心持有价值龙头，上极端抛出题材炒作龙头）

四个方法，帮你成为股市投资赢家

第一个方法，必须远离输家。

上一轮行情的赢家，可能会有一部分在下一轮成为输家。有些赢家是阶段性的，长期看并不是赢家，这类人的"赢家思维"其实是非常害人的。所以必须远离对行情判断成功率不高的人。

如果我们身边有个投资者，他的节奏本来就比较烂，目前又踏空了或被套牢了，处于输家状态。我们就要远离他的思维，因为他的输家思维很有可能和"你的输家思维"是匹配的，你会很喜欢，认为他在帮你说话。结果会让你一直处于输家思维状态。

如果一个人看盘经常出错，甚至对盘面和消息的解读毫无逻辑，我们也必须远离他。否则他偶尔一次的成功，可能就把你害惨了，因为你可能会因为这次成功而相信他，但之后你要承担的是他的低成功率所带来的各种风险和亏损。

第二个方法，要用赢家思维来炒股（模拟赢家思维）。

假设自己是赢家，这很重要。如何假设？如何模拟赢家的想法？就是忘记持仓，忘记价格，假设你买到了某只股票，跟上了某轮行情，然后想象在上涨过程中你是什么心态，会做出什么样的操作。

当行情出现大阴线的时候，要思考的是赢家会怎么做。如果按照输家思维当下是应该加仓的，但如果按照赢家思维这是应该撤退的，那你就需要像赢家一样撤退，这样最终才能成为赢家。

这就是模拟赢家思维。这其实很难，毕竟要忽略账户、不管当下亏损现状，进行反自己人性的思考，是有很大阻碍的。其实可以给自己定个规则，让自己的行动和思维反着来。强迫让自己远离输家，靠近赢家，关注赢家的思维，按他们的思维做。

第三个方法，训练赢家心态。

自己明明输了，还要假设自己赢了，这本身就是违反人性的，并不容易做到。但投资想要成功，必须刻意训练自己的赢家心态。如果是输家，那你的心态和思维，甚至所有接收的信息也都是奔着输家方向去的。因为你刚开始的节奏错了，之后你会找各种理由和消息来安慰自己，佐证自己的错误。

比如在我的微博里，经常会有具有输家思维的粉丝来寻找安慰，问应该怎么办，甚至想要通过各种理由说服我，想把我带到他的频道里。然后对于我的内容，也会断章取义，只寻找那些对他有利的内容，不利的内容主动忽视。其中最明显的就是粉丝对券商板块的态度，因为很多人跟着我在券商板块赚到过钱，所以粉丝对券商板块关注得比较多。很多人在券商没有赚到钱，但因为认同我的逻辑，希望我的方法可以帮助他，所以会到我微博里找关于券商的蛛丝马迹。即使我只是提到"券商"这两个字，他就特别激动，问什么时候涨，他就这样一直用输家思维，希望把我拉到和他同频的位置。对券商板块，几年前我一直在微博公开强调一个很好用的应对策略，就是"城门立木战法"。

第四个方法，不陷入固有的思维，不钻牛角尖。

炒股必须和市场同频，否则很容易踏错节奏。比如新能源车是一段时间的重点板块，但后来投资重点已经在其他板块了，可很多投资者依然沉浸在新能源车板块，完全不管当下市场如何。这就是典型的钻了牛角尖，陷入了固有的思维。

赢家和输家之间差的是什么？

赢家和输家，他们之间的差距，绝对不是简单地在一轮行情中赚到钱和亏掉钱，这只是表象。其背后的思维模式、行为模式等均有所不同：

表 3-1　股市赢家与输家对比

对比项	赢家	输家
交易体系	系统性买进卖出	随意，操作不系统或系统残缺不全
对交易体系的态度	绝对服从	迟疑、缓慢
市场结果	利润稳健攀升	利润宽幅震荡
行为表现	发现即行动	看看再说
决策依据	服从系统	常常是先相信感觉，再怀疑感觉

在赢家的眼里牛市和熊市并不重要，这就像一个以土地为生的农民，无论是丰收还是歉收，都要春耕秋收，这是他的天职。赢家也是如此。赢家不会放弃可把握的"季节"中的赢利机会。

赢家往往能够做到知彼知己，认清了最真实的 A 股市场，明白了 A 股是以"割韭菜"为基础的"围猎"盈利模式，同时也认清了自己。具体来说：

他明白心态的重要性，相信"好心情是一时的，好心态是一辈子的"。

他洞悉"围猎"逻辑，熟悉"围猎"手段。投资讲逻辑，不是单纯地只追求结果，注重术更注重道。

他看懂了散户的世界。知道散户更容易恐惧，更容易贪婪（追涨杀跌），所有的"围猎模式"都是围绕散户的恐惧和贪婪而展开的，即使碰到系统性风险，也会被利用成为"猎场"。所以他能够克服散户毛病，不让自己成为被"围猎"的对象。正是懂得"猎物"脾性，才能选对"打猎季节"，"打猎"多还不被"猎物"所伤。

他也清楚地知道影响情绪的五定律：

赚大钱的股票总是买得太少，不赚钱的股票总是买得太多。

当相信未来时，未来就结束了。市场总会给你一个理由，让你在黎明到来时放弃曾经一再的坚持。

当你懂得坚持时，持仓的股票也坚持不涨。

幸福的日子常常不超过三天，痛苦的日子总以月计。

赢，胜在心态

其实，股市投资者每天做的无外乎五件事：看信息、看盘、选股、择时、交易。而现实结果是，几乎所有的投资者每天都在为提高自己这五个方面的能力而努力，但大多数人依然成了输家，问题究竟出在哪儿？

问题出在，这五种能力就像汽车的五大系统，必须协同工作，这辆车才能跑起来。协同工作靠什么？靠心态。

近30年的投资生涯，让我发现最终决定投资成败的是"心态"，"贪婪和恐惧"指的都是心态，好心态是投资成功的因，也是投资成功的果。成功的投资就是一个保有好心态的过程，而要保有好心态，必须先过思维关，然后才是行动关，思维方法比操盘方法重要百倍。不解决思维问题，学再多的操盘方法都是枉然。

在A股市场，要彻底解决输家的问题，赚到属于自己的钱，有两条路。一是去寻找市场上好的机构，把钱给他，让他操作。但寻找到好的机构，买到合适的标的，也需要一定的选择能力，某种程度上，甚至比选股还难。二是拥有自己的交易系统，这套交易系统不仅要帮助自己提高"看信息、看盘、选股、择时、交易"五大能力，还必须能从心理到操作层面解决投资者"贪婪和恐惧"的本质问题。

对广大投资者而言，后者更重要，因为拥有自己的交易系统的人，其购买基金的成功率也会提高。

成为赢家必备的交易体系

谁都想成为赢家，在股市赚得收益。但从根本上说要实现这个愿望就要提升投资能力。怎样获得或者怎样提高自己的投资能力呢？最高效的方法肯定是学习。

A股是一个有特色的市场，散户参与者比较多、政策市特征明显、上市公司治理并不严格，在这样的情况下，如果只是简单地通过西方价值投资（这种行为我定义为"伪价值投资")选股，认为只要有了选股能力就可以赚到大钱，那就大错特错了。很多伪价值投资者根本不考虑中国股市的特性，不了解市场真相，只是简单地模仿学习价值投资，结果必然是生搬硬套，照猫画虎。

想要做好 A 股，不是简单地学套理论就行的，而是真的要放空自己，努力成为一名"合格投资者"。正是看到太多不合格投资者亏损严重，求助无门，笔者才想为广大普通投资者量身定制一套完整的解决方案——洪攻略极端交易体系（以下简称"洪攻略"或"极端交易"）。这是我近 30 年的实战经验总结，结合了中国特色的资本市场和散户特征，是为个人投资者量身打造的一套交易体系，这套体系涵盖了价值投资和趋势投资，返璞归真，是回到投资第一性原理思考的结果，可以大大降低普通人学习投资及参与投资的门槛，大大提高投资成功率。

洪攻略构建在人性层面上，针对个人投资者股市不赚钱背后的本质原因，用简单易用的攻略去战胜人性的贪念和恐惧，避开散户缺点，发挥散户优点，另辟蹊径，巧妙地帮助个人投资者解决看消息、看盘、选股、选时、操盘及风控等普遍难题。授人以鱼，同时也会授人以渔，本书告诉大家方法，还会告诉大家如何用最快捷的方法彻底掌握这套体系。

公开这套体系还源于一个小理想：希望改善中国股市的投资土壤。因为投资土壤不改变，资本市场很多大的变革都无法推进，严重阻碍了我国资本市场的发展壮大。

千万不要小看这套交易体系。这可能是目前市场唯一的由中国人原创的，比较适合中国投资者的完整投资体系。为什么这么说呢？这和我的经历有关。本人从事过中国资本市场几乎所有的重要岗位，算起来有 14 个相关岗位，包括：期货交易所交易部经理、期货公司总裁助理、证券公司资产管理总部总经理、证券研究所副所长、财经网站 CEO、中国证券业协会分析师及投资顾问委员会副主任委员、证券软件上市公司的高管，参与筹建过两家公募基金公司，等等。所以我对中国的投资土壤非常了解，自认为是知道 A 股市场真相的人，这套交易体系相当于"掀了同行们的饭桌"。

从 2011 年开始，我在微博写投资笔记，有数百万粉丝跟随学习投资，这十

多年来写过的文章近千万字，出版发行的书有 4 本（《战上海：决胜股市未来
30 年》《A 股赚钱必修课》《财富自由新思维》《做多中国》），都是在讲解这套
交易体系。很多认真学习过这个体系的学员收益满满。这也是我决定写这本书
的目的，把洪攻略极端交易体系所有内容，系统化地呈现在这本书中，通过集
中的呈现，争取为读者解决以下六个问题：

通过剖析中国 A 股市场的真相和普通投资者的人性弱点，让读者在投资前
达到一个知彼知己的状态；

通过介绍"战上海"投资哲学思维，为读者解决投资中看盘和选股的问题；

通过洪攻略的投资时空观，帮读者解决选时的问题；

通过系统讲解核心武器 H333 系列操盘策略及流派战法，来解决读者仓位
管理和交易的问题；

通过完整的实战案例，跟读者分析不同的战法，解决实战问题；

通过洪攻略在各类资产配置、人生规划等方面的应用，助力读者投资好
人生。

一个懂得学习的人，懂得去分析过去成与败的人，是比较适合 A 股市场
的，因为 A 股市场永远在发生变化，只有掌握了方法，才能透过现象看到本
质，抓住主要矛盾。

投资交易体系，不单单是执行的"术"层面，更重要的是"道"层面，也
就是思维层面，这叫内功。没有内功，手握屠龙刀也是没用的，反而会被反噬，
在投资上也一样，认知关没过、思维逻辑关没过、心态关没过，纵然拥有再高
超的技术也称不上是一个合格的投资者。有道无术，术尚可求；有术无道，止
于术。

第 **2** 部分

洪攻略极端交易体系，
A 股投资的"孙子兵法"

导　语

　　研究表明，股市赢家一直利用输家在极端时刻的"贪婪和恐惧"而赚钱，即 A 股市场赢家的重要盈利手段是：通过制造极端行情走势让投资者贪婪和恐惧，从而达到"割韭菜"获取暴利的目的。

　　投资者要想不被"割韭菜"，就必须做到在行情出现极端时，不贪婪，不恐惧，即暴涨后不贪婪，暴跌后不恐惧。这难做到吗？非常难！因为这是违反人性的，必须从根上系统地解决问题，才有可能做到。如果你真要解决这个问题，则需要一套完整的解决方案。这套解决方案表面上需要解决投资最难解决的"选股"和"择时"成功率问题，其实背后是需要让投资者保有"别人贪婪时恐惧，别人恐惧时贪婪"的好心态。

第四章　A股投资的"孙子兵法"

通过对A股市场真相的分析，我们明白股市像个围猎场，投资者必须摆脱猎物缺陷，拥有猎人思维，才有可能改变投资命运。

能帮助投资者摆脱猎物缺陷，拥有猎人思维的方法，才是A股投资的"孙子兵法"。

我们在本书第一部分充分阐述了心态的重要性，好心态对投资成功而言至关重要。

致使散户输钱的表象其实就三个：一是被动挨打；二是追涨杀跌；三是倒金字塔投资。这三个表象其实是投资者"贪婪和恐惧"心态的呈现。所以要彻底解决输家的问题，必须要有一套方法，这套方法不仅要帮助投资者提高"看信息、看盘、选股、择时、交易"五大能力，还必须能从心理到操作层面解决投资者"贪婪和恐惧"的本质问题。确切地说，要让投资者在"贪婪"和"恐惧"两个极端时刻做出正确选择，即当行情出现极端下跌时，投资者还具备主动交易的能力，心态不被恐惧击垮，在市场出现"贪婪时刻"时可以冷静面对。

太多手无寸铁的投资者周而复始地被"割韭菜"，大多数投资者通过钻研技术分析及学习价值投资并不能改变被"割韭菜"的命运。近30年来我从事过和证券投资密切相关的几乎所有岗位，现在投身投资者教育，是因为我想尽自己所能帮助有缘的投资者改变被"割韭菜"的命运，帮助他们开启投资好人生。

洪攻略极端交易体系就这样应运而生！这是一套系统科学的、有逻辑的成功概率相对高，且能帮助投资者克服人性弱点、弥补个人投资者短板、发挥个人投资者优势的完整投资体系。洪攻略已经被越来越多的使用者称为A股投资的"孙子兵法"。

特别需要指出的是，希望大家认真阅读后面要介绍的洪攻略极端交易体系，因为有了洪攻略的加持，不仅普通投资者可以变成合格投资者，一些投资老手对技术分析、趋势投资和价值投资的理解也可以再上一个层次，一些专业投资者更可能因此突破自己碰到的交易天花板。

洪攻略极端交易体系简介

洪攻略极端交易体系，简称为"洪攻略"或"极端交易"，亦称股市投资"洪攻略"，是一套完整的投资思维体系及交易系统，亦是股市投资的完整解决方案。由笔者在 2011 年 8 月 18 日开始在微博公开讲述，一定意义上这一天也是洪攻略的生日。

洪攻略是西方证券投资的基本理论与中国股市投资具体实践相结合的产物，根据西方证券投资的基本理论，把中国证券投资实践中的一系列独创性经验作了理论概括，形成了这套适合中国情况的科学的投资体系。对中国股市真相做了系统的分析，对投资路线，对新型投资者队伍建设与 A 股投资的战略战术原则等问题进行了科学阐述。

这是一套为个人投资者量身打造的"在股市赚到属于自己的钱"的完整解决方案，所有策略设计源自市场赢家智慧及个人实践，根植人性底层，可以随市场变化而变化。

洪攻略包括洪攻略投资思维、洪攻略投资时空观和 H333 系列操盘策略三大部分。从整个体系来看：

首先，作为基石的洪攻略投资思维是以"战上海"投资哲学为思维核心，力求从战略层面帮助投资者解决看盘和选股的难题；

其次，洪攻略投资时空观基于"一切事物都处于一定的时空之中，呈现不同的运动规律，遵循各自的生命周期"而简化的"股市体温表"及"投资四季说"，为投资者解决择时的痛点；

最后，H333 系列操盘策略则是根据股市温度板块个股所处"季节"决定仓位的轻重，及采用什么交易策略。

这是一套环环相扣、逻辑严密的体系。巧妙地帮助普通投资者解决了如何看消息、看行情、选牛股、选买卖点、具体交易及风险控制等普遍难题，让投资者保有好心态，最终达到降低投资难度，提高投资成功率的效果。

需要特别指出的是，洪攻略是一套完整的股市投资解决方案，涵盖了趋势投资、价值投资及技术分析的底层逻辑，更容易使用，成功率也更高。

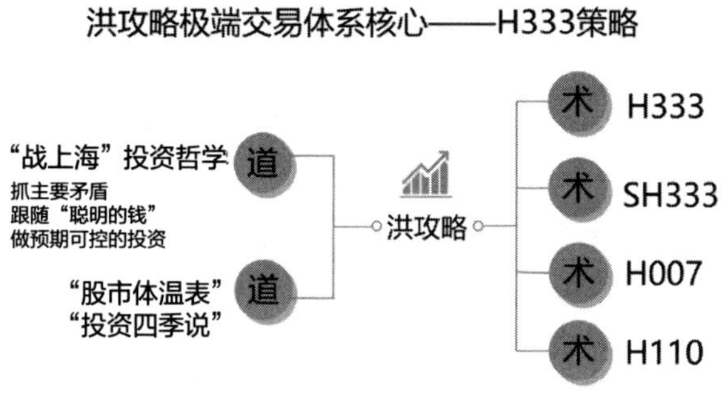

洪攻略极端交易体系核心——H333策略

图4-1　洪攻略极端交易体系简略图

洪攻略投资思维——"战上海"投资哲学

洪攻略投资思维，又称"战上海"投资哲学思维。最重要的三句话：抓主要矛盾，跟随"聪明的钱"，做预期可控的投资。看盘和选股都要用这三句话。好的投资就是：战略上抓住主要矛盾；战术上抓住每段行情的主要矛盾。

抓主要矛盾：紧盯主要矛盾，有所为有所不为，找到影响行情的主要矛盾，多关心影响主要矛盾的信息，多关心分析主要矛盾的观点，不要在非主要矛盾上浪费太多的时间和精力。抓住主要矛盾，才能降低思考难度，才能心定。趋势判断该抓的主要矛盾，指的是几乎可以完全解析当前行情走势的矛盾。行业个股选择该抓的主要矛盾，指的是几乎可以完全解析当前个股走势的矛盾。矛盾的转化会对行情走势带来质的影响。

跟随"聪明的钱"：跟随股市赢家，像赢家一样思考和行动。远离平庸及输家。跟随"聪明的钱"，才能抓住趋势，提高成功率。赢家是指之前一段行情中跑赢大盘并踏准行情节奏的人，他们是市场上的主动交易者，有第一时间发现行情及影响行情走向的能力。

做预期可控的投资：成功概率是投资中首要考虑的问题，为自己的投资设置坚实的心态护栏是确保成功率的关键。永远不要让自己失控，要确保不丢失主动交易的能力，做预期可控的投资，才能减少无效思考，保证心态不乱。

洪攻略投资时空观

洪攻略投资时空观是基于"一切事物都处于一定的时空之中，呈现不同的运动规律，遵循各自的生命周期"而简化的"股市温度体系"及"投资四季说"。对应到股市操作，每一轮行情，每一个板块运行，每个个股炒作，都有"春夏秋冬"四个"季节"，遵循的也都是春播、夏长、秋收、冬藏的农耕法则。

洪攻略遵循的就是这个原则，想在股市赚钱，就要先提高行情判断成功率、选股成功率、操盘成功率。而要做到这一点，一定要抓住极端行情，即判断行情属于"四季"之中的哪个"季节"。不同"季节"采取不同策略，在行情平庸时期修炼（不做交易），在行情极端时期出手（买或卖）。即大极端大交易，小极端小交易，不极端不交易（不做交易不是指空仓，可以是任何仓位），极端跌时增仓，极端涨时减仓。因此，投资时空观是解决投资者在不同市场以及在市场不同阶段中选时及风险控制问题的有效方案。

洪攻略 H333 系列操盘策略

洪攻略系列操盘策略由 H333、SH333、H007、H110 四大基础策略组成，各策略之间根据"季节"变化相互转换，主要是帮助投资者解决具体操盘的问题。

根据所选股票的不同"季节"严格按相应策略操作，"冬末春初""春天"H333；"春末夏初""盛夏"SH333；"夏末秋初""秋天"H333；"秋末冬初""寒冬"H110。H007 则在极端情况下才使用。

洪攻略抓的是主要矛盾，用 H333 系列操盘策略对应不同"温度""季节"抓的是对应的大小极端机会，从理论上、逻辑上都是可以提高投资成功概率的，因为洪攻略思维降低了值得参与的行情判断难度,只要学好了洪攻略,判断力不强的普通投资者也可以大幅提高判断准确度,提高投资成功率。而所有的策略和行动都是为了保有一个投资好心态、人生好心态。

H333策略:1/3资金建底仓,1/3资金滚动交易,1/3资金"捡皮夹子"。这个策略只能跌时买,涨时抛(左侧交易),但不是简单的高抛低吸,一般用在趋势行情后期,比如"夏末秋初""冬末春初",其实是在行情暴涨或暴跌后采取的一个仓位调整,为的是保有投资最重要的好心态,还可以用于救驾,踏空者、满仓套牢者这都可以用H333建仓调回节奏。行情的"春季"和"秋季"都可以使用。H333策略的目的是保持合理的仓位配置,拥有进可攻退可守的主动交易权,确保投资的好心态。解决的是很多投资者常年满仓被动交易,追涨杀跌的问题。

牛市后期(如果牛市就此结束,也称为熊市初期)启用H333,解决的是价值型投资流派极可能彻底踏空主升浪的问题,也可以防止趋势型投资流派熊市第一波满仓套牢的问题。因为H333策略中巧妙地加入了"捡皮夹子"策略,可以很好地弥补仓位不重带来的可能赢利减少。

熊市后期(如果未来走出牛市,也称为牛市初期)启用H333,解决的是趋势投资者不敢进场的问题(壮胆),用最小的代价去获得一个好心态,为的是不错过后面可能的牛市,滚动和"捡皮夹子"可以大大增加收益率,亦可降低建仓成本,为咬住可能的牛市保有一个好心态。一旦碰到熊市继续,也不至于受伤太重,而一旦开启新一轮牛市,完全有一个好心态再满仓。

H333还很好地解决了投资者"春秋"难分的问题,春季和秋季采用的是同一个策略,即H333。H333策略使用有两大原则,一是不问价格,只看幅度;二是必须滚动,不滚动就"滚蛋"。

SH333策略:SH333是攻击性策略,是H333策略的超级版,满仓甚至融资运行。它用在两个阶段,一是趋势明显的上涨行情,一般牛市确立,即用在"夏季"行情;二是大盘没有太大系统性风险时,用于强势板块强势股。

H007策略:极端行情才能使用,必须在连续快速大跌之后才能启用。这是连续快速大跌情况下的一个救命策略。一般在极端转折出现的概率大于90%的时候才开启。连续快速大跌属于极端行情，这样的行情是"捡皮夹子"甚至启动 H007 策略的好机会。H007 中含有两个 7，就是在大跌到一个阶段的时候，买进 70% 的仓位，如果后面继续暴跌，再买 70% 即融资，总仓位达到 140%，一般在强反弹三天后结束此策略，逐渐降为 SH333，H333，甚至离场。

H110 策略：H110 策略用于熊市、阶段性调整行情（"冬季"）。H110 策略顾名思义就是用一成仓位，在"秋季"及"冬季"或平衡市中阶段性炒作后期。仅用一成仓位去滚动，象征性地操作看好的目标股，或者完全空仓，直至"春天"来临调整为 H333。

极端交易成功概率高背后的儒家思想依据

极端交易对应的是平庸交易，为什么在 A 股市场极端交易的成功率会远高于平庸交易呢？这不仅可以在自然规律"物极必反"中找到依据，还可以从儒家思想特征中找到答案。

我国封建社会 2000 多年，孔孟中庸之道为何能够延续下来，历代有些统治者甚至独尊儒术？这与儒家所倡导的"仁义礼智信"密不可分，更因为中庸之道最利于稳定。

中庸追求"稳"，但对个体而言，稳则意味着不会有太多溢价，获取超额收益的可能性较小。稳定与极端相对应，极端时稳定就会被打破。走极端，充分利用人们的贪婪和恐惧，往往能够获取超额收益，所以我们看到 A 股走势越来越极端。当一个事物走到极端状态，就会有一股强大的力量把它拉回来。这股力量可以是强有力的政策，也可以是中国人的传统儒家思想。而这些，都是稳定的基础，也是极端交易成功率高背后的核心逻辑。

任何一种思想，或理论或方法，想要延续下去，就必须在道德层面站得住脚，经得起考验。洪攻略是一套非常正能量的交易体系，顺应市场做极端交易，100% 站在国家一边。极端时反向操作，追求成功概率，追求超额收益，同时维持了稳定。"聪明的钱"会借力打力制造极端"割韭菜"，极端交易属于跟随"聪明的钱"。当市场走势出现极端时，投资者极端交易，成功概率远大于平庸时期。

以上仅是洪攻略简介，为了让读者更好地了解并使用洪攻略，接下来我们将会用三个章节介绍洪攻略主体内容，并且通过实战应用案例帮助读者打通理论通往实战的最后100米。

熟能生巧，只要坚持，洪攻略中的思维和策略会成为身体的自然反应。洪攻略是建立在赢家思维上的投资方法，它能很好地把握住股市的轮换节奏。执行洪攻略可以赢得好心态，好心态是投资成功的因，也是投资成功的果。如果能做到以上几点，很多人可以用洪攻略提高自己的投资成功率。

在详解洪攻略极端交易体系之前，大家可以先读下面这段话，不明白没关系，带着疑问去看后面的章节，会有意外收获的。

股市如战场，"洪攻略极端交易体系"是一套完整的股市投资实战解决方案，能够在股市战场帮助投资者根据自己的能力，针对战场的情况，采取相应的策略去应对，以此提高投资成功率。

第五章　洪攻略极端交易体系之投资哲学观

资本市场从业近 30 年的经历，让我对市场有更加独到和深刻的认识，在 1992 到 2008 年的投资实践中，逐步形成了自己的投资哲学思维体系。

2008 年底到 2009 年，上证指数从 1664 涨到 3478，我很完美地抓住了这轮指数翻倍行情，这是极端交易的一次成功的实践。2008 年底我在上海延安饭店做了主题为"战上海"的主题演讲。

延安饭店"战上海"主题演讲内容，有点像现在每年私享会的内容，就是用洪攻略展望未来，帮助与会者抓住未来的投资机会。未来在上海建设国际金融中心，上海会是"聪明的钱"的必然选择，于是我大胆提出 2008 年底极端交易应该买上海本地股。事后证明，"战上海"一战成名。

那次"战役"是我的投资哲学体系的实战应用。后来为此专门出版了书籍《战上海：决胜股市未来 30 年》，书中我把我的投资哲学定义为"战上海"投资哲学。2014 年下半年在第一财经《解码财商》做的电视节目叫《洪榕战上海》。

"战上海"投资理念，并非凭空创造，而是吸收了各种成功的投资理念后的一次归纳、总结和升华，并且被市场反复证明是目前一些"洪粉家人"在 A 股市场持续稳定盈利的法宝。"战上海"投资哲学是洪攻略的核心，即洪攻略投资思维，主要包括三句话：抓主要矛盾，跟随"聪明的钱"，做预期可控的投资。下面我将会用较大的篇幅来详细介绍这关键的三句话。

抓主要矛盾

"战上海"投资哲学中"抓主要矛盾"是洪攻略中的第一句话，也是最重要的一句话。战略就是抓住每个时期的主要矛盾，战术就是抓住每段行情的主要矛盾。生命是有限的，精力是有限的，抓主要矛盾是科学的选择。抓住主要矛盾是投资者的必修课，看清主要矛盾，才不会莫名其妙地因为所谓的内幕消息改变思维方式和投资策略。抓住主要矛盾，可以帮助投资者解决如何看盘、选股的问题，即解决战略方向的问题。

什么是主要矛盾?

这里所指的主要矛盾是当前影响并决定"现实状况"的"事情"，也就是说这件"事情"基本可以完美解析为什么会出现这样的"现状"，逻辑一定是通顺的。

重视真正的主要矛盾，能达到事半功倍的效果。A股市场出现转折是最重要的时候，此时抓住主要矛盾是关键。如果天天抓平庸行情，忙横盘行情，真正大行情来的时候，很容易束手就擒，可能在股票暴涨之前就抛光了，最后只能看着它涨。

分清主要矛盾和次要矛盾，紧抓主要矛盾，不把次要矛盾当作主要矛盾，投资就不会一惊一乍方寸大乱，保证大方向上不犯错。

比如，A股市场有内因和外因之分，投资时需要分清内因与外因孰轻孰重。每年年关的时候我会列出影响未来一年的主要矛盾。大概会列出 5—6 条，经常把经济排在第 6 条，很多人不理解，经济不是最重要的吗？其实重要的可能不是经济，而是资本市场的改革。排在第一的往往是政策，因为 A 股是典型的政策市。

再比如海外经济、美股有时会对 A 股市场造成重大影响。但时间不同，影响的差异很大，也就是说有时美股涨跌是影响 A 股走势的主要矛盾，有时候不是。抓错位了会很受伤。

如何判断并抓住主要矛盾？

股市大部分时间都是平庸行情，但很多人却天天忙个不停，在不可能会有大行情的时候，或不可能有大行情的板块消耗了大量精力。待极端行情真正出现时，无论是资金还是精力，几乎都被消耗殆尽，面对大行情毫无反击之力。当股市暴跌到一定阶段时，有钱买股票肯定是最好的，但很多投资者已经被深套了，根本没有多余的资金去买股票了，从而陷入被动。

为了帮助读者更好地分辨并抓住主要矛盾，我整理了以下5个方法：

方法一：用"排除法"抓主要矛盾

根据我对主要矛盾的定义，我们可以采用"排除法"分辨一些事情（或消息）是不是主要矛盾。如果是主要矛盾，就牢牢盯住；如果不是，就不要花精力，更不要一惊一乍。有些主要矛盾是影响长期走势的，有些是影响中短期走势的。长期波动看价值，中短期波动看情绪。长期看能影响价值成长的事情就是长期主要矛盾，中短期看能左右市场情绪的事情就是中短期主要矛盾。按这个思路扩展延伸下去就可以得出：

对行情研究、操作而言，抓住关键时期才算抓住了主要矛盾，行情大部分时间都是平庸的，是不需要花太多精力的。所以，多抓极端行情是抓主要矛盾的投资方式。极端行情出现时，也是最容易发现影响行情走势的主要矛盾的时候。

方法二：用"反推法"找A股主要矛盾

对于一个问题，如果刚开始抓住了主要矛盾，后来发现解释不了行情，逻辑不通，那它就不是主要矛盾。这就是利用"反推法"寻找主要矛盾。

抓主要矛盾是哲学层面的，但我们可以把它广义化，把重要的因素理解为主要矛盾，但有时候不是这样的，可以把它变得更广义。我们从另外一个角度去思考，人的精力是有限的，不可能把主要矛盾和次要矛盾都研究得很通透。我们能做的就是在无穷尽的问题中，通过抓住牛鼻子，把整头牛牵走，而不是抓住尾巴，因为有被踢的风险。

方法三：关注四个方面的变化

洪攻略中判断主要矛盾需要关注四个方面，分别是：经济发展、监管政策、行情发展趋势、资金面。

经济发展方面，国内因素为内因，国外因素为外因，有时内因起决定作用，有时外因通过内因起决定作用。

监管政策方面，每一次熊市或牛市背后都有其逻辑，也称其为背后的主要矛盾。历史表明制度变革是催生股市和房市大牛市的关键逻辑和主要因素。所以，要找到决定 A 股未来走势的关键逻辑，不应该去经济方面找，而应该去制度层面找。例如：

上轮 A 股达到 6124 点的超级大牛市，事后大家认为最关键的逻辑是：股权分置改革提升了产业资本做高股价的动力。

中国房地产市场大牛市的关键逻辑是：房改取消福利分房及允许按揭贷款买房。

经济看场外，政策看场内。要洞察政策的变化其实很难，但通过感受证券市场的温度可以洞察政策的取向。"春江水暖鸭先知"，证券市场的鸭就是券商板块。所以，关注券商板块的走势可以洞察资本市场的冷暖，可以发现政策变化的趋势。对于一波大行情，券商板块是"二八"转换的桥。券商有个作用一直存在，那就是风向标，大盘上涨阶段，若券商板块持续走弱，那大盘最后一定被券商带下来；大盘下跌，若券商企稳，大盘才算找到新的平衡。放到一轮牛熊看，券商板块不走强，确实不要对全面大牛市有太大期望。

行情发展趋势方面，趋势行情到一定阶段，投资者情绪及场内资金喜好就成为决定行情走势及板块炒作的主要因素，即是否到了投资者情绪拐点。注意观察以下投资者的因素：场内多头情绪、场内空头情绪、场内墙头派情绪（若转为强烈多头时我们一定要提醒自己小心点）、场外投资者情绪。注意，骑墙派属于"第三者"，而"第三者"才是影响"夫妻关系"的关键。

资金面方面，一旦资金面打破平衡，其他方面都变成了次要因素。要看清中国股市其实也很简单，首先不能太微观，其次不要用那些自己都不信的数据作为判断论据，否则会把自己也绕进去。最实用的方法是：紧抓影响中国股市走势的主要矛盾，基本的思考是紧盯场内活跃资金（"丛林之王"，观察点在城门立木股，详见洪攻略城门立木战法）动向及能力大小，它们是影响股市涨跌的直接力量。

另外，需要重点观察存量资金、"国家队"以及场外资金这三种资金的动向，具体来说：

存量资金。在存量资金博弈时，资金在各个板块之间流动，表现为板块轮动速度快。

"国家队"。特殊时期需要考虑"国家队"资金的动向，比如2015年极端暴跌股灾阶段"国家队"进场救市。"国家队"入市后成为市场的主导力量，待市场大涨后减持，如果超过市场承受力，资金失衡就会下跌。市场大跌后，"国家队"以维稳目的买入蓝筹股票，市场便开始上涨。

场外资金。流入流出方向和速度决定市场涨跌。市场好转，增量资金进场，市场上涨。增量资金的喜好决定板块上涨强度。存量影响板块轮动，增量决定的是方向。

方法四：判断大盘、板块及个股的主要矛盾

第一，主要矛盾要去以下地方找：

去最大风险中找，如杠杆、经济、汇率、国际环境、监管制度。

去焦虑中找，如对房地产、汇率、经济、地缘政治等的焦虑。这些往往是对风险的焦虑。

去趋势中找，趋势往往是"聪明的钱"所为，从趋势中观察"聪明的钱"的动向。

去量变到质变中找，比如制度变革，往往会带来质变。

去变量中找，比如"国家队"进退市场，对市场来说是一个变量。

去特色中找，比如A股散户群体庞大，散户创造了A股市场80%的交易量，这是A股市场的特色。

第二，根据牛熊周期阶段，抓主要矛盾：

熊市后期、熊市初期、牛市后期，主要看投资者情绪（极度亢奋还是极度

悲观）。

牛市初期，看宏观环境、政策取向。

牛市中期、熊市中期，估值应作为主要矛盾的判断依据。

第三，重视主要矛盾的转折思考。

矛盾是运动的，主要矛盾和次要矛盾会互相转换，制定好的策略也不是一劳永逸的，当主要矛盾降为次要矛盾，发生重大转折（量变到质变）时，要思考是否改变现有的策略。也就是我说的"紧抓主要矛盾，重视转折思考"。

第四，把握弱市中必须思考的问题。

还有什么坏消息市场没有想到？还有什么风险市场没有释放完毕？目前市场最恐惧什么？这份恐惧处于什么阶段？弱市多关注利空，少关注利多，直到下跌极端出现；强市多关注利多，少关注利空，直到上涨极端出现。

第五，了解市场最悲观的时候最没必要思考的问题。

有多少利空及有多少利多，因为市场基本是看空者谈利空，看多者谈利多，毫无参考价值。

第六，重视超预期。

从投资角度看，静态的比例参考意义不大，比例变化的趋势及量变到质变的临界点判断，才更有投资方向指导价值，涨得越没道理的越要关注。另外，股价总是向阻力最小的方向运行。

方法五：采取第三层次思维思考，寻找主要矛盾

投资要想长盈，就要多做有效思考，少做无效思考，尤其是要做到"股市投资中的有效思考"，重点是抓主要矛盾。散户一般停留在思维的第一层次，做的基本是无效的思考，甚至是有害的思考。

第一，思维不能停留在表层，要采取第三层次思维：第一层次思维考虑的因素，往往在过去的股市中已经反映，这样的思考毫无意义；第二层次思维考虑的因素影响的就是现在的市场（现在的股价）；第三层次思维考虑的因素才会影响未来的市场（未来的股价）。

我习惯用第三层次思维，这个习惯让我对人人皆知也认同的利多利空信息毫无兴趣，无论那个利空有多么吓人，利多有多么诱人。实战中我只关心超预期——远超预期还没被普遍认同的信息。

第二，抓主要矛盾属于有效思考。

思考预期好坏，属无效思考；有效思考是要思考预期有没有变得更好或是更坏。关注看多看空的人的多少，属无效思考；有效思考是看多看空的人是会变多还是变少，当看多或看空的人很多但无法变得更多，那行情就要转折了。

第三，站在未来思考现在。

站在未来思考 A 股的现在，是炒作 A 股最重要、最有效的思考方式。

第四，克服经验主义和教条主义错误。

不少散户存在经验主义和教条主义错误。所谓经验主义错误，就是看待股市不是用理性来分析，也不是用逻辑来推理分析，而是凭借自己以前操作的惯性做法来应对。所谓教条主义错误，就是把一些方法生搬硬套用在股市分析中，比如常有新的"洪粉家人"问 H333 是日间 5% 抛出还是 8% 抛出，股市走势受到各种因素的影响，我也常说股市投资是艺术，如果完全拘泥于一个数字来操作，而不考虑各种影响因素的变化，岂不成了可笑的"刻舟求剑"？有时，思考问题出在"时间错了"，也是犯了刻舟求剑的错误。

第五，不要做"该关心收益多少时却只关心风险大小"的无效思考。

何时思考风险？何时思考收益？很多散户分不清这些问题。大涨后很贪婪，满仓加融资，满怀希望幻想挣大钱，却落得个"在高高的山岗上站岗"的悲剧。例如，看到某只股票不断创新高，忍无可忍追高进去的输家，这属于犯了"该思考风险却只关心收益"的错误。再比如，股票大跌后很恐惧，满仓套牢割在地板价上，这就是犯了"该关心收益多少时却只关心风险大小"的错误。其实此时最有价值的思考是问问自己：市场恐惧处于什么阶段？现在买入，收益风险比如何？

第六，不要过于迷恋技术分析。

股市分析层次分为：最低层次见风使舵，第二层次是技术分析，第三是基本面分析，最高层次是哲学层面洞悉人性。技术分析存在无法跨越的障碍，市场最大的机会和最大的风险往往出现在指标钝化后，或一般技术指标失效阶段，这其实让很多沉迷于技术分析的人士不得不承认，耗费大量的时间，做的却多半是无效思考。

抓主要矛盾是一种思维，无论是板块还是个股都有它的主要矛盾。不同行情的不同阶段，它的主要矛盾也是不同的。主要矛盾也不是一成不变的，矛盾会转化，在特定条件下次要矛盾会转化为主要矛盾。如果不清楚这一点，在下跌的过程中还拿着上涨过程中的主要矛盾，结果必然是风马牛不相及。

对于主要矛盾，说它再重要都不为过。投资如此，人生更是如此。如果头痛医头，脚痛医脚，找不到问题的核心原因，最后只能把大力气用在解决次要矛盾上，最终问题没有解决，自己的精力还被消耗掉，甚至打击了自信心。

抓主要矛盾，提高投资成功率

第一，分清"敌我"。

谁是多头？谁是空头？这两个问题是炒股的首要问题。

我们现在的股市情况怎样呢？哪些是朋友？哪些是敌人？

股市中谁是你的朋友？股市中的朋友一定是拿钱买股票的人，就是资金流入方。首先是我们的中小散户。另外，私募、公募、QFII、RQFII、沪股通、融资、券商（自营，资产管理），还有其他二级市场机构投资者，都是我们的朋友。还有一个特殊朋友：股指期货多头。

相对资金流入方，"敌人"当然就是资金流出方。他们是大非、小非、上市公司（IPO）、券商（佣金）以及其他做空者。还有一个特殊敌人：股指期货空头。

所以，当朋友越来越多，敌人越来越少的时候，是股市走牛的时候。

第二，抓主要矛盾。

炒股就是一个抓主要矛盾的过程，很多投资者把太多的精力放在了专家分析的次要矛盾上，把自己搞得晕头转向。"战上海投资哲学"就是以抓主要矛盾为出发点的。

每年年底、年中私享会都会给影响未来行情的主要因素进行排序，这对判断下一年或下半年行情演变非常重要。这里用到的也是矛盾论。只要主要矛盾没变，行情就不会发生真正的大转折。

第三，炒股不是请客吃饭。

炒股必须接地气，炒股不是一个多头掀翻一个空头的暴烈的行动，就是一个空头掀翻一个多头的暴烈的行动。所以行情不是跌过头就是涨过头。

跟随"聪明的钱"

纵观 A 股 30 年的发展历程，主力机构一直扮演着发现趋势、强化趋势，甚至制造趋势的重要角色，之所以称之为"聪明的钱"，除了他们有能力发动行情之外，也更有能力领会政策面的动向，发现或制造出很多投资理念，形成一轮又一轮的行情，产生一匹又一匹的"黑马"。可以想象，如果投资者跟随这些"聪明的钱"去发掘投资机会，可能就会事半功倍，并且能抓住一轮又一轮的机会。

"跟随'聪明的钱'"这句话很俗，但却是我思考再三决定在洪攻略体系中如此表达的，这样才可以准确表达我的本意，投资者也最容易理解。深入了解洪攻略体系之后，大家会明白洪攻略的主要战法都是基于这句话设计的，大家会为这句话叫好的。

什么是"聪明的钱"？

"聪明的钱"——资本市场上先知先觉及能快速反应的力量。

A 股市场历史上出现的每一轮大行情以及每一次板块炒作背后都有"聪明的钱"的身影。

做投资，对于多数资金有限的个人投资者来说并非易事。其中道理也非常明显，机构投资者往往是训练有素的群体，当个人投资者踏入金融市场的那一刻，便成为"武装到牙齿"的机构投资者的"交易对手"。在一场高级别的交易中，以"无组织"对抗"有组织"，最终个人投资者大概率会成为机构投资者"猎食"的对象。

冷静观察一下"聪明的钱"的行为，就能发现其有很多特点。比如，这个群体的耐心比个人投资者高得多。从一般意义来说，高明的投资者所能利用的无非是人性中的一些普通的构成元素，如贪婪、恐惧、希望等，这些是这个群体从交易对手身上赚取利润的重要工具。他们采取的往往是"反向投资"策略：当大盘长期处于"超卖"状态时，这些平时不显山露水的、显得十分"懒惰"的钱，才会慢慢进入市场。真正"聪明的钱"往往给人"三年不开张，开张吃三年"的感觉，一旦有了盈利概率很高的机会，他们往往会果断进入市场。

应该承认"聪明的钱"是对政策面、货币状态感觉最为敏锐的一群人，对人性和社会潮流洞察最为敏锐的一部分人，这部分人对行业反转特性也异常敏感，这与他们在投资方面下了大功夫有关。

"聪明的钱"的划分

"国家队"、外资、社保养老金、保险资金、游资，它们的资金属性决定了各自有不同的性质和操盘方式。它们是赢家，是主力，在底部主动买入，拉抬股价；在高位主动卖出，获得收益。

按资金性质可分为："国家队"、外资、社保养老金、保险资金、公募及私募基金、游资。

"国家队"的任务是在特殊时期（如 2015 年股灾）救市、维稳，大涨时抛售股票，压制过快上涨，大跌时买进股票托住市场。当"国家队"资金快速退出时，必然导致阶段性资金失衡。

外资、社保养老金、保险资金、公募及私募基金，这些资金追求稳健投资，遵循价值投资理念，做长线投资，对蓝筹、价值成长情有独钟。对机构投资者而言，没有大风险就是机会。短期过快上涨行情时，它们也会做滚动。

游资利用 A 股市场的独特抢钱模式，追求利润最大化。在可控的前提下，热衷题材炒作，打涨停板吸引眼球，短时间拉抬股价，吸引散户追涨，快进快出"割韭菜"。我们可以通过追踪板块轮动及城门立木股走势，观察"聪明的钱"动向。

按资金来源可分为：QFII、社保养老资金、保险公司、财务公司及信托公司、证券公司自营机构、私募基金和公募基金。

第一，QFII。

作为A股市场价值投资的坚定倡导者，QFII类投资者在一个时间段里往往成为国内机构的领先者，这也是在一段时间里管理层引入此类机构的初衷。

比如，在宝钢股份、招商银行等大型蓝筹股上市之后，一批坚定的QFII一直把蓝筹群体作为持有和关注的对象，其中包括瑞银等强势机构。其实就数量规模来说，QFII群体在整个A股市场的所占比例较少，因此理论上并不能构成推动行情发展的主要力量，但在价值投资氛围并不十分浓厚的A股市场上，QFII类机构往往扮演了政策先行者的角色，并在数轮行情的抄底、逃顶中屡次得手，成功地发现并发动了一轮轮趋势行情。

从手法上看，QFII往往采取的是"自下而上"的方法，对具体的公司和行业进行研究，采取价值投资的"左侧交易"。在对行情高点和低点的判断上，QFII往往有非常深厚的领先功底，对政策面的把握也有先知先觉的倾向。不过，由于美国次贷问题引发的全球金融危机爆发之后，QFII对A股市场的控制能力逐渐下降，从而转变了以往在市场上具备主导权的形象。不过该群体的选股能力还是相当值得重视。随着国内机构投资者的力量壮大，QFII对国内A股市场的影响力也不如以往。此外，这类机构不太关注流通盘的大小，这与传统的在中小流通市值股上"做庄"的手法有很大的区别，而QFII看重的只是价值。比如，当年宝钢股份跌至历史低位时，该公司的分红率都达到了5%—8%，这时候布局其中，往往能令QFII这类价值投资者获得丰厚的回报。

第二，社保养老资金。

社保养老资金往往是反向投资的集大成者，往往以先知先觉的面貌出现在A股市场上。作为长线机构的代表，其加速进入市场往往被理解为管理层开始干预市场的重要标志。值得注意的是，从近几年的情况看，社保养老资金进场之后，大盘也许并没有完全止跌，他们也可能处于"被套"状态，市场真正见底还是通过市场自身的力量来完成。可见，社保养老资金往往是采取了价值投资者惯用的"左侧交易"形式，而非追涨杀跌型的趋势投资方法，这与其他机构投资者来说有着非常明显的区别。

从历史上看，社保养老资金"逃顶"的能力非同一般。比如，在大盘于2007年摸高6124点之前，社保养老资金已经开始全线撤退，其主要理由是市场处于高估状态。应该相信，在社保养老资金的操盘手队伍中有相当一部分具备了"国家队"的性质，他们对宏观经济走向的准确把握，是其总能领先市场、走在市场前面的重要原因。

在选股方面，社保养老资金往往会出其不意地选择反转型行业，而这些行业往往是前期被宏观调控非常密集的行业。这种反向投资的思路也值得重点参考。

尤其值得思考的是，从上证指数进入21世纪的情况看，社保养老资金往往具有"主动吃套"的特点，当这类主力进入市场之后，市场的空头趋势往往仍会延续，并不能从战术上改变市场原有运行，最多是减缓市场快速下跌的态势，但之后往往是先人一步提前布局。较为典型的一个例子是，当上证综指在2005—2007年大牛市上涨之后，社保资金在市场趋势仍然比较明显的时候提前出局，这与巴菲特提前撤出中国石油H股何其相似；但当上证综指进入了从6124点至1664点的下跌周期末期之时，又是社保养老资金开始提前布局，抢先一步进入当时被极度看弱的地产股方向。可见，价值投资者与趋势投资者的分野在于，前者往往根据市场本身的估值水平采取一致性策略，相比之下，有明显指数增强倾向的基金群体往往扮演了发动趋势和强化趋势的角色。

随着养老资金的加速进场，未来养老金极可能成为影响A股走势最重要的力量，这点我们务必重视。

第三，保险公司。

作为目前基金市场上的最大买家，保险公司的动向一直是各大机构关注的重点。除了基金交易外，保险公司也有能力自主投资股票。从手法上来说，保险公司在对申购和赎回基金的时机选择判断上有着过人之处。这往往反映其对大盘估值水平高低的嗅觉。值得注意的是，除了选择那些长期稳定的明星基金外，指数基金往往成为这些机构投资者的重要选择对象。不过，相对于其他类型的投资者来说，保险公司可能会通过对市场趋势的判断来决定何时购买或出售资产，以实现最大的收益。由于保险公司的投资规模较大，其对市场趋势的判断和操作相对影响也更大。

第四，财务公司及信托公司。

从一定程度上说，有资格成立财务公司和信托公司并具备相关牌照的机构都是标准的大型国企。就目前的制度安排下，这些财务公司动向往往代表了"国字号"机构在市场的认同态度。从A股历史上看，曾经有过的大牛市中，在不同阶段都有着大型财务公司的"国字号"机构在其中呼风唤雨。毕竟，从一定意义上来说，"国字号"机构往往有着普通机构无法拥有的政策优势和信息渠道，观察他们的进出往往对理解政策面动向有着极为深刻的意义。

从目前情况看，随着风险管理制度的加强，财务公司的日常经营越来越稳健，他们更多时候是以行情趋势的跟随者（而不是行情趋势的发动者）身份出现在市场上。

目前大多数财务公司是证券公司、保险公司的主要股东单位，前者还往往参股了部分基金公司，这使得财务公司这类机构投资者能够用不同的眼光去看待市场。比如，作为目前基金产品的主要机构买家之一，财务公司往往立足于安全性和稳健性去选择基金，看投研能力的长期稳定性、不追求短期的业绩收益，这往往构成了这些机构投资者选择基金的主要参考。而在普通投资者眼中，他们看的往往是产品短期业绩的优劣，并以此决定各自的投资策略。相比之下，财务公司这些长线的机构买家，能够在近20年的市场沉浮中屹立不倒，是有其客观和主观原因的。

第五，证券公司自营机构。

考虑市场对证券公司自营机构了解可能不多，这里多说几句。在经历了2001—2005年的大熊市之后，国内证券公司的自营部门与以往相比，算是有了天翻地覆般的变化。然而，除了规模有限的现实之外，证券公司的自营部门还是保持了以往的强悍风格。事实上，无论从历史上哪个"章节"看，证券公司可谓是A股历史上的"当然代表"，申银、万国、君安、中经开、南方、华夏……这些老牌机构都一度在市场上显赫一时。从历史上的表现看，这些机构嗅觉极为灵敏，能够不约而同地在上证综指的关键点位发动行情，并成功制造趋势，创造了一轮又一轮的神话故事。但也正是如此，在若干年后，当证券公司完成了各自的历史使命后，不少巨型机构黯然退出历史舞台，而资产管理的重任也越来越需要由专职机构去完成，比如基金、QFII 等。事实上，证券公司目前是公募基金公司的发起人，而后者成为 A 股市场实力最为强大的机构投资者之一。

一般而言，券商自营部门追求"绝对收益"、有年度结账压力、在各种类型的市场阶段中采取多种策略、在更多的时候强调"以静制动"……甚至在熊市里也能创造两位数年收益率。他们提倡的是，如果一只股票没有 30% 的上涨空间，就不要去勉强自己做这只股票。

这类机构往往强调，投资者首先要对自身的性格有清醒的认识，尤其是对资产管理人来说，不同性质的操盘机构，其操作风格也是大不一样的。因此，单纯比较不同风格的投资大师，可能对自身的提高作用并不是很大。在波动性极大的新兴市场中，价值投资和趋势投资方法，需要根据不同的市场阶段去使用。尽管众多的专业机构信誓旦旦地标榜自己是价值投资者，但一旦趋势发生逆转，相信相当一部分人还是会转变趋势投资立场。

对于市场阶段的划分还是显得相当有用。对于普通投资者来说，如果能够大致看清市场运行所处的阶段（"季节"），对于提高操作能力是有一定帮助的。

就常识而言，出于资产规模、运作机制等因素的考虑，公募基金是难以做到抄底和逃顶的。如果从这个角度出发，个股价值投资自然也成为这类长线做多机构的必修课。但对于那些相对灵活的非公募基金的机构投资者来说，除了具备相当的公司投研能力，还具备对市场运行状态的灵敏"嗅觉"。

相比于公募基金的"流水化"般的操作流程，券商自营部门的雇员并不是很多，这也许与券商这类操盘机构相对重视效率有关。与公募基金不同，券商类型的投研团队更倾向于精研个股，即采取"自下而上"的策略，而非跟随指数运行方向以及波动幅度的"自上而下"的策略，而在基金行业内，采取上述策略的往往较多。

第六，私募基金。

私募基金发展迅速，大致可以分为三大类。第一类是由从公募基金公司出来的"明星基金经理"组建的私募机构。由于这些专业人员在以往公募基金公司平台上的投资、研究工作都相当得心应手，而且大家都知道"游戏规则"，因此最能吸引普通投资者的眼球，也成为当下私募基金行业的发展趋势。第二类是由原先证券公司的专业人员所组成的私募机构，由包括券商自营部门在内的专业人员来担当私募基金的主要负责人和负责操盘的人员。第三类就是来自民间的"草根"私募机构。这些机构的经营和负责人并没有在专业的证券投资研究机构服务过，更多的是发挥个人的力量。从现在的实际业绩看，由基金经理做私募的机构，业绩总体要好一些。这批专业人员经历了市场充分的检验，是靠实战打拼出来的，因此业绩也有相当的保证。另外，由于管理资金较小、产品也有封闭期限，这使得基金管理人在个股的取舍上更具有灵活性，在可以通过主动管理有效超越市场的平均指数时，又避免了流动性风险。

第七，公募基金。

公募基金是目前 A 股市场最重要的力量，大家比较了解，这里不多说，只强调其中一点，由于公募基金持有者主要是个人投资者，基金经理的交易容易被散户思维的投资者绑架，这大大影响了公募基金的战斗力，让部分基金经理显得不那么聪明。但长期看，公募基金是属于相对"聪明的钱"的。

如何寻找并跟随"聪明的钱"？

第一种方法，做龙头板块龙头股。

龙头板块就是带领市场上涨的板块，主要由"聪明的钱"主导。通过观察龙头板块所处的炒作阶段，可以推断"聪明的钱"的性质及状态。在牛市或局部活跃市，跟随"聪明的钱"只买龙头板块龙头股（又称人气股），大幅拉升后减仓，逢阴线买回并加仓，直到市场癫狂连续大涨后逐步平仓。

龙头股票一般具备七大特征：代表产业方向、股本有大幅扩张能力、题材丰富有故事可讲、有市场号召力（有群众基础）、盘子不能太小也不能太大、行业的代表、企业有一个有激情有办法的带头人及管理团队。

虽然龙头股并非一成不变，它的地位往往也只能维持一段时间，但成为龙头股，基本上要具备以下五个条件：

多从涨停板开始，涨停板是多空双方最准确的攻击信号，不能涨停的个股，难做龙头；

最好是在某个基本面上具有垄断地位；

流通市值要适中，大市值股票和小盘股都不太可能成为龙头；

通常在大盘下跌末期，市场恐慌时，逆市涨停，提前见底，或者先于大盘启动，并且经受大盘一轮下跌考验；

板块内预期差特别大，但股权结构合适的股票也往往会被选中。

任何理论跟方式都不是绝对的，不是说你这么做就一定可以选到那个股票。当然，有时候找龙头也挺简单的，比如走得强就是龙头；盘子大、市场名声响，在行业内比较厉害，就是龙头；甚至是被大家公认的龙头也是龙头。这就是比较市场化的概念了。

第二种方法，关注"痛点变甜点"股票。

反其道而行之是"聪明的钱"的重要特点，下跌极端交易痛点股票往往是"聪明的钱"所为。

"痛点变甜点"是 A 股市场的一大特色。痛点变甜点，指的是痛无可痛，而且时间是以年计的。因为痛不能永远痛下去，甜不能永远甜下去，总得有一个转换，这是大概率事件。所以痛点变甜点是一个确定性事件，是极端交易的好机会。那么如何寻找痛点呢？

痛点变甜点，就是在别人痛无可痛被动抛出痛点股票时买入，在别人忍无可忍被动追高买入时卖出甜点股票。一个痛点可能变甜点的板块，显著特征就是必须存在人人皆知且认同的大利空，并且基本没有比这利空还大的利空存在，而且这个大利空是可以转化为次要矛盾的。

所以，"聪明的钱"会关注痛点变甜点的股票。当我们发现这类股票开始有所动作时，基本可以在这里找到"聪明的钱"的身影。

第三种方法，用赢家思维模拟"聪明的钱"。

通过板块的四季变化，推测"聪明的钱"正在做什么。思考其在哪些"春季股票"中建仓了，在哪些"夏季股票"中享受了上涨行情，又在哪些"秋季股票"中高抛低吸，是开始出货还是在躲避风险主动休息。

同时要知道"聪明的钱"的特点，比如"聪明的钱"最讲政治，通过解读监管意图，研判监管喜好，预判"聪明的钱"将如何动作；"聪明的钱"善于讲故事，当你准备参与一波炒作时，要看这个股市"聪明的钱"是否感兴趣。

当然，我们可以通过模拟赢家思维，预测"聪明的钱"会如何操作，需要忘记自己的仓位和持仓的股票，忘记自己的账户情况，假设在底部就建仓了，而且板块也踏准了节奏。

假如这样的话，最希望后面的行情怎么走？这叫模拟赢家思维。但这其实很难，因为是违反人性的，明明是亏损的，还要假设自己是盈利的，这很难做到。如果感觉做不到，那就强迫自己远离输家，靠近赢家，观察赢家是如何思考的，然后模仿他们，逐步做到和赢家同频，按照赢家思维去思考行情走向。

与赢家对立的是输家，输家的情绪怎样观察？如果自己做投资不是很顺利，观察自己的情绪就好了。别人的情绪很难判断，但自己的情绪自己是知道的。与自己的情绪反向对立，基本就能体会到赢家的情绪和感受。这里讲的是赢家思维，但这一轮的赢家有可能会在下一轮成为输家。有些赢家是阶段性的，长期看并不属于赢家，这样的人所谓的"赢家思维"其实是非常害人的。

任何事情都是辩证统一的，物极必反，当一种多头思维或空头思维走到极限时，市场会掉头。所以当市场赢家越来越多时，他们的思维就未必有效，因为他们的思维未必是真正的"赢家思维"。

第四种方法，像主力机构一样思考和行动。

纵观A股近30年的发展，主力机构一直扮演发展趋势、制造趋势的重要角色。每当一股新力量崛起之后，老的主力机构往往会退出历史舞台，或者扮演了相对不突出的角色。那么这些机构有哪些特点？在平时运作中，会留下哪些浪花和痕迹呢？以下是大致归纳的一些要素，可能对了解这些平时不显山不露水的机构行为有所帮助。

主力机构对政策面的洞察和理解有着过人之处，他们往往能从不为常人察觉的信息中发现有价值的"情报"。简单来说，大机构在宏观政策面把握上比普通投资者有着更为深刻的了解、更到位的把握。

由于资金规模十分庞大，大型机构难以在上涨行情中大规模建仓，因此，他们往往会采取"逆向投资"，即在市场非常萧条时进场，在市场繁荣时出场。而普通投资者往往会因为贪婪或者恐惧，主要采取追涨杀跌方式，这样很容易令自身的操作处于被动局面。

由于资金庞大，主力机构对于选择的股票往往有一定的要求，比如，如果股票流通盘不大，那么就很难进入机构的核心股票池，机构也难以在其中"兴风作浪"。

主力机构往往非常关注次新股和新股。相对而言，次新股和新股的筹码容易搜集，也有送股转增的机会，因此往往会得到机构的青睐和长线关注。

股谚云"重套出黑马"。当新股或者增发品种频繁跌破增发价格之后，大的系统性上涨行情可能就会出现。而且这种"破发"的新股往往成为日后的大黑马。比如，2008年末，如果投资者把握当时"破发"的新股或者增发股，往往就能发掘出大黑马，如煤炭、地产、有色金属等板块的个股。

当个股处于低价区时，盘口上往往会出现单日换手率超过10%的现象，一般情况下，这往往是机构搜集筹码的结果。因此当出现这种迹象后，投资者应该密切跟踪当日换手突增的个股。这里需要提醒一句，其实在高价区，机构摆出任何姿势和动作，无非是让投资者将手中的钱换成机构手中的筹码；在低价区，机构摆出任何动作，也只是想让投资者盲目抛售手中的宝贵筹码。筹码与现金的关系，就是投资者与市场的关系。

机构在发动任何一次整体性行情时，往往会启动几个重点的主流板块，不会把"兵力"只投在某个板块的单只个股上。这就意味着，当投资者忽然对某只个股有良好感觉时候，不妨多花费一些精力看看该股同属板块的其他个股，以便找出其中最强势的品种。

主力机构一般不会在个人投资者十分谨慎时结束行情，而是在个人投资者麻痹时开始悄悄派发筹码或者搜集筹码。因此，投资者需要对一些基本的技术分析原则进行研究。比如，当头部或者底部出现明显背离时，这往往是主力机构进行派发或者搜集的痕迹。

相对于个人投资者来说，机构很大的优势在于，他们的投资流程是有分工的。而不像个人投资者，往往把投资、研究、风险控制等诸多要素集于一身。

这使得机构的投研能力要高于个人，所谓"一人难敌四手"，也就是这个道理。

此外，机构比个人更加重视非投资的修养，比如文化、哲学等的修炼，更懂得"柔弱胜刚强"的道理，而个人投资者参与市场的最主要的原因就是赚钱。所谓"百战归来再读书"，只有将个人修养、学识提高到一定的境界，投资的本领和眼光才能更上一层楼。

做预期可控的投资

让自己的投资处于失控状态是非常危险的，一旦失控心态一定坏。

做有可控预期的投资。千万别小看这句话，我后面提到的很多话题都与这句话有关，包括不确定中的确定性机会，也是从这句话得来的，因为这叫可控。可控代表的是大概率事件，代表的是一种确定性，也是很多投资名人特别强调的点。比如，格雷厄姆说的"安全边际"，索罗斯说的"唯一确定的就是不确定"，巴菲特说的"以40美分的价格买入1美元的东西"，罗杰斯说的"只有当钱堆在墙角里才去动手拿一下"。

但很多投资者会让自己陷入一种去抓不可控事情的状态中，去思考那些不可控的事情，结果往往南辕北辙。

做可控制、可预见的投资——如此简单，却又如此令人回味。而这恰恰是"战上海"投资理念的核心组成部分。

顺势而为

顺势而为就是顺时代周期选股，顺行情选股。顺势而为重点在顺势，指的是方向，是行动策略，高抛低吸讲的是操盘方法。

判断大盘趋势至关重要。大盘趋势一般分为涨势（牛市）、跌势（熊市）、盘整势（震荡市），按周期及幅度的大小又分为大行情小行情，大震荡小震荡。所以，好的投资首先是要对趋势有个基本判断，做到顺势而为，涨势尽量多持仓，跌势尽量少持仓。

极端交易

做极端行情就是为了可控，在行情走势没出现极端（极端地涨或极端地跌，达到阶段极致）之前，对市场情绪的观察会比较难，容易片面。所以，出现容易辨别的大面积极端情绪时，若行情也可以正向佐证，则表明行情此刻容易出现转折。

抓龙头板块龙头股

跟随"聪明的钱"抓龙头板块龙头股，成功概率高。

在不确定性中找确定性

抛砖引玉，说几个确定性事件：实现强国梦，拉动经济是确定性的；政策市、监管是确定性的；"围猎"使得行情波动是确定性的；痛点变甜点，是确定性的；人性不变，故事永恒，是确定性的。

不做超出自己能力的决策

自有闲置资金炒股。

炒股资金是自有的闲置资金，万万不可借钱炒股。因为借钱炒股万一出现亏损，会让人压力倍增，扰乱个人心智，失去对市场的理智判断，让心态变坏。一旦心态变坏，再大的行情都与你无关。

小单试错，盈利加码。

做投资最怕的就是一厢情愿，投资不同于赌博。前者是有逻辑可循的，后者纯粹靠运气了。从实际操作来看，对股票的把握太大，有时反而会出问题。而对股票把握不是很大的时候，这样的股票往往较好操作，这个时候一般采用"小单试错，盈利加码"的方式。刚开始小单买入，持股等待上涨。如果后面确实涨了，证明验证了自己的思考，再考虑回档时加码。

如果买进去被套了，就要尽量小心点，不要想着加码摊薄成本，除非这个股票是你非常心仪的股票，是耐心等来的，自己早已制定了分批建仓的计划。

尽量做自己熟悉的股票

当你对股票分析透彻了，心中就有底了，在股票下跌时，就不会惊慌失措，而是懂得进退；行情来时，就能把握得住。在熟悉的股票上，自然能做到截断亏损，让利润奔跑。

"聪明的钱"购买股票有个共同特征——可控。什么样的股票在他们眼里才是可控的呢？

一是知根知底的股票；

二是不担心被套，万一被套也有办法自救的股票；

三是已经被套，必须自救的股票；

四是拉上去不会被别人砸盘的股票；

五是落难英雄，有故事的股票。

严格的风控安排

我们在进行投资时，务必要做好投资计划，做严格的风控安排。知道自己能够承担的亏损比例是多少，做好仓位配置，同时要有果敢的认错机制，一旦自己对行情判断出错时，要敢于止损认错。

仓位控制。套牢最痛苦的事情并不是你的资金亏损了多少，而是让你失去未来一轮轮的机会。所以，做好仓位控制，是我们把握更多机会的关键。

规避确定性的风险。寻找不确定市场中的确定性机会，与在不确定的市场中规避确定性的风险，是一脉相承的。比如2015年的牛市下半场，意味着"涨出来的风险"越来越近了。这个时候，对那些曾经遥远的确定性事情我们必须开始给予足够的重视，对想象力也必须有所收敛，否则不仅赚不到后面的牛市，还可能把千辛万苦赚回的半个牛市又莫名其妙地送回去。

降低操作频率。做投资，最好的风控能力就是在大趋势上不犯错误，尤其是不要重仓赌某一个板块。

投资真正做得好的人，往往不是那些做得最多的，而是那些操作次数少、但单次价值很高的人。

第六章　洪攻略极端交易体系之投资时空观

在 A 股，选到牛股并不难，但投资者不是买少了就是卖早了，最终与牛股无缘。投资者为什么总是选错进场时机？因为没有择时的概念。

价值投资为什么在中国折戟？因为传统价值投资不重视择时，忽略了时间和资金的成本。

基金市场的"YYDS"（永远的神）为何会变成"一样得死"？因为对于择时问题，很多基金经理不屑一顾，似乎择时了做的就不是价值投资了一样。

其实，选时比选股重要，选时比选股容易。中国特色的选时智慧古来有之，洪攻略是具有中国特色的股市交易体系，其中的洪攻略投资时空观，遵循的正是"季节"的规律。

正如不同的"季节"做不同的事，不同的行情阶段采用不同的操盘策略，这样才会有好收成。洪攻略遵循的就是这个原则，旨在解决投资者在不同市场以及在市场不同阶段中"选时及风险控制"的有效方案。

投资"四季"说

行情分"大四季""小四季"，温度不同，策略不同，具体体现在长线和短线上，轮动逻辑也一样，分短线轮动和长线轮动。注重"四季轮回"，才能不犯大错，降低行情判断难度，提高投资成功率。

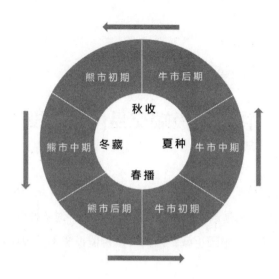

图 6-1　投资时空观简略图

如何判断投资"四季"

股市大格局层面可分为熊市和牛市。熊市后期和牛市初期相对应的是"春季"，牛市中期对应"夏季"，牛市后期和熊市初期对应"秋季"，熊市中期对应"冬季"。在股市四个"季节"中，最容易辨别的是"夏季"和"冬季"，难以区分的是"春季"和"秋季"。但洪攻略做了精妙的设计，"春季"和"秋季"的策略是一样的。

当然，一轮大行情分为"大四季"，一轮小行情也会有"小四季"，一个大行情中有若干个小行情，一个"大四季"中有若干个"小四季"。要做到心中有格局，才不会把"小四季"中的"春夏秋冬"误判为"大四季"中的"春夏秋冬"。当然，最重要的是要熟悉"四季"的特征，具体来说：

"春季"特征。一场春雨一场暖，十场春雨肚皮袒。春雨就如牛市初期一根根缩量阴线，慢慢地麻木着投资者的心，十根缩量阴线足以让投资者主动放下所有的武装。

"春天"首先是先知先觉的资金开始建仓，走势妖艳的个股开始出现，政策如春风，个股偶尔全面开花，但是不看好的声音很多，而抛出筹码不多，同时提示风险看空的声音不绝于耳，大盘不知不觉中往上冲破了一个又一个阻力位。

"春季"的盘面特征可以用下面这些古诗来类比：

"竹外桃花三两枝，春江水暖鸭先知。"（先知先觉的资金开始建仓）

"春色满园关不住，一枝红杏出墙来。"（走势妖艳的个股开始出现）

"忽如一夜春风来，千树万树梨花开。"（政策如春风，个股偶尔全面开花）

"春眠不觉晓，处处闻啼鸟。夜来风雨声，花落知多少。"（不看好的声音很多，抛出筹码的知多少）

"两岸猿声啼不住，轻舟已过万重山。"（提示风险看空的声音不绝于耳，大盘不知不觉中往上冲破了一个又一个阻力位）

"夏季"特征。何为盛夏？太阳很毒，温度很高，人们普遍感觉很热，热得难受。

"夏季"涨停板一板接一板，但暴涨的行情总是时间太短，小阴小阳还似"春天"，一根长阳出现，感觉行情要结束，投资者满仓融资，表现出无限豪迈。总之，这是一个"饿死胆小的，撑死胆大的"季节。

"夏季"的盘面特征可以用下面这些古诗来类比：

"接天莲叶无穷碧，映日荷花别样红。"（涨停板一板接一板）

"仲夏苦夜短，开轩纳微凉。"（暴涨的行情总是时间太短）

"连雨不知春去，一晴方觉夏深。"（小阴小阳还似春天，一根长阳出现，感觉行情要结束）

"生当作人杰，死亦为鬼雄。"（投资者满仓融资，表现出的是李清照《夏日绝句》中描述的无限豪迈）

"秋季"特征。一场秋雨一场寒，十场秋雨该穿棉。秋雨就如股市见顶之后的带量阴线，一根比一根寒冷，十根阴线足以把投资者完全包裹，让投资者变得行动笨拙，被动进入"冬眠"状态（套牢不动）。若见连续带量阴线，多数投资者行动迟缓被动持仓，则基本为"秋天"。

"秋季"的盘面特征可以用下面这些古诗来类比：

"春花秋月何时了？往事知多少。"（"秋天"是多愁善感的季节，投资者还活在"夏天"的狂热中，想的都是自己抓住的以及错过的牛股）

"解落三秋叶，能开二月花。"（股市已吹起了能"落叶"的秋风，投资者却误以为那是"能开二月花"的春风）

"独上高楼，望尽天涯路。"（投资者依然不怕高）

"此情无计可消除，才下眉头，却上心头。"（日思夜想的是大行情及牛股）

"冬季"特征。"冬天"独有的孤独感，与心中未来的牛股孤独相守，在寒冷的"冬天"忍受熊市的痛和愁，此时一些抗寒品种逆势走强，耐心熬过熊市的"寒冬"，"梅花香自苦寒来"。

"冬季"的盘面特征可以用下面这些古诗来类比：

"孤舟蓑笠翁，独钓寒江雪。"（冬天独有的孤独感，与心中未来的牛股孤独相守）

"雪花似掌难遮眼，风力如刀不断愁。"（寒冷冬天熊市的痛和愁）

"墙角数枝梅，凌寒独自开。"（一些抗寒品种逆势走强）

"不经一番寒彻骨，怎得梅花扑鼻香。"（熬过熊市的寒冬，"梅花香自苦寒来"）。

股市分析，首先要判断大盘、板块、个股属于什么"季节"，即"春季""夏季"还是"秋季"或"冬季"，处于哪个阶段。分清了"四季"，就能在合适的"季节"抽身，在恰当的"季节"进入"下一个"板块、"下一个"个股。

"夏季"和"冬季"很好判断，因为一个极端热，一个极端冷，对这样的极端我们相对比较好把握。一般情况下，投资者很容易误判"春季"和"秋季"，因为股市的现实一直是"秋季"里流行"春季"的故事，"春季"里流行"秋季"的故事。但判断是"春季"还是"秋季"，恰恰是股市投资中最重要的判断。若是"春季"，则后面还有"夏季"，若是"秋季"，则后面是"冬季"，这样就可以准确启动相应的策略。

如果分辨不出大盘处于哪个阶段，可以采用排除法。如前文所述，若见连续缩量阴线，有投资者主动砍仓，则基本属于"春季"；若见连续带量阴线，多数投资者行动迟缓被动持仓，则基本为"秋季"。

值得注意的是，"倒春寒""小阳春""暖冬"会让"四季"变得不那么分明，为保险起见完全可以只在明确分辨出"季节"的时期，果断启动相关策略，把握不确定中的确定性机会，提高投资成功的概率。

通过分析判断出大盘、板块或个股所在"季节"，然后按"季节"严格执行相应的策略（"季节"不同，策略不同），可大大提高投资成功率。具体来说："冬末春初""春天"用 H333；"春末夏初""盛夏"用 SH333；"夏末秋初""秋天"用 H333；"秋末冬初""寒冬"用 H110；"极端天气"用 H007。

投资"四季"说的实战应用

把握极端——大极端大交易

我曾教给大家一个方法，实在把握不了平庸的时间段，就把握极端时间段。比如：把手伸进一个水盆中，水究竟是 30 度、40 度还是 20 度，未必能够区分清楚。但有两个温度很容易判断：结冰了，知道水温达到了 0 度；水开了，知道水温达到了 100 度。手伸进去感觉到冷还是热，这是能够分得清的。所以，平时温度分不清时，就不要浪费太多精力，只抓极端的冷和极端的热就可以了。

抓极端的冷和极端的热，主要还是通过观察输家情绪、散户情绪感知市场温度。一轮牛熊输家的情绪演变过程一般非常清晰：最开始时庆幸自己减仓是对的，后面发现行情走势不如意，但不会意识到是自己错了，反而继续抛出股票，行情再涨，他们坚持看空、再涨，动摇、再涨，开始买入、调整，满仓买入、再调整，没感觉、深调整，开骂……根据他们的情绪状态，能够判断大盘大概处于什么"季节"，且他们情绪出现失控时的判断价值最大。

抓极致状态，就是抓物极必反。A 股市场有个铁律：每当心态失控的人变多时，行情往往会酝酿反转。最典型如散户对专家非常情绪化的态度：

第一阶段，看多时，他们会坚决地站在支持他们看多的专家一边，并会表示对空头专家的愤怒，一般此时市场风险还不是太大；

第二阶段，他们会开始无视空头的观点，心情好的时候还会取笑空头，当这个情绪很普遍时，按常理大盘是可以开始出现调整的，也多半会真的出现调整。

股市在"徒弟"变成"师傅"时见顶，在"徒弟"不尊重"师傅"时见底。

抓极致情绪温度，最终是要运用到具体操作策略上的。如在股票市场炒作的第二阶段，要关注散户对行情的紧张情绪，感知大家对风险和收益的关注高峰是否已过，思维是否变得麻木并开始走神，交易是否变得不活跃，如果答案是肯定的，这个时期其实是极容易出现风险（调整）的。另外，对自己抓住的热点板块热点股票，要时刻感知是否处于极度热的状态，这可以从财经媒体狂热的报道、涨停板家数、大家群情激昂的讨论等方面去感知。

判断大小周期板块的投资时点

第一，大周期如何把握板块投资机会？

在大盘的"冬末春初"，要选相对"耐寒"的品种："名特优"、平台式公司、符合道德标准的公司。

"季节"转换时气温变化频繁，要做好保暖防护工作。即目标个股波动会快，板块轮动速度也会快，建议采用强势股滚动的策略应对。

温度越来越高时，应该抢种一些不耐寒的但有故事的品种，题材丰富、弹性空间大是首选（比如人工智能方向）。不需要太注重业绩，应更注重成长，但也正因为是长期的还无法用业绩证伪的股票，就更应该遵循趋势炒作规律而不是价值投资规律。对长赛道股票采取相应的周期滚动策略即可。

第二，小周期如何把握板块投资机会？

虽然温度开始转暖，但离热火朝天的"夏天"还很远，要想有好收成，轮播什么品种，采取何种操盘策略就很重要了。板块及品种炒作过程其实也遵循"四季"分明的"春夏秋冬"规律，按炒作所处的阶段（"季节"）选择不同策略就可以了，这里无外乎两种选择：一是采用痛点变甜点的方式选择股票；二是参与已经走强的板块，建议选取板块中的强势股滚动，但龙头会变化，所以结合板块炒作"由小到大""由里及表"做板块内轮动炒作。若无法区分一个板块及个股处于什么阶段（无法判断是否已经走完三个阶段）时可选择不参与或及时退出。选择还处于第一阶段和第二阶段的强势股参与，可以显著提高成功率。

想在股市赚钱先做到一点：在行情平庸时期修炼（不做交易），在行情极端时期出手（买或卖）。其实投资大师们基本是这么做的，以至于没有人再重点提。而很多普通投资者股市不赚钱甚至赔钱的根本原因正在此——在行情平庸时期出手（频繁交易），在行情极端时期捶胸顿足（踏空或深套）。根本原因在于，散户无法对行情作出有效判断，无法择时买卖。而洪攻略投资时空观则帮助散户解决了如何选时的问题，降低判断难度，同时识别极端行情。

股市温度体系

股市温度体系是洪攻略极端交易体系的重要一环，找到了温度，就知道了市场热点和板块热点在哪里，核心内容是通过测量和分析股市温度来判断"季节"采取对应的操作策略。我投资策略的参数都是根据温度来调节的。市场是什么样的温度，就是什么样的"季节"。我们是应该播种，还是应该收割或施肥，这些对进场时点或离场时点的把握非常重要。有时候很多的理论，甚至很多的逻辑都指向一个事情的时候，如果当时温度不对，我可能就放弃了。因为即便万事俱备，但温度不对，也会让你的投资成功率大打折扣。

选股重要，但选时更加重要。2010 年开始我在"战上海"投资哲学基础上构建了一个"股市体温表"系统，主要采集直接反映股市状态的一些项目"温度"，包括：大盘温度、板块温度、政策（政府）温度、媒体温度、专家温度、机构温度、散户温度、技术温度等，根据这些温度最后得出一个综合温度。然后根据这个综合温度决定仓位的轻重，即决定采用什么投资攻略（不同温度，以不同策略应对）。

有观点认为价值投资没必要选时，这在我看来这是最大的问题。哪怕是买贵州茅台，选错了上车时间也能跌 50%。而跌 50% 要翻倍才能涨回去。价值投资之父巴菲特非常注重选时。他有一句名言："在别人贪婪的时候恐惧（要把股票抛掉），在别人恐惧的时候贪婪（要买入股票）。"他的价值投资体系，一定是当价格远低于价值的时候为最好的买入点，即时间点，所以选时其实是很重要的。

如果找到了温度，就知道市场热点在哪里、板块热点在哪里、盘子热点在哪里、大盘热不热，知道了这些问题自然能够找到相应的应对策略。然而很多投资者通常是在"春天"里收割，在"秋天"里播种。一些分析师、财经大 V，也经常搞错"季节"，在"冬天"讲"夏天"的故事，教你如何防晒，完全与市场背道而驰，这是因为他们没有把握温度。

如何测量市场温度

在 A 股市场，我们可以从以下角度感知市场温度：

第一点，从板块感知温度。

股市温度的变化是有规律可循的，不同板块的活跃对应不同的市场温度，这对判断大盘的走势非常重要。如果出现极致的市场温度，就要用极致的操作策略。

当市场过了极冷状态，但大的方向尚无法判断时，可通过观察板块温度及其转变过程，以及板块轮动过程，来感知市场温度。通常券商板块、创业板等中小盘成长股是值得观察的风向标。券商走势好，A 股不一定走势好，但券商板块走势不好，A 股一定不会有大的未来。另外，还需要关注一些没有系统大行情也能被炒作的板块。典型的如 2023 年上半年，数字经济出现结构性机会，人工智能概念明显比其他板块要强，温度更高，这就是龙头板块的特征。

我们做投资时，就要选择一段行情温度更高或更低的板块来操作，比如在下跌行情中，关注跌得最快、最多的板块，也就是温度更低的板块，其反弹相应也更高更快。这也是洪攻略中"板块抓两头"的操作逻辑，此时对温度的判断就非常有意义。

第二点，从政策面感知温度。

密切关注监管思维的变化是目前 A 股投资的关键所在。即在股市整体资金面并不宽裕的情况下，结构性牛市走到一定时候轮动特征会强化，这从指数上看就体现为慢牛加速，而抓强监管带来的机会是近几年股市的重要特征，因为股市赢家往往会利用政策强监管借力打力，调仓换股，扩大战果。

第三点，从资金面感知温度。

市场永远是由资金做起来的，如果没有资金，哪个板块都起不来。牛市为什么会越来越强？因为有了财富效应，赚钱的机构更容易募集到资金，场外资金会慢慢进场，形成良性循环。

资金面决定股市走势，分析资金面是一道算术题。当流入股市的资金量大于流出股市的资金量，长期看股市就会涨，反之就会跌。对于资金，平时要多关注诸如基金发行量、养老金、QFII、险资举牌、股东增持、上市公司回购、股票新开户数、融资余额、大小非解禁、IPO等相关报道。

众所周知，存量资金博弈是无法改变趋势的，要改变趋势必须有增量资金进来。看有没有大行情，需要关注"聪明的钱"的动向，比如沪港通、深港通、北上、南下资金情况，活跃资金流向等。

活跃资金是市场上的主动交易者，他们基本不做小行情，但会参与中行情，往往非常活跃。所谓的中行情，其实是介于牛市与牛皮市（指在所考察交易日里，证券价格上升或者下降的幅度很小，价格变化不大，市价像被钉住了似的，如牛皮之坚韧）之间的行情，也可以是局部牛市行情或结构性牛市行情，波动范围适中，这种行情是活跃资金最喜欢的。

第四点，从市场情绪感知温度。

长期以来，我一直强调投资者要培养的一种能力——提高行情判断的准确度，不仅要站在赢家角度思考问题，同时还要通过输家情绪（更容易观察）去佐证。

整体来看，行情走势总是选择往残忍的方向发展，就是未来走势一定会让输家（包括深套者、投降派、叛变者）不舒服。正如我常说的，股市故事，人性不变，故事永恒。行情波折铺垫不够，故事就没人信。一个板块已经够痛了，但仍不能引发一轮大行情，为什么？因为它中间的波折铺垫不够，导致痛的记忆不够深刻，即整个感情铺垫还不够，拉上去的时候，就不会有人信，自然也没人跟风。所以，从这一点看，对于一个感情铺垫到位、情绪合情合理，并开始恢复性上涨（先知先觉者进场）的板块，在多数人的情绪没有逆转之前都是安全的，而到了"认同炒作阶段"，市场情绪大面积发生转变，则需要引起警惕。

第五点，从盘口感知温度。

做投资"盘感"很重要，"盘感"是趋势交易大师的核心竞争力，大师们通过看盘，能感知股市目前的"温度"是否适合"下水游泳"，一旦下水（买入股票）后又能感知温度传导的路径，感知是不是有热点会顺势转换。而这种感知解读能力，很多人认为，有些是能学习的，有些是永远学不会的，说起来简单，做起来非常难。毕竟几千只股票，你怎么知道就该观察、感知哪几只呢？但我总结了一个简单实用的方法，就是通过观察城门立木股票走势去感知盘口温度，发现很有效。

洪攻略择时主要是通过观察市场有多少个涨停板、跌停板，成交量怎么样以及龙头个股出现多少个连板（这个也能感知政策监管的容忍温度）、妖股频出等现象去感知市场热度。然后根据温度情况采取对应的策略，从而提高投资成功率。

股市极端温度蕴含大交易机会——极端交易

"极端交易"是洪攻略中的核心策略，这个策略中如何判断极端是个难点。物极必反，这个"极"其实是有规律可循的，小到一件事、一个现象，都有一个量变到质变的过程，《道德经》有言："飘风不终朝，骤雨不终日。"就是对持续极端转变的描述。

物极必反，极端就是转折点，极端的背后就是机会，大极端大转折就是大机会，小极端小转折就是小机会。

实战案例1：2017年名特优极端的涨、创业板极端的跌

从盘口来看，每一次上证50放巨量，都属于小极端，创业板同时都会出现反弹小转折，直到2018年1月底建设银行、工商银行这样的股票也在涨幅已经巨大的基础上出现连续暴涨，市场看好名特优的情绪也到了极致，这个时候属于典型的极端行情，属大极端，此时策略必须降级，采用SH333的必须降为H333，采用H333的必须降为H110。

实战案例2：2018年2月份出现大跌的情况

2018 年 2 月份上证指数出现久违的连续大跌，创业板更是跌回了 2015 年牛市启动点，爆仓盘一片，市场恐慌气氛蔓延，此时属于典型的大极端，是 H333 策略"捡皮夹子"的好"季节"，是 H110 升级打击的好时间，甚至是启动 H007 的好时机。大极端有大转折，拉长时间看创业板跌幅比主板更极端，所以转折机会也更大。

投资者想在股市赚钱，就要抓住极端行情中蕴含的大交易机会。要抓住极端机会，践行极端行情的操作策略：

大极端大交易策略。大极端涨之后容易出现大极端跌，极端跌和极端涨一定是交叉进行，只是强弱不尽相同，但同向大极端与大极端间隔时间一般比较长（中间要隔一个异向大极端）。即使在极端的 2015 年，两次同向极端行情相隔时间也超过了一个月。每一次大极端中的极端下跌，都是"捡皮夹子"甚至启动 H007 策略的好机会，每一次极端中的极端上涨都是 H333 系列操盘策略降级打击的减仓点。所以只要能判断出极端，就能抓住大机会，也能避开大风险。

小极端行情策略。两个极端之间会有很多小极端，也会有中极端。若拉长时间看，一些大极端也只能算中极端，中极端也只能算小极端。所以洪攻略中 H333 滚动会分日滚动、周滚动、月滚动，这其实就是应对不同周期极端情况的，洪攻略中的日、周、月这些时间更确切地说是区分时间的长短，周表示时间以周计，而不是定死的 5 个交易日，需要按洪攻略思维验证调整。

测量温度感知极端。首先，当分不清"春夏秋冬"时，就不要花费太多力气。只抓极端的冷和极端的热，极端时期往往是机会出现之时。

其次，一年"四季轮回"永远逃不掉。感知温度把"四季"分清楚，然后用洪攻略——去对应交易，"春夏"策略是 SH333，"秋冬"策略是 H110，几乎没仓位，如果是极端恶劣天气用 H007，即出现极端暴跌之后，用 H007 去应对。

书读到这里，大家对洪攻略有了简单的理解：就是用洪攻略思维抓住行情主要矛盾，知道"聪明的钱"在哪里，然后跟随"聪明的钱"，按市场温度判断行情"季节"，最后采取对应策略去交易。

第七章 洪攻略极端交易体系
之 H333 系列操盘策略

在近 30 年的实战中，我一直希望修炼出一套让个人投资者在股市中赚到属于自己的钱的投资策略。

然而同样的武林秘籍，有人练出了绝世神功，有人却走火入魔伤了身体，废了全身武功。马步不稳，纵然身怀绝技也是枉然，好的武功招数是身体的自然反应。基于此，洪攻略结合我国特色，尤其是对散户心态及优劣势的长期观察和分析，并针对价值型、趋势型流派无法应对的熊市末期、牛市末期的遗憾而创设了 H333 系列操盘策略，自成一派。

因为有个著名的"5·19 行情"，所以投资者对五月总是充满期待。"红五月"对我来说也有特殊的意义，我在 2015 年牛市中制定的一个完整操盘策略便以此命名，即 H333 系列操盘策略的雏形。

2015 年 4 月下旬，我为一个大户制定了"红五月攻略"操盘计划，并在微博首次宣布，攻略具体内容是：

逢低构建券商底仓（不追高）1/3 到 1/2，1/3 银行和保险，1/3"捡皮夹子"（主要是券商股）。券商股构建好之后开始滚动操作，有"大皮夹子"出现时抛出 1/3 的银行和券商，"皮夹子"到手后，再逢低买入银行和保险。

这个策略有三个特点：不满仓、1/3 底仓滚动、板块选择大金融。对一轮牛市而言这是一个悲观保守的策略。但事实证明，"红五月攻略"确实帮助我们保有了好心态，并且成功穿越那轮牛市途中的第二次大考。

另外，在 2015 年 6 月中旬宣布启动最保守的 H333 策略，2015 年 8 月下旬启用 H007，事后证明都非常完美。一些深入了解并使用"红五月攻略"的投资者，不仅成功规避了 2015 年的股灾，而且保持了投资的好心态。

2015 年 4 月份提出"红五月攻略"时算是首提 H333，之后经过较长时间的演化，改成了 H333 系列操盘策略。

虽然实践证明，执行 H333 系列操盘策略效果非常好，但依然有不少投资者不理解，无法正确应用，所以本章力求通过对 H333 系列操盘策略系统的阐述，帮助更多投资者掌握它。

H333 系列操盘策略由 H333 策略、SH333 策略、H007 策略、H110 策略组成。其中 H333 策略是策略核心，所有的策略和行动都是为了保有一个投资好心态。

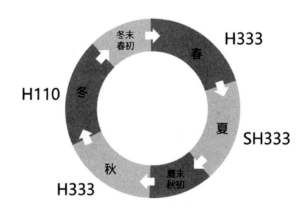

图 7-1　H333 系列操盘策略设计逻辑

H333 系列操盘策略（H333、SH333、H007、H110）对应的是大盘不同"季节"的不同市况，给出的是不同风险机会下的仓位建议及买卖时机选择，追求的是成功大概率。

板块、个股都有"四季"，可分别启用 H333 系列操盘策略应对，时间节点越契合大盘"四季"，成功概率越高。

这套策略不仅要让有投资功底的人喜欢，而且要适合没什么投资经验的人修炼，希望他们只要稍加修炼就可以达到有 5 年以上投资修为的投资者的水平。

H333 系列操盘策略：防守反击策略

H333 策略含义

H333 策略即把交易资金分成三部分：花 1/3 资金建底仓，用 1/3 资金滚动交易，预留 1/3 资金"捡皮夹子"。

H333 策略是特殊阶段投资 A 股的一套策略，属防守反击型。这个策略不是简单的高抛低吸，一般用在行情转折或趋势不明阶段，用于保护好心态。

仓位控制：按底仓股票选择及设定的滚动幅度不同可以分为保守型和激进型。（具体使用时，不要拘泥于下面说的具体数据，市场状态不同，数据可以相应调整）

保守型策略：底仓配置痛点板块中的小股票，滚动幅度设为日内大于 3%，日间大于 6%，周间大于 10%，月间大于 20%。（平时持仓约 1/3，达到滚动幅度时逢低滚入 1/3）

激进型策略：底仓配置强势板块中的龙头股，滚动幅度设为日内大于 5%，日间大于 12%，周间大于 30%。（平时持仓约 2/3，达到滚动幅度时滚出 1/3）

滚动类型：滚动分为上滚动和下滚动。一些高手也可以采用花式滚动，又称混动，即跨板块不同股票间滚动。

滚动时机：策略滚动及"捡皮夹子"的最佳时机是大盘单日超过 5% 的暴跌，板块单日超过 8% 的暴跌。

滚动原则：只看幅度，不问价格。

策略原则：必须滚动，不滚动就"滚蛋"。不滚动，在这样的行情中是会面临较大风险的，而且几乎没有可能获得超额收益。所以不会滚动的人，要么放低自己的收益预期，要么做好亏损的心理准备，要么彻底离场。若滚成满仓之后不肯滚动，那行情的演变极可能会让你无法承受而自己选择离场的。（见图7-2）

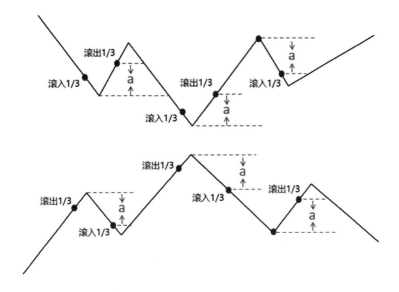

图 7-2　H333 策略滚入滚出示意图

"捡皮夹子"原则："皮夹子"最好跌到地上（足够低）再捡，捡到"皮夹子"必须及时"上交"。

防守反击型策略：这个策略只有出现暴跌的"大皮夹子"时才可满仓，所以整个策略属于防守反击型，这个策略被一些牛市赚了大钱的大户所推崇，滚动原则可以很好地防止受到大的伤害，保留胜利果实，但"捡皮夹子"原则又可以获得超额收益，让自己享受到牛市的完整盛宴。

H333 策略特点是仓位控制。但它不光是仓位控制，还可以帮助使用者做到不追涨不杀跌。

H333 策略，我们用在"冬末春初""春季""夏末秋初"及"秋季"。为什么要用这个策略呢？它最大的好处是可以让你心态变好。"春季"后面可能有夏季，但很多人会说，你既然知道"夏季"要来，你就直接满仓就好了，何必要用这个策略呢？但你怎么知道一定是"春季"呢？它可能是"暖冬"而已，"冬天"还没过去。一旦市场再出现"寒冷天气"，可能你的风控就出问题了，可能就亏了很多，因为你的仓位过重，你的心态就受不了。等"春天"真的来的时候，或者"夏天"来临的时候，可能已经把仓位输光了，甚至砍掉了。还有即使是"春季"，也可能有杀伤力很大的"倒春寒"。

一些投资者不太有风控意识，H333策略帮投资者无形中做了风控，拥有了交易的主动权，变成了股市里面"打不死的小强"，一旦好行情来的时候，就可以赚到大钱。

H333策略的作用及意义

H333策略的独特作用：在A股市场，投资者不赚钱甚至亏钱的最根本原因就是追涨杀跌、倒金字塔投资，而要想克服追涨杀跌、倒金字塔投资，就可以使用H333。人们之所以会选择追涨杀跌、倒金字塔投资，主要是无法逃脱贪婪和恐惧的心魔，H333策略中的高抛低吸、不滚动就"滚蛋"，不看价格只看幅度的操作原则就是为了驱逐心魔，让自己保持好心态。

H333策略的现实意义：所谓熊市空仓、牛市满仓是理想世界中的，更多的时候投资者是不会也不知何时可以选择空仓或满仓的，这也是进可攻退可守的H333策略的价值所在。

H333策略的两种类型

H333策略可以分为激进型策略和保守型策略。为了更容易理解，下文以个股为例（仅为举例之用，不构成个股推荐）加以说明。

激进型策略采用的是平时2/3仓位，上升达到预定幅度先滚出，滚出后见股价调整幅度达到预定幅度，量缩到位则滚入1/3。（加上成交量判断是为了增加胜算，也是为了规避放量下跌的风险）

假如你以25元的价格买入了东兴证券，2/3仓位，建仓之后就必须忘记25元这个价格，后面只要关注波动幅度。东兴证券之后若日内波动幅度达到5%，可考虑滚出1/3仓位，日内波动幅度要从当日最低价计算（假如日内低点在24.8元，那股价到达26.04元则满足条件；若日内低点是23元，则股价达到24.15元考虑滚出）。如果当日无法满足条件，则考虑是否满足日间波幅大于12%的条件，起点从买入东兴证券后的最低点开始计算（若买入后出现最低点是24元，则股价达到26.88元以上可以滚出，若买入后继续下跌最低点为22元，则达到24.64元要考虑滚出）。

滚出之后，若股价继续上涨，且出现日内波幅大于 5% 的情况，比如股价日内从 29 元高点回落至 27.5 元，则符合条件可以滚入。若日内无法符合条件，则等待符合日间条件后滚入，比如股价从滚出后上涨到高点 29 元，则后面调整到 25.52 元以下可考虑滚入。滚出之后若下跌，见日内跌幅大于 5% 可滚入，或日间大于 12% 可考虑滚入。（切记，滚动条件滚动幅度只看行情波幅，市场较强、个股比较活跃时，可把滚动幅度设置得比较大，反之设置得小一些，但日内尽量大于 3%，日间尽量大于 8%）

保守型策略采用的是平时 1/3 仓位，下跌达到预定幅度再滚入，滚入后见波动幅度达到预定值择机滚出。滚动方式和激进型一样，滚动幅度设置要低一些，但如果不擅长短线，可减少日内操作，千万不要做成了日内短线。

H333 策略也分长线、中线和短线，可以交叉使用。月滚动属长线，周滚动属中线，日内、日间滚动属短线。中线及短线滚动品种务必选择板块中的活跃品种（即龙头品种）。日内滚动错过一些也没关系，用日间可以弥补。月滚动若用板块轮动配合，则效果更佳。

"捡皮夹子"是在出现黑天鹅造成股市暴跌或板块暴跌时才使用，其交易和滚动是独立的。"捡皮夹子"有个原则，"皮夹子"越大越值得捡，既然是"捡皮夹子"，见反弹波动幅度达到预期就必须跑（记住：不是见自己的获利幅度）。另外，不是每个"皮夹子"都值得捡，若需要捡一个 7% 以上的"皮夹子"，其快速下跌幅度至少需要在 10% 以上；若希望捡到一个 10% 的"皮夹子"，那此股票连续下跌幅度最好在 20% 以上。

对连续暴跌的个股可以考虑启用"捡皮夹子"策略。若已经满仓的投资者，可以用以上滚动原则及方法，即在符合滚出条件时先滚出 1/3，然后再严格按 H333 策略操作。

关于 H333 策略的更细化的应用，在后面战法章节中会详细介绍。

H333 策略与 SH333、H007、H110 策略

H333 策略是洪攻略的核心，H333 策略与 SH333、H007、H110 策略可以实现完美的切换。H333 策略向上，演变为 SH333 策略；向下，演变为 H007 策略和 H110 策略。具体切换如下图：

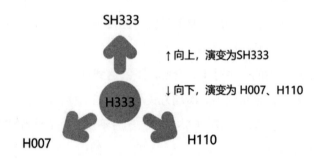

图 7-3　H333 策略与 SH333、H007、H110 策略切换示意图

SH333 策略——夏季满仓满融进攻型策略

SH333 策略是 H333 策略的超级版，满仓待涨，用于趋势明显的上涨行情，一般牛市确立或大盘底部确立后用于强势板块强势股。

所有的策略和行动都是为了保有投资好心态。SH333 是满仓轮动，属超级 H333 策略，采用这个策略只有一种状态，就是满仓，一般用来应对一段持续上涨的行情。这个策略结束时有两个选择：直接转为空仓，或转为防守反击的 H333。我一般习惯转为 H333，因为我发现只有这样才能保有好心态，若直接转为空仓，一旦大盘出现高位反复或继续上行，自己心态容易变坏，影响自己对后面行情的判断。

操作原则：SH333 转为 H333 一般采用的是下滚动，即先卖再买，启动 H333 时不问价格立即减仓 1/3，再在大盘上涨的时候（一般见大盘阳线时）减仓至 1/3 底仓，大盘继续大跌时择机加仓 1/3，大盘反弹后再坚决减仓 1/3，如此反复至逻辑显示策略必须调整之时，其间如果出现连续暴跌可考虑转换启动

H007。若发现大盘可能步入慢熊也可以考虑空仓终止所有策略。若逻辑支持，大盘可能会有一轮比较有持续性的行情，就是你敢跌我敢买，由H333直接升级为满仓的SH333。

操作"季节"：此攻略紧盯的是大盘，提供的是买卖时机参考，至于在什么个股上实施，一般在一轮行情的龙头板块龙头股上实施效果最佳，如果仅是在你自己喜欢的股票上实施，最好忘记持仓股票的成本、涨跌甚至价位。

操作区间：至于大盘涨跌多少启动买卖，一般是看涨跌比例，不看大盘绝对指数，也没有绝对比例，比例大小也分为短线、中线和长线，对应的是日内、日间和周间。

H007策略——极端下跌的"救命"策略

H007策略是一个"救命"策略。当股市行情出现连续大跌、崩盘时，尤其是出现股灾的时候，这个策略能救命。2015年股灾的时候，我在微博第一次公开了我的H007操作。8月24日，指数跌到2750启动H007策略。而H007攻击性很强。H007里含有两个"7"，就是在大跌到一个阶段的时候买进70%的仓位，如果后面继续跌停，甚至继续大跌的时候，正是你买进自己心仪股票的时候。再买70%是什么意思？就是融资40%。从其逻辑来看，正是验证了"在别人贪婪的时候恐惧，在别人恐惧的时候贪婪"这一观点。

H007策略在2015年用了好几次，在2016年1月份也是适用的，在2018年、2022年的中概股和港股上都有很好的应用。这个策略一年使用一两回已经算很多了。

适用阶段：H007策略仅在短期连续暴跌后，大盘短期跌幅至少大于20%，中途未见像样反弹时启用。

操作原则：极端行情才能使用，必须在连续快速大跌之后才能启用，目标股票因大盘暴跌跟随暴跌，此时可在连续大跌市场情绪崩溃之时建仓70%，下一个交易日再建仓70%，总仓位达到140%，一般在见底反弹三天后结束此策略。

盘口应用："捡皮夹子"的最佳时机。

市场暴跌时专家们和你大谈风险，其实这个阶段恰恰是风险最小的时候，投资激进一点没有关系。

从盘口来看，尤其是大盘连续暴跌的时候，是启动 H007 策略的最佳时间点。比如在 2015 年 7 月 6 日—7 月 8 日，8 月 24 日—8 月 26 日出现千股跌停的那几天恰恰是风险最小的时候，如果你被很多市场恐慌性的抛盘吓倒，认为那个时候是风险最大的时候，那你可能错过一个好时机。所以，我们强调要合理分配好时间，确定好阶段，牛市中干牛市的事，熊市中干熊市的事。

当你不确定它是熊市，但知道肯定不是大牛市，也不是特别热的时候，你应该怎么办？应该有一个好的学习心态，找好自己的状态。有时间去试点错，也不会出大错，这是因为连续狂跌之后，再现大跌的可能性较小。你可以试盘，甚至激进一点做交易也没关系，这才是应对熊市的最佳姿态。因为熊市后期绝对不能被动地熬，必须主动出击，即便是试错了，可以立即止损，不会有太大损失；一旦碰到行情反转，所有的收益就全部回来了。

人生其实不需要多少牛市，一次牛市，一只牛股，就足以改变你的人生。

H110 策略——冬季防守策略

H110 策略用于熊市、阶段性调整行情（"秋末冬初"及"冬季"）。H110 策略顾名思义就是用一成仓位在"秋季"及"冬季"，或平衡市中阶段性炒作后期。仅用一成仓位去滚动，象征性地操作看好的目标股，或完全空仓，直至"春天"来临调整为 H333。

H333 系列操盘策略综合应用

不同"季节"启用不同的策略，H333 系列策略各有妙用，可以单独使用，亦可以联动使用。

H333 策略滚动操作

1/3 建仓后通过 H333 策略滚动交易降低成本。将预留的 1/3 资金，在大盘反弹后再次下跌有一定跌幅时，个股跌幅也达到目标后买入加仓。然后在达到设定涨幅后滚动卖出 1/3。操作原则是只看幅度不看价格，不滚动就"滚蛋"。最终达到降低成本的目的。

最后的 1/3 仓位资金作为"捡皮夹子"策略使用。大盘或板块的整体趋势正常，当突发利空，大盘和板块单日出现暴跌，判断大盘主要矛盾不变，后面大趋势还会继续按原方向运行，此时将预留的"捡皮夹子"的 1/3 资金买入持仓个股，在个股反弹后及时卖出（上交"皮夹子"）。这是一个大概率能盈利的操作，但是否会反弹及反弹力度并不是 100% 确定，所以最好提前设定好卖出规则、时间和认错机制。

H007 策略捡"大皮夹子"

极端行情出现时使用，必须在大盘连续快速大跌之后才能启用。一般大盘连续大跌 3 日，日跌幅超过 5%，目标股票因大盘暴跌跟随暴跌，一般在连续大跌第三天，市场情绪崩溃之时对个股由空仓或 1/3 仓位加仓至 70%，如果次日继续大跌，融资加仓至 140%。一般在见底反弹 3 天后结束此策略。

SH333 主升段满仓操作

使用时机：SH333 策略用于趋势明显的上涨行情，一般牛市确立或者大盘底部确立后用于强势板块强势股，待市场情绪爆棚，达成共识后择机调整为 H333。

使用方法：在目标股票盘中或日间调整时快速建满仓，在第一回合结束进入第二回合时开始满仓滚动加轮动操作，直至板块龙头股下跌达到 30% 时彻底离场。

SH333 结合 H333 策略操作：个股在"春季"建仓完成后，如板块或个股进入夏季，在日内或日间个股回调时快速加满仓。待板块或个股进入炒作第二回合时，也可以理解为"秋季"，卖出 1/3 或 2/3 仓，将持仓调整为 2/3 或 1/3，进行 H333"秋季"策略的后续操作。

启用 SH333 踩准下一个热点板块

抓热点板块是很多投资者梦寐以求的事，其实只要用心，在 A 股市场抓热点并不难，难的是如何在抓热点时能够赚到钱又不被市场所伤。如果弄清楚了热点板块轮动背后的关键逻辑，可以提高参与热点炒作的成功率。

板块炒作的常规过程：

一个板块的炒作，总是先知先觉的资金先进场，然后股价涨到引起分析师的注意，再到引起散户的注意，如果散户不认可一般会继续涨，散户认可了但不敢重仓参与时行情也不会结束，但如果散户认可并敢于重仓行动，那行情基本接近尾声，甚至已经结束。整个过程对输家很残忍，但对赢家而言很享受。

赢家炒作板块的步骤：

板块走势一段时间持续强于大盘，大家越不认同、越不关心，其持续走强的可能性就越大（板块炒作第一回合）；越快速拉升，连续涨停，离板块炒作结束就越近（板块炒作进入第二、第三回合）；市场已找到了这个板块暴涨的确切原因，大家越认同，炒作结束的可能性就越大（板块炒作第三回合），越不认同，越不敢追高，炒作就越不会结束（还在第二回合）。

如何参与板块炒作？

第一，认清炒作所处阶段。

在参与一个板块炒作之前一定要看清这个板块炒作所处的阶段：板块炒作是第一回合早期还是第一回合中后期，或是已经进入第二回合，甚至进入第三回合。

若板块内多只股票持续跑赢大盘在 20% 以内，媒体关注不多，市场研究报告也不多，微博推荐少，微信群内讨论不热烈，这基本属于第一回合早期；若板块内多只股票跑赢大盘超 30%，龙头超过 100%，但媒体关注还不是太多，这差不多算第一回合中后期；若板块引起媒体大面积关注，研究报告铺天盖地，群内讨论热烈，但市场很多散户认为价格太高了，这个阶段基本属于第二回合；

市场基本认同此板块的上涨逻辑，板块内股票补涨很普遍，回调时散户肯大胆介入，此阶段基本属于第三回合。

第二，对症下药（阶段不同，策略各异）。

若通过 H333 策略试探操作，很幸运地发现自己参与了一个可能被市场炒作的板块，而且属于第一回合早期，此时可用癫狂策略，即 H333 策略的超级版 SH333 策略。

SH333 策略是 H333 策略的升级版，适合更专业的投资者，这个策略用于两种情况：一是牛市确立，二是认定一个板块将被市场全面炒作，即板块牛确立。这两种情况出现一种，就在目标股票盘中或日间调整时快速建满仓，在第一回合结束进入第二回合时开始满仓滚动加轮动操作，至板块龙头股下跌达到 30% 时，彻底离场。

若自己后知后觉发现了一个处于炒作第一回合后期或第二回合的板块，因为没有第一回合的丰厚利润，为了保有好心态，若要参与炒作，可启用常规的 H333 策略进行滚动和轮动。在一个板块炒作后期，因为惹人关注，往往容易受消息面影响，这阶段是会有"皮夹子"捡的。

若已经进入"鸡犬升天"的第三回合自己才关注，那一定管住自己的手和眼，这个时候最好热闹都不要看。

为了容易理解，我描述的是泾渭分明的三个回合，但其实不同市况每个回合都会不同，有些时候一个回合的时间会很短，幅度有限，也有一些时候时间较长，幅度很大。要想提高参与板块炒作的成功率，还需要配合其他的一些看盘技巧，比如看成交量、市场情绪、政策取向等；还有，板块本身的大小及特性也需要参考。

H110 策略减仓或清仓

H110 止错减仓或空仓，用于秋末及冬季（熊市，阶段性调整行情），或平衡市中阶段性炒作后期。仅持有一成仓滚动，象征性地操作看好的目标股，或者完全空仓。"110"是报警电话，表明调整已经发生，下跌趋势已经形成，此时要把 H333 调整为 H110，要大幅减仓至一成仓甚至空仓，直至"春天"来临调整为 H333。

H110 也用于小单试错控制风险，第一次买入时少量买入，当个股走势不符合预期，甚至亏损时及时清仓。

综合应用：穿越一轮牛熊的交易利器

一轮大的牛熊基本涵盖了所有的市况，回顾一轮股市牛熊，很多人都会顿足捶胸，恨自己怎么会在该买的时候卖出了股票，在该卖的时候却在买入股票；该重仓时却选择了轻仓，该轻仓时却选择了重仓；值得坚持时不坚持，不值得坚持时却鬼使神差地坚持；风险最大的时候往往不思考风险，风险最小的时候却被风险吓破了胆……对此很多人都做过认真的反思，但毫无意外很多人下一次依然在同样的坑里跌倒。因为同样的市况下投资者做的思考几乎都是一样的，而且十有八九都是无效的思考。

不改变思维，就无法改变命运。不能进行有效思考，股市赢利就永远靠撞大运。说到这，大家对有效思考的重要性应该没有怀疑了，那如何做到有效思考呢？做到有效思考难不难？我们通过回顾 2014 —2016 年这轮牛熊，来验证 H333 系列操盘策略的精准踩点。

2014 —2016 年洪攻略精准踩点

从 2014 年 7 月—2016 年 5 月，近两年时间 A 股完成了一次波澜壮阔的牛熊轮回，我通过新浪微博完整地记录了对这轮牛熊股市运行所做的"马前炮"思考，这些思考主要分为几个阶段：

从 2014 年 7 月宣布牛市癫狂，开始连续推荐券商板块，提出"宁可做错不可错过"（只思考如何赢利最大化，不思考风险），建议在券商及券商服务板块启用策略 SH333；

2015 年年初提出"与小盘股共癫狂"（只思考如何赢利最大化，不思考风险），建议在创业板小股票启用策略 SH333；

2015 年"红五月"启用 H333 策略（开始思考风险，并采取相应策略）；

6 月 15 日我在《从微博散户情绪看 A 股运行逻辑》一文中提出降低仓位

至1/3，启动最保守的H333防守反击策略，并思考股灾可能发生（主要思考风险，包括大调整风险及系统性风险）；

8月25日启动H007策略（不思考风险，但思考风险收益比）；

9月份提出"忘记仇恨从头再来"（不思考风险，思考反弹机会在哪儿）；

2016年2月初思考A股重生问题（不思考风险，思考反弹方式及路径）；

2016年4月开始思考A股"换防"的机会及风险问题（不思考大牛大熊，不一惊一乍，思考如何做才能保持好心态）。

事后证明每一个节点的思考都达到了令人惊讶的精准，提出的策略被证明是较好的策略。

对应交易利器：H333系列操盘策略

其实，股市判断有对有错才正常，对错也并不是关键，重要的是当时为什么做出这样的判断，为什么会做这样的思考。知其然对大家没有意义，知其所以然才重要，只有知其所以然对投资者现在和未来的投资才会有现实帮助。

为什么做这样的思考？因为每一个阶段都有影响行情走势的主要矛盾，抓住主要矛盾进行思考很重要。

比如2016年5月的市况，对是牛市还是熊市的思考意义不大，思考这些容易让自己一惊一乍。当时A股市场无外乎两种可能，熊市末期或慢牛初期，即使在这个位置再下杀20%，对跌幅已超过40%的上证指数而言，说是熊市末期也不为过。若是慢牛初期，那底部就会逐步抬高。假如这两种走势五五开，那最好的策略是什么呢？不贪的话用H333策略是较好的。当然，这还要结合自己的风险承受力来抉择，有人说我不愿去面对可能出现的下跌风险，哪怕概率只有10%，如果这样，那么也要放弃相应的赢利机会；同时，还要结合自己的需求及承受力去做决定，比如面对一个机会可能大于风险的行情，你思考的重点就是你想不想为这个可能的收益去承担可能的风险，即自己必须做好承担一切后果的准备，这样的思考才会让自己不再陷入猜对猜错行情的思维困境。

第八章　洪攻略助力实现投资目标

洪攻略作为一个完整的股市投资体系，是经过实战检验具有强大威力的投资方法。作为投资博弈理论，按照传统中国哲学，分为道和术两大部分，即作战原则与作战方法。其中，洪攻略投资思维及时空观属"道"，H333 系列操盘策略属"术"。

股市是不断变化的，涨跌是相互交替轮动变化的，并且是有规律的。探索规律便能解开股市收益之门，而洪攻略正是这把钥匙。为了让投资者更好地应用洪攻略，在前面的章节，我们用了较大的篇幅介绍了洪攻略极端交易体系。读到这里的你，应该明白洪攻略极端交易体系是一套环环相扣、逻辑严密的体系。我在设计时也尽可能考虑到人性中的"贪婪和恐惧"，为 A 股投资者量身定制策略来化解这些问题。

这套体系发展到今天，已经被很多投资者验证是可以显著提高投资成功率，降低操作难度，为投资者保有好心态，提前做好风险控制，制定投资计划的体系。可即便如此，这套体系讲起来仍然比较深奥复杂，所以在传播和应用时还是会以见招拆招的形式出现。本章我们会重点介绍洪攻略可以帮大家在投资上实现的六大目标，帮助大家更好地理解洪攻略。

拥有好心态，才有投资好人生

好心态是投资成功的因，也是投资成功的果。

一个人的心态受市场影响非常大，暴躁、贪婪、恐惧，心态会随着市场走势的变化而变化。做投资做得很成功的人往往靠的是心态，心态不好，再好的方法，也很难成功。因为可能会在不该坚持的时候坚持，在该坚持的时候坚持不了。

我一直认为在这个市场上，心态好的人一定赢得过心态不好的人，就像德州扑克，其实最终玩的也是心态，你心态好，对方是赢不了你的。但很多人其实只是有好心情，这跟有好心态是不一样的，好心情是今天我抓到了涨停板，心情就特别好，但只是一时的。如果这个股票之后连续涨停，但你在一个涨停板时就走了，此时的心态极易变坏。

所以一个好的投资体系必须从根源上帮助投资者解决投资痛点问题，让投资者有独立思考和行动的能力，具备在市场上长期生存下去的能力。

通过良好的投资思维体系呵护好心态

好心态不是虚无缥缈的东西，好心态会决定你能接受怎样的信息，决定你有多大的定力，决定你敢持仓多少，决定你会不会倒在黎明前。

如果心态不好，一有风吹草动便会自乱阵脚，到处寻找安慰，断章取义地看信息，心乱如麻，最后再莫名其妙地做出重大决定，而这个决定的出发点只是为了解脱！

即使事后发现犯了大错，但总不能从根本上寻找原因，依旧认为如果自己当时没看到什么、没相信什么就好了。其实，在当时那种心态下，除非被"关进监狱"无法操作账户，否则你总会因为看到某个信息而做出"寻求解脱"的行动。

即使碰到再大的牛市，能赚到大钱的总是少数人，因为真正心态好的人并不多。所以洪攻略所有的策略设计均以保有好心态为出发点。投资者想要在这个市场获取一定收益，可以用洪攻略这样完整的交易体系严格地约束自己，让自己执行相应的策略。

洪攻略帮普通投资者保有好心态

第一点，洪攻略帮投资者掌握主要矛盾，保有好心态。

好心态不是盲目的好心情，有些人只是心情好，其实心态并不好。好心态是一切主要矛盾尽在掌握的淡定。你都清楚怎么回事，才会很淡定，这叫好心态，否则只是一时的好心情。

市场今天发生的事，是你昨天、前天的思考，甚至是大前天的思考，这样你就不会手忙脚乱。当然你也别指望可以战胜市场，我们只要去战胜那些手忙脚乱的人即可。你对风险提前有了预判，当风险真正出现的时候，可能就有方法应对，此时你会很淡定。

在投资中我经常表现得很淡定，别人慌死了，我却感觉很正常。因为对于这种情况的出现，我已经提前做了预判，并且想好了应对策略。胸有成竹，自然能淡定应对。

第二点，洪攻略教你在风险可控范围内做决策，保持好心态。

能承担而且愿意承担的风险，再大也不是风险；不能承担、不愿承担的风险，再小也是风险。有些人很淡定，因为早就想好要做这个股票，也知道是有风险的，但股票做的是大概率，想要投资成功，需要在大概率的基础上再加一些勇气。就像 2014 年我倡议做券商股票的时候，说了一句大胆的话："宁可做错，不可错过。"哪怕做错了，这种风险我愿意承担，而那对我来说是"用较小的风险，博取较大的收益机会"，因为我对这次机会是提前预判的，并且已经提前想好了策略，当行情真正来的时候，我只需要执行最优策略即可。

对有些人来讲，有些风险是无法承担的。比如资金本就不多的投资者，如果在股市亏了很多，心态是相对容易崩溃的，这种状态下更容易做出很多错误决策。所以如果不能承担风险，是不可以去投资的，因为赔的不仅是钱，还有心态，甚至是人生的自信，这种后果是非常可怕的。

综上，在风险可控范围内去做决策，才能保持好心态，即使风险来了，也能很从容。

严格遵守洪攻略原则，拥有投资好心态

风险控制就是心态控制，投资有了好心态，成为赢家就是大概率的事情。如何保有好心态，这是投资中最重要的事。严格遵守洪攻略原则，是保持好心态的较佳捷径。洪攻略原则如下：

洪攻略思维原则：抓主要矛盾、跟随"聪明的钱"、做预期可控的投资。

洪攻略选股原则：只做三类股，即龙头板块龙头股、痛无可痛的股票、自己熟悉的股票。

洪攻略选时原则：极端交易，即大极端大交易，小极端小交易，不极端不交易。

洪攻略仓位管理原则：仓位大小以呵护好心态为第一目标。

洪攻略交易原则：摆脱峰终定律控制，不猜顶不猜底，远离平庸的行情，远离平庸的股票；妙用 H333 系列操盘策略，用 H333 系列操盘策略壮胆参与强势股，用 H333 系列操盘策略拿回交易的主动权；耐得住寂寞，经得起震荡，跟得住趋势，砍得了亏仓。

找到一英尺的栏杆跨过去

股市投资，赢家的成功概率一定比输家高，赢家抓住牛股的概率、重仓持有牛股的概率、及时止损烂股的概率都会比输家高。投资考验的其实就是一个人的概率分析判断能力，这个能力基本决定了一个人的投资成败。无论是价值投资还是趋势投资，追求的都是成功概率，考验的也都是一个人的概率判断能力。

价值投资是从公司内在价值与当下股价比较判断，当分析认为价格低于其内在价值时，公司未来价格大概率会体现其内在价值，所以选择买入。

趋势投资是从市场投资行为出发，从惯性看，股价按趋势运行的概率大。

概率分析判断能力决定炒股成功率，但概率分析判断确实比较难。提升判断成功率有两个方法，一是努力提高自己的判断分析能力，二是想办法降低判断难度，即寻找相对容易判断的机会。

巴菲特说过："我们之所以成功，是因为我们专注于发现并跨越一英尺的跨栏，而不是我们拥有跨越七英尺栏的能力。"

洪攻略力求降低判断及交易的难度，帮助投资者找到一英尺的栏杆跨过去。

洪攻略中的跟随"聪明的钱"、行情"季节"划分及 H333 系列操盘策略设计，大大降低了行情及机会判断的难度，也降低了具体操作的难度。

洪攻略提高投资者投资成功率的十大技巧

第一，大极端大交易。

平庸行情的未来走向是极难判断的，因为涨跌概率基本五五开，而极端行情出现，大概率会出现转折，这个是比较容易判断的。越大的极端越容易判断，如果认为自己分辨极端的能力不强，那就等最容易判断的极端出现，比如指数跌幅巨大之后再出现连续大跌，或短期出现连续暴跌。

第二，做龙头板块龙头股。

龙头板块龙头股成为大牛股的概率大，龙头股在一轮行情中表现好是大概率，龙头股出现黑天鹅的概率相对小。

第三，做痛点变甜点股。

痛无可痛（平庸股票除外）的股票拉长时间看，上涨概率大于下跌概率。

第四，夏天才下水游泳。

只在牛市投资股市。牛市赚钱概率高，牛市哪怕打乱仗、追热点，成功概率也高，风险相对小。

第五，抓不确定性中的确定性机会。

确定性机会成功概率高，不确定性机会成功概率低。所以不要被那些不确定的事困扰，而要多关注确定会发生的事带来的投资机会。比如，如果波动是确定的，那用 H333 策略抓的就是确定性的机会。

第六，非大趋势行情（震荡行情）启用 H333 策略。

A 股大概 80% 的时间处于大趋势不明的阶段，行情表现为震荡，H333 策略用于震荡行情成功概率大。大多数人由于无法克服贪婪和恐惧，H333 策略"不问价格只看幅度，不滚动就'滚蛋'"的原则，大概率可以帮助投资者战胜心态上的贪婪和恐惧。

第七，提高趋势投资能力。

A 股市场选股比趋势判断更难，散户选股成功率比判断趋势的成功率更低，所以提高趋势投资能力对提高投资成功率有很大的帮助。判断大盘、板块、个股所处"季节"比判断一家公司的价值要容易，根据"季节"采取相应策略则大概率不会犯大错误。

第八，做熟悉的股票。

对熟悉股票的走势判断会更准确，熟悉股票走势不会让自己心慌，做熟悉的股票踩雷的可能性小。

第九，尽量少做短线。

股市有短线高手，但比例很低，大多数人短线操作赚钱概率并不高，散户要想提高投资成功率，先要改变短线操作的习惯。

第十，跟随成功概率相对高的人。

这是提高投资成功概率的捷径，重点是要有对人的判断力（跟对人），这个有点难，因为要客观地看一个人不容易，这个也只能从概率上去判断。真牛人一般具备怎样的特征？我们可以通过以下六点判断：历史上他的判断成功概率高（做股票投资两年以上）；认同他的人比较牛；他自己比较成功；他的方法自成体系（不神秘，可学习）；敢真名示人；不删历史判断。

符合上述条件越多，是真牛人的概率越大，越值得跟随。

以上十大窍门，似乎有点多，你也可以选其中你最容易判断的、最容易执行的（最矮的那个栏），这样可以进一步提高你成功"跨栏"的概率。

抓极端交易机会，提升投资成功率

普通投资者做投资，最难的是对有价值行情的判断。A股行情有平庸也有极端，只有抓住极端机会，才能在这个市场获取一定收益。好的投资体系，一定要足够简单，让投资者容易上手，并且能够显著降低对行情的判断难度，从而提高准确率。那么洪攻略是如何降低普通投资者判断行情难度，又是怎样抓住股市极端交易机会的呢？

抓极端机会降低行情判断难度

极冷的暴雪天气一定出现在冬天，极热的酷暑天气一定出现在夏季，这就是我们能够很容易判断的最低温度以及最高温度。

股市也会经常出现这种情况，即极端行情。最典型的是 2015 年的股灾，暴跌，暴跌，暴跌，极端到"国家队"冲进去护盘。物极必反，极端之后必然迎来反转。极端行情之时，如果可以买入一些超跌股票等待上涨，成功概率会更大。但如果已经被套牢了，处于等待解套的状态，就会陷入被动。

极端出现之后，是相对容易判断的，但很多投资者却不去判断，主要原因在于：在平庸行情时买卖平庸股票，消耗太多，导致真正机会来临时陷入被动，这就是输在了"平时乱交易"上。掌握判断极端的方法，便能及时判断出极端行情。洪攻略追求的是成功大概率，极端时才交易，因为极端时转折概率大。

极端与不极端是相对的，比如连续涨跌较长时间比涨跌较短时间极端；涨跌幅大比涨跌幅小极端；指数全部创新高或新低，比部分指数创新高或新低极端……这就是洪攻略极端交易体系的择时利器——投资时空观，以此可以判断行情的极端与平庸时期，从而采取相对应的策略。

股市投资极端机会怎么抓？

抓住股市极端交易机会，具体来说，有以下几个好用的方法：

第一个方法，认清极端行情的核心逻辑。

A 股是典型的政策市，每一轮行情，政策都如影随形。极端行情所有的逻辑跟脉络，都最能体现出这一特征。

监管层是政策制定者，研究他们的思维变化，有利于我们准确地把握行情运行脉络。而从一个政策的周期性规律来看，有两点值得关注：

第一点，经过对监管层的思路详细梳理，基本上可以看出，当年那些成功的政策，次年一定会坚持；

第二点，行情主要矛盾发生变化时，往往也是股市出现拐点时，也是"聪明的钱"转向时期。这一点在历年行情中，屡次得以佐证。

第二个方法，从情绪层面判断极端。

虽然最终影响投资者心态的是行情涨跌（极端涨跌基本伴随投资者极端情绪出现），但影响情绪的不仅是行情，消息面及市场情绪本身也会使情绪出现小极端，这种情况出现伴随的就是人们常说的行情提前结束（结束上涨或结束调整）。

所以用观察情绪极端判断行情转折效果更佳，尤其是行情已经出现和市场情绪不完全匹配走势的时候。行情出现极端（行情涨跌幅度大或涨跌速度快）时，市场情绪会随之极端；但情绪出现极端（消息面引起的）时，行情走势表现未必会很极端（主要是先知先觉及未知的力量在对冲，造成行情反应不如情绪那么激烈）。当行情与情绪极端同时出现时，一般出现的是左侧交易机会；当行情与情绪极端不太匹配时，一般出现的是右侧交易机会。

第三个方法，用洪攻略判断极端行情。

洪攻略抓的是主要矛盾，用 H333 系列操盘策略抓的是对应的大小极端机会，从理论上、逻辑上都是可以提高投资成功概率的，因为洪攻略思维降低了有价值的行情判断难度，只要学好了洪攻略，判断力不强的普通投资者也可以大幅提高判断准确度，提高投资成功率。

第四个方法，只抓大极端机会。

分不清楚行情是否极端？有一个很简单的判断方法：当你感觉不到特别痛苦（如感觉不到后悔，没有自责、埋怨，也没有踏空或被深套），也感觉不到特别兴奋的时候，行情一定不是大极端；行情上涨至大涨你忍无可忍追高买入时，行情持续下跌至大跌你忍无可忍砍仓时，基本算极端行情尾声。另外，判断不了平庸行情，就只抓极端行情；分不清小极端，就只抓大极端机会。

明白了极端机会背后的逻辑，不仅能抓到极端机会，还能拥有平庸期的淡定，而这份淡定能让你有机会拿住大牛股。

第五个方法，关注监管思维的极端。

人的容忍度是有限的，总会有人神共愤、忍无可忍的时候，分久必合合久必分，所以会物极必反。舆论、市场情绪、行情走势、监管思维等，都逃不开这个规律。当监管层的思维达到一定极端状态时，相应的策略自然会跟着改变，对 A

股的影响也是最直接的，所以时刻关注监管思维，也是抓股市极端机会的关键。

综上所述，通往赢家之路必先抓住机遇，提高能力，方能在大机会来临时享受红利。

远离深套

"股市有风险，入市需谨慎"，这是每个投资者进入股市时都会被第一时间告知的一点。在投资市场风险无处不在，只要参与这个市场就面临着风险，这是每个投资者必须正视的问题。

做好风险控制是保证收益的第一步。不可控对谁都是灾难，就像开一辆没有刹车系统的车子，一旦上路就只能听天由命。但不少投资者认为，做风险控制只有资金量大的投资者才需要，资金量小的中小散户没有必要。现实中散户经常让自己处于风险较大，甚至不可控制的状态中。

在股市中，我们能控制的也许只有自己，若对自己也无法控制，"牺牲在进城前"就是必然的了。在 A 股市场做投资，风险控制不是简单地做资产配置，或者仓位控制，这两个都是极其片面的，洪攻略对风险控制是多方位的。本节旨在通过讲述洪攻略中经典的风控方法，帮助读者理解洪攻略是如何帮助投资者做好风险控制的。

散户被深套的三种情况及应对方法

指数不跌反涨，手中个股反被套。散户开始怕被套，越到后面就越不怕，只因为无力回天。还有，散户的记忆通常只有"三秒"：涨一秒，跌一秒，割肉时一秒，剩下的都是套牢。

普通投资者是怎样成为"深套一族"的？

普通投资者中的大多数在牛市后期一般会分成两类：一类是一直谨慎没赚到多少钱的，他们在后期会大胆重仓追高；另一类是胆子比较大也赚了大钱的，于是会变得特别贪婪，他们已发现逢阴线买入是非常好的策略，会在牛市末期的调整中把家人所有的钱加码买入。因此，这两类人在熊市初期，会以各自不同的方式陷入深套境地。

他们被深套的情况一般有以下三种：

第一种情况，大盘不跌，自己的股票跌，看涨大市，没理由抛股票；大盘开跌，自己的股票已经跌到要反弹的状态，没理由现在抛。就这样成为深套一族。

第二种情况，第一阶段大盘开跌，自己的股票不跌反涨，看好自己的股票，没有抛牛股的理由；第二阶段大盘开始反弹，自己的股票开跌，大盘不跌了，此时抛股票不是好时机。

第三种情况，第一阶段大盘开跌，自己的股票也开跌，抛出自己的股票，去买那些不跌的股票；第二阶段大盘反弹，自己的股票开始反弹，抛出自己的股票，去买那些第一阶段不跌的股票。

针对以上情况，交易大师们各有各的绝招。有人用设定收益法，即给自己设定一轮行情赚多少钱就彻底清仓离场，或是见到股市整体市盈率达到多少就离场，或是设定见到指数多少点就离场，这样来锁定收益，防止被深套把利润还给市场。这些方法要做到其实很不容易，关键是也极可能无效或错过超级大牛市。

还有一种常用方法就是，限定自己买入的股票若回调 5%、10%、20% 就坚决离场，这个可以防止个股被套，但无法解决牛市末期被拖入深套境地，因为你卖出后还会再买入其他股票。那什么才是真正好用的防深套交易法呢？我教给大家三种方法防深套。

第一种方法，定规则。

我这里讲的防深套方法，是针对牛市结束，或者进入一个比较长时间的盘整期用的方法。首先，定义牛市是否结束。牛市大盘不调整 20%，不思考牛市结不结束的问题。其次，手中股票的调整，不是看获得利润的调整，而是看走势总幅度调整是否超过 30%，若超过就要及时割肉离场，切勿一直持有。

第二种方法，买龙头。

龙头股票有个最大的特征跟特点：最后它一般会暴涨。如果出现连续涨停的情况，要考虑暂时离场。一个好的股票 3 倍是一个临界点，因为牛市中大部分好股票都是 3 倍以上。所以到了 3 倍的时候确实要小心点，没涨到 3 倍之前则无须太担心。

第三种方法，稳心态。

对于持有的股票是否卖出，可以先问问自己：假如现在不卖出，之后心态是否会变坏？若不管后续走势如何你心态都不会变坏，便可以不抛，否则就必须抛出。深套不是简单地错过这一轮行情，最痛苦的是会错过下一轮行情，这也是深套会让人心态变坏的主要原因。

普通投资者能赚到钱的七种可控投资

第一种，牛市中的钱。牛市中激进一点，打打"乱仗"、追追热点无所谓，不会犯大错，因为牛市中总是撑死胆大的饿死胆小的。

第二种，短、中线投资（持仓大于 3 天低于 2 个月）。超级短线肯定不符合散户操作特点，因为时间和能力都不够；太长线更不符合散户，因为大部分散户没有那么多耐心，与其到无法坚持时砍仓，还不如承认自己不可能有坚持到底的能力，早点认错更好。

第三种，买不会套很久的股票。如果奔着做价值投资的目标，过早地埋伏在一个板块（股票）中，往往会坏了自己的心态。一只股票的估值，你认为市场给予的估值不合理，可能只是因为你没有研究透彻。普通投资者很难与专业机构相抗衡，与其鸡蛋碰石头，不如提早认清现实，做自己力所能及的事，不买可能会套很久的股票，除非股票到了"痛点变甜点"的时候。

第四种，"捡皮夹子"。市场出现突发利空消息（利空大盘或板块）时，趁大跌买入；个股出现突发大利空出现连续跌停，跌停板打开时可考虑买入。

第五种，多抓板块行情，少炒消息股。板块行情一般持续性比较强，个股消息则很难把握。

第六种，板块抓中间，个股抓两头。板块炒作只抓中间一段，也只关注这个板块中最强和最弱的个股，弹性最大。

第七种，买大板块内的小股票。小板块一般散户搞不懂也不好把握，大板块一般散户听说过也容易理解，行情来了持续时间也相对长。

人们往往会过高地估计自己，常常去做超出自己能力的事，那失败几乎就是必然的。以上七条是不是"可控"因人而异，认清自己，赚自己有能力赚的钱，才是最现实可行的。

普通投资者如何做好风控

第一点，不要做超出承受能力的投资。所谓的风险控制，不是只有一种情况：只要不借钱，就不会有问题。来到股市做投资，突然一下全亏掉了，这会造成很大的心理压力，有些夫妻因为这个情况甚至离了婚，显然这种投资超出了他们的风险承受能力。

股市还有一个特点：流动性特别好，想用钱抛点股票很容易。不像投资房产，不可能一下卖掉，也不一定很容易就找到了买主。但其实把现金管理放到股市，是存在问题的。比如股市刚好在低位，这个时候急于用钱，抛掉股票可能是亏损的，所以这并不是一个很好的资产管理方法。

第二点，风控实际是心态控制。

追涨杀跌，买在高点，卖在低点。这样不理性的操作，往往是心态被摧毁之后做出的决策。什么时候人的心态会崩溃？往往处在风险高峰期，心理压力比较大的时候，会做出一些不理性的操作。但当人的心态比较好的时候，风险也往往能够控制得比较好。所以，风险控制实际是心态控制。

第三点，顺势而为才能做好风险控制。

做可控预期的投资，有个比较好用的防风险策略——顺势而为。俗话说，识时务者为俊杰，逆势而行往往会失败，顺势而为才是最省力的方法。比如对于一个明确的下跌趋势，我们就要远离平庸股票，不能"接飞刀"，否则受伤的总会是自己。如何做到顺势而为？需要判断当下股市处于什么"季节"，然后根据"季节"采取不同的操作策略，这才是最好的风控。

第四点，选对股票就是在进行风险控制。

做投资，选对股票，往往就成功了一半。做以下三类股票，本质上就是做了风险控制。

第一类：做自己熟悉的股票，熟悉某只股票的特点，做起来会更加得心应手；

第二类：做痛点变甜点的股票，成功概率会更大；

第三类：做龙头板块龙头股，很多人对这类股票"天生恐高"，但这类股票恰恰是较为安全的股票，只要你敢做就是与市场"聪明的钱"为伍，他们选股票都是优中选优，你跟着"聪明的钱"自然不会错。

制定专属投资计划

制定年度及阶段性投资计划对投资者来讲至关重要，是决定投资成功率的重要保障。定期运用洪攻略思维制定适合自己的未来投资计划，可以达到事半功倍的效果。

打仗需要作战图，盖楼需要蓝图，投资也需要主线图。

有预判，有计划，才能在行情出现时快人一步行动，才能在行动时更坚决，这样可以大大提高投资成功率。

我每年都会用"四字关键词"定调未来一整年的行情，从 2014 年的"无与伦比"开始，到 2015 年的"爱恨交加"、2016 年的"浴火重生"、2017 年的"相机行事"、2018 年的"战略建仓"、2019 年的"逆风飞扬"、2020 年的"决胜未来"、2021 年的"乘风破浪"、2022 年的"行稳致远"，再到 2023 年的"做多中国"……事后回看，这些词基本概括了一整年行情走势的重要特征，抓住了当年的主要矛盾，锁定了投资主线，并且由此运用洪攻略制定了当年的投资计划，带领众多"洪粉家人"打了一场场漂亮的大仗。

关于这部分的内容在第三部分第十一章（"抓主要矛盾在制定年度策略中的应用"一节）中做了详细的阐述，感兴趣的读者朋友可先跳到该部分提前阅读，以加深理解。

提升五大投资能力

A 股是个残酷的市场，只有懂得学习的人，懂得分析过去成败的人，才适合 A 股市场，因为 A 股市场永远在发生变化。一腔热血冲进来，就想成为赢家，那只有靠运气，但运气是无法持久的。只有摆正自己的位置，找到属于自己的方法，不断补充自己，不断实践总结，才有可能战胜市场。

洪攻略是一套可以帮助投资者"在股市赚到属于自己的钱"的交易系统，不仅能帮助投资者保有好心态、提高投资成功率、降低操作难度、做好风险控制、制定投资计划，同时还能够帮助投资者提高"看消息、看盘、选股、选时、交易"五大能力。本节旨在通过系列经典内容，向读者阐述洪攻略是如何帮助投资者提升这五大投资能力的，从而加深读者对洪攻略的认知。

洪攻略看消息

有些人只接受自己肯接受的信息，对不肯接受的信息总会视而不见。就像我写的很多有价值的内容，刚开始由于很多投资者和我不在一个频道上，他根本看不见，哪怕看见了也不会认真看，根本无法接收到我所要传达的信息。往往是在我的观点经过事实验证之后，很多投资者才会回过头重视我曾经写的内容，但此时内容的价值已经不大了，毕竟这些多是"马前炮"观点。

如今的社会，人们普遍的一个问题就是急功近利。对待财富和人际交往如此，对待学习和知识同样如此。市场信息千千万，很多人却只是接受自己肯接受的信息，超出认知能力之外的便不肯接受。始终在自己的认知圈里打转，就不可能进步。那么，洪攻略是如何帮助投资者看消息的呢？

股市投资最忌纠结消息是真是假

股市中消息满天飞，有真有假，很多投资者的心随之翻滚，于是到处打听，希望确认消息的真假。记得当年管证券之星网站时，有个编辑专门负责传闻求证栏目，流量非常大。那时我对传闻对股市操作的影响做过非常认真系统的研究。

消息对股价的影响大小和真假关系并不大，和这个消息有多少人会信，以及大家对"这个消息万一是真的，股价会涨还是会跌的"判断关系最大。举个例子：

2014 年 11 月 29 日我曾发长微博说过一个会影响券商股价走势的真利空，其中提到监管部门对融资风险的窗口指导、比例调整等，之后不久市场确实出现了这些传言，但券商股价直到 12 月 9 日才出现大调整，事后监管部门出面辟谣，但券商板块对辟谣没什么反应。

其实券商板块 12 月 9 日的调整最大的理由是短时间涨太多了，涨到大家都怕了，有个风吹草动就会出现大调整，融资风控检查其实是件非常正常的事，监管部门辟谣不辟谣都是那么回事，所以根本没必要纠结它的真假。

对待消息，我们需要的是底线思维，就是假如消息是真的，市场会有什么反应。

然而消息终归是消息，真正决定股价走势的永远是大趋势和公司的前景、未来。在强趋势中消息是会被投资者忽略的，弱市中消息是会被放大的。假作真时真亦假，真作假时假亦真。真假难辨，我们唯有把心放在心应该在的地方，才能冷静、淡定。

股价反映的是投资者认为的"公司价值"，记住，是投资者认为的，不是所谓"公司真实价值"。很多人认为股价如果是因为假消息上涨的就会怎么涨怎么跌回去，这是非常危险的思考，因为一个大家都会相信的假消息，证明这个消息已经具备可以成真的条件，所以当时确实子虚乌有的假消息，可能最后会变成真消息。熟读《三国演义》的人应该更容易理解我说的，"望梅止渴"这个成语来自三国故事，一些公司往往就是在一些似是而非的"梅"中股价跨上一个个台阶的。同时把很多所谓理性专家大叫的"泡沫"变成人人喜欢的"珍珠"。

当然，一些愚蠢到不可能是真的，或无法成真的假消息除外，如果你恰恰信了那些消息，那只能证明是你的贪心或无知的恐惧害了你。

屁股指挥脑袋，思路决定出路

投资股市每天接受各种各样的信息轰炸，这是无法逃避的一个环节。因为只有去接触这些信息，才能作出自己的判断。消息及消息解读的传播对股市走势的影响机理特别复杂，不同的市况下同样的消息给行情带来的影响也完全不同。

选择看什么样的信息，甚至看到什么样的信息，看消息时你是什么样的反应，这才是关键。然而，很多投资者都是在寻找自己能够接受的信息，有些投资者甚至在市场上寻找安慰。而大部分时候，看上去舒服的消息不仅对你没用，反而还会害了你。那么，该如何听到正确的声音？炒股，我们应该听谁的？

从事股市投资及研究这么多年，一直希望找到一套直观的判断股市处于什么阶段的方法，希望可以把自己的一些感性认知尽量通过数量化展示出来。于是我在我提出的"战上海"投资哲学基础上构建了一个"股市体温表"，主要采集直接反映股市状态的一些项目的"温度"，比如：大盘温度、板块温度、政策（政府）温度、媒体温度、专家温度、机构温度、散户温度、技术温度等。最后得出一个综合温度。然后根据这个综合温度决定仓位的轻重及板块的选择。

在设定这些温度的参数及占比时，我发现了一个特别有趣的现象，人性在股市投资中的体现真是太有意思了，"屁股指挥脑袋"到了无以复加的程度，为此我专门做了特别深入的研究，研究结果发现其中隐含的投资真谛真是价值连城。

股市投资我们应该重视谁的建议？应该听理性的建议还是靠谱的建议或真心的建议？是听专家的建议、研究员的建议，还是听自己的建议？要从"屁股指挥脑袋"找答案。

消息解读——屁股指挥脑袋

屁股指挥脑袋，是消息解读的重要特征。

我研究的结论是：股市投资要听水平高的、屁股（利益）和你一致的人的建议，并根据市场一些言论的频度及方向判断得到这类事件"温度"的取值。

在股市投资中，屁股指挥脑袋是特别正常的一件事，如果一个人的言语不从他的利益诉求出发，他基本是个"神人"，就更不可信了。当然任何事情都会有特例，但特例参考价值不大，因为我们研究、关心的是主流趋势，需要抓住的是主要矛盾。

随着微博、微信等一些互联网媒体的普及，丰富的信息可以在极短的时间内得到非常充分的传达，注意是"传达"而不是"传播"，因为信息很快就非常精准地到达了目标人群。

但这些信息的解读都是由"屁股指挥脑袋的人"完成的，"屁股"需求越大的机构或个人其解读动力就越大。尤其对当天突发消息的连夜解读，主流分析观点基本由专家、研究员、某些大 V 把持，这个时候就会呈现一个比较特殊的情况。

因为背后利益所在，他们的解读一般会遵循如下规律：

若是人人皆可判断的超预期利空，一般会解读成"利空"，但一般不会把消息解读为"严重利空"（很多人会说"虽然是利空但也不用过度担心和恐慌"）。这样的结果就是：第二天行情的跌幅会超出几乎所有人的预判。这其实证明大多数人其实心里已感觉会下跌，只是心存侥幸，第二天若有好价格一般会选择抛股票。

若是人人皆可判断的超预期利多，大部分解读为一般"利多"时（他们说"利多时"后面一般会带"但是"），第二天行情一般会走出超出大家预期的上涨。然而，解读为"一般利多"，证明很多人内心是看多的，有好价格会选择买入。

若是人人皆可判断的超预期利多，若大部分人都解读为"强烈看多"，少部分人也敢说"高开低走"，则第二天更可能走出冲高回落的行情。但解读为"强烈看多"，其实表明很多人内心卖出股票的愿望（手中有股票）比买入股票的意愿要强烈，第二天一旦发现买力不足，抛盘就会非常踊跃。

由于信息传达快，所以当天消息第二天就基本完全反应，第二天的晚上又快速充分反应当天的信息，第三天行情又只是在重复前一天的故事，已经把第一天的故事忘得一干二净。在这样的信息传播环境下，要做一个好的分析师不容易，要做一个不为短期信息所动的投资者更不容易。

专家策略背后的伪逻辑

选择相信谁及相信谁的判断是投资成败的关键。如何判断机构或个人的预测有没有价值，该相信什么？

一些券商证券研究所的年度预测，往往是集体误判，但年年误判年年判。问题出在哪儿呢？是研究员水平问题吗？并不是。问题其实出在我们这些看报告、看判断的人身上。

了解过索罗斯反身性理论的人都知道，投资者与市场之间是一个互动影响的动态过程，要想"以静制动"是不科学的。所以券商的研究报告往往有几千上万字，里面讲了他们得出最终判断的逻辑，如果仅关注几十个字的最终预测结论，而完全忽略了他们讲的逻辑是不是通的，那这些报告、预测对我们就是毫无益处的。股市中难有靠谱的判断，但有靠谱的逻辑。

股市中最害人的分析师是在冬天讲夏天的故事，在冬天给你开"防暑降温"的方子，即使方子很经典，但在错的时间使用就毫无作用，甚至起反作用。

股市投资最可怕的是在秋天偏偏相信了春天的美好故事，该收割时却在播种；在春天又相信了冬天才会发生的故事，错过了最佳的播种时机。

医生看病，对症下药才能药到病除。把脉股市，要想药到病除，我的经验是：

熊市初期、熊市后期、牛市后期，主要看投资者情绪；

牛市初期，看宏观环境、政策取向；

牛市中期、熊市中期，看估值。

这是紧抓主要矛盾，主要矛盾就是可以解释当时股市现象、股市走势的"矛盾"。如果一个分析师关注的问题和他认定的股市阶段不匹配，即他研究关注的矛盾并不能解析当时股市的现象，那这个分析师基本是不讲逻辑的，大家也就没必要过多地去关注他的判断。

消息炒作的两条路径

当一个股票走势明显强于大众对它的认知时，这个股票十有八九存在似是而非的传闻，比如传闻有大资金介入，传闻公司有还未公告的利多消息等。

如果真有大资金选择了这个股票，也多半是这家公司存在未被公告的利多消息。当然，这种消息有些是被研究分析出来的，有些是"调研"出来的。调研有合规调研，也有的是"调研"得知了"内幕"，这就可能属于违规的情形了。

炒消息股有两个泾渭分明的阶段，一个是消息朦胧期，一个是消息公布证实后。

消息处于朦胧期：这个阶段其实传闻的消息是真是假并不重要，重要的是市场信不信，市场信的话就会加速上涨。随着这个股票的走强，真相终归会大白于天下。有些是公告证实了传闻，比如业绩大幅增长，比如有重大并购重组等。公告之后，这个股票怎么走就看消息的力度及之前的涨幅大小了，如果力度不够，之前涨幅巨大，则利多出尽"见光死"的可能性大。

消息公布证实后：有时会有重大事件被强势媒体公开的情况，这一般会打乱主力炒作这个股票的节奏，股票会紧急停牌，若后面的公告证实消息属实，则股票复牌后走势将视消息力度及前期涨幅情况而定。若公告否认，则属于消息利空，但其走势要看主力介入的深度，以及主力选择怎样的方式全身而退。

以上两个阶段的炒作逻辑完全不同，消息朦胧期的炒作偏重于趋势炒作，消息证实后的炒作更偏重于价值炒作，即炒作"消息内容对公司的估值价值"。一般市场不会预留什么超预期的收益空间，即消息炒作其实已经结束，至于参与价值炒作，那是另一个炒作逻辑了。

但其中主力可能会有拉高离场行为，这样的机会散户是很难把握的。散户容易参与消息公布后的炒作，因为这个时候他已经看见并接受了这个股票的上涨，但这个股票运行的逻辑其实已经变了，要参与的话就要采用不同的策略。当然，消息演变的路径非常多，炒作模式也很多，难以穷尽，有些也不便于公开说。

总体来说，随着监管越来越严，这种消息炒作模式成功概率将越来越低，散户最好远离。

洪攻略看盘

对股票交易者来讲，看懂行情变化，或看懂一个阶段内行情演变趋势，是提高投资成功率的关键。看盘不是体力活，选择什么时候看盘、看什么，都是有讲究的技术活。

我喜欢在行情极端时盯盘，因为洪攻略是极端交易。

看盘分析行情走势就如研究"雪地里猎物的活动足迹"。输家往往希望通过研究这些足迹判断猎物下一步走向，快猎物一步。这个过程其实很容易受猎物行为影响甚至同化，从而成为猎人（赢家）眼中的猎物；赢家则是希望通过观察这些足迹判断后面参与打围这些猎物的猎人行为，目的是参与围猎。

以下内容旨在通过分析主力试盘背后逻辑、大盘磨底阶段运行路径等洪攻略的实战应用，帮助投资者掌握洪攻略中经典的看盘技巧。

主力试盘背后的逻辑

"试盘"是 A 股市场庄家常用的个股炒作手段，看懂试盘意图对短线投资很有帮助，市场越冷，试盘越容易被发现，也相对容易判断。另外因为涨跌停板制度，主力在涨跌停板上的试盘，是非常有参与价值的。

如果对试盘一无所知，那应该说你炒股还没有入门，必须加倍努力学习。但如果你对试盘如数家珍，那你可能走火入魔了，必须调整思维。跟庄几乎是所有技术分析的终极目的，而试盘是庄家在炒作一个股票中使用的方法，技术分析通过盘口观察、分析、辨识庄家的试盘行为，从而希望精准判断庄家的动向。

按我的习惯，如果仅是从技术分析的角度谈试盘不是我的兴趣，我想谈的是试盘背后可能的逻辑。

下面引用一段关于试盘的精彩论述（引文见程鹏《庄家心理操纵术：散户与庄家博弈的实战兵法》，新世界出版社 2011 年版，第 43-44 页），我们来看看其背后的逻辑：

试盘是庄家拉升股价之前，为了更好地掌握主动权，尽可能有效地降低运作成本，用小部分资金拉抬和打压股价，制造一个特殊的盘口，从而测试实盘交易状况和其他投资者对该股的反应、对该股的持筹心理。

1. 试盘的目的。（1）测试市场中的持仓情况、盘内筹码锁定的好坏；测试浮筹情况、盘内大户或其他庄家情况，在拉升前最大程度地把跟庄者震出去。

（2）测试盘口的压力、支撑、市场即时反应度、交易活跃程度、市场追涨杀跌意愿。

2.试盘时间。庄家的坐庄风格和具体的市场状况不同，试盘的时间也不同，短的几分钟，长的几周。

3.试盘空间。试盘空间一般在5％—15％。

4.试盘有原则。（1）利用颈线、均线、趋势线、黄金位、上下通道等技术。（2）利用板块整体启动或调整或利用利好、利空消息进行试盘；弱势市、平衡市需要试盘；强势市拉高后一般不试盘；筹码分布状况明了，确定没有其他庄家干扰时一般不试盘。

5.试盘的方式。

（1）向下打压。打压试盘是在股价的历史低位或相对低位，在没有明显的征兆下，庄家用一张大卖单将股价往下砸低数个百分点。打压试盘一般出现在盘口大卖单成交后，会在短时间内通过几笔交易恢复到原来的价位。能够测试下档的承接力和其他人持有筹码的稳定性，还可以在上升之前拾到一批被"吓出来"的廉价筹码。庄家在一段时间内两次甚至多次实施打压试盘，并且在低价的位置保持平行，测试效果更好、更牢固、更稳健。

向下打压试盘的缺点是易遭遇突然袭击，造成打压过程中易流失筹码。

（2）向上拉升。由于有的散户抱定亏本不卖的想法，咬定青山不放松，打压试盘对之无效，庄家就必须向上拉升，随后再作整理，这样可以测试上档压力和其他人持有筹码的稳定性。

向上拉升试盘的缺点：容易引起跟风，造成庄家拉升被动，运作成本提高。

（3）试盘的影响特征。向下打压试盘：小部分个股分时图中分时线呈V字形拉起，是打压痕迹。向上拉升试盘：上影线长，但成交量未放大，股价始终在一个区域内呈带上影线的K线，试盘多出现大阴大阳线、小阳伴大阴、小阴伴大阳、上下长影线，跳空缺口等K线特征。

试盘虽是初始阶段，但却是迷雾重重，只有抓住庄家在运作中留下的稍纵即逝的机会，才能"虎口夺食"。

从上面文字看试盘的目的、试盘的方法是不是很容易看懂？但文中表述的试盘方法其实只是九牛一毛，这里还只是讲了拉抬前的试盘，其实主力在建仓、拉升、出货等各阶段前、中都有试盘，而且主力试盘都是不择手段，不达目的誓不罢休的。所以我不建议花太多的时间去研究主力试盘的方法。

我们应回到背后的逻辑上来。主力试盘其实就是和散户博弈，而博弈比的其实是心态，试盘过程其实就是通过交易来判断散户对待自己手中筹码的态度，进而通过培养散户的贪婪、惯性或制造散户的恐惧来达到自己的目的。

散户如何能逃出主力的魔掌？靠技术分析？靠斗智斗勇？其实都难有胜算。

我希望用直达心灵的股市投资背后的逻辑，用接地气、可行动的策略以及洪攻略极端交易体系，去帮助"洪粉家人"战胜自己贪婪恐惧的心魔。

市场上讲的试盘几乎都是讲个股，而且都是指单个庄家的主动行为，其实还有一个叫大盘试盘，这个研究的人就不多了，我这里试着说一说。

大盘试盘不是单个主力的行为，而是市场运行到一定阶段主力自觉的共振行为，说到这儿，一些人一定会提出异议：自觉的行为怎么可以称为试盘？

其实，大盘也是一个股票，这个股票每天也会收阴线阳线，我们也总在说一股无形的力量决定了 A 股的涨跌，是的，我把"赢家"定义为 A 股市场的无形主力，他们通过自己的行为控制着大盘运行，赢家们在股市建仓、拉升、出货，这期间自然也有试盘、试盘、再试盘。

券商板块是大盘的牛鼻子之一，通过它试盘效果是最理想的，所以，我说券商是航母编队中的驱逐舰，是股市中的风向标。

磨底阶段大盘的运行路径

磨底阶段相信长线资金还是游资？磨底阶段因为成交量相对萎缩，盘面观察相对简单，因为还在参与交易的资金相对理性，也很少伪装，市场情绪低迷，处于难以兴奋阶段。行情表现为已失去弹性，就如人的皮肤失去弹性，不是未老先衰就是生重病了，对盘中刺激已无反应，即已丧失自我修复能力，除了躺在地上哭闹看"大人"脸色，投资者已经无能为力了。这种情况只有情绪再度出现极端才能打破，而情绪的极端由"时间和空间"或者"强力外部刺激"决定，强力外部刺激就是"大人"出手安慰（利多政策）。

所以，磨底阶段看三大要素：时间、空间、外力。下面一个一个来说。

第一点，看时间。

大到一轮牛熊必须有足够的时间间隔，往好里说经济有周期，国运有阶段，残忍一点说猎物生长需要时间。小到阶段性的行情有逻辑清晰的四季。

这逻辑背后对应的是"以时间换空间"思维，磨底阶段，这种思维指导一些投资者开始往远处看，不再砍仓。一些长线资金也开始逢低入场，认为只输时间不输钱，这股力量会减慢大盘下跌速度，但这股力量属逢低买的防守力量，一般不会急拉。

第二点，看空间。

股市中说的时间体现的是宽度，而空间体现的是深度。宽度过宽、深度过深都会摧毁投资者的情绪，但宽度可以缓解深度对情绪的影响，深度也可以缓解宽度对情绪的影响，即同样的空间若时间足够长就属于"软着陆"，反之就是"硬着陆"。

这逻辑背后还对应着一种思维，叫"以空间换时间"，这股思维呈现的力量由活跃资金掌控，他们就像盘旋在草原上空的秃鹰，专门猎食那些已经倒下的动物。这股力量甚至会出击将死的猎物，加速猎物的死亡。具体表现就是"打压股价越低越好，再伺机抢反弹获利"。这个过程会让很多中小股票承压，进而压低指数。

结合时间换空间看，磨底阶段就会体现为大盘软着陆，一些中小股票（平庸股、问题股等）硬着陆，创业板指数会弱于大盘。

软着陆跌速慢，反弹同样慢，硬着陆跌速快，反弹同样快。

第三点，看外力。

由于投资者情绪低迷，市场资金达到的是弱平衡，要改变大盘的弱势，唯有指望外力。A股属政策市，对外力一直比较迷信，只要盘面肯配合，很多投资者会追买给予支持。

由于长线资金希望用时间换空间，当政策利好出现时，相关板块的抛压就会减少，大盘在长线买盘的推动下就会走强。而短线游资希望用空间换时间，当政策利好出现时，他们会先停止"打压做反弹"的赢利模式，但不会马上启用新模式，这个时候大家会发现反弹往往从主板开始，初期主板明显强于创业板。他们观察大盘是真的企稳了才会出手，他们一旦出手，会选弹性比较大的股票，具体表现就是创业板走势会反超主板。若主板反弹，创业板不跟进，大盘往往容易"一日游"。这也是一旦大盘出现政策性企稳，需要观察游资动向去预测反弹高度的背后逻辑。

磨底阶段，长线资金及游资的行为基本决定了行情的走势，他们的思维及行动由时间、空间及外力决定，这个阶段必须明白自己是站在谁的一边，若站在长线资金一边就必须有长线资金的耐心，并启用长线资金的选股模式、操盘方式；若选择站在游资一边就必须用游资的选股模式及操盘方式，千万不可弄混了，否则心态一定坏。

从龙头板块洞察大盘运行脉络

市场板块轮换越来越快怎么办？如果只是被动等待，肯定有问题。踩住每一个热点板块精准介入赚大钱，这是大家的梦想。但要踩准每一个热点板块，几乎是不可能的。

想在股市赚到钱，最佳策略是龙头策略，即买龙头板块龙头股，这是牛市战法中最重要的策略之一。在慢牛、平衡市或熊市中，如果能够抓住一些热点板块收益也不会差，但难度相对较大。

研究股市，真正要赚到大钱，需要找到大盘运行的脉络。如何找到运行脉络？

最好的方式是找到所谓的龙头板块，这是市场主力的动向，决定着股市的走向。研究热点板块的动作，判断热点板块冷热程度，能相对比较容易地分辨出大盘所处的阶段。

比如，一个行情一段时间的上涨，往往会有一个热点板块带动大盘运行一段比较好的时间。如果这个板块具有比较好的号召力，行情往往会具有一定的延展性，可以由表及里、由近及远地进行一轮相对完整的操作。我们在研究的时候，可以由此判断某个板块是否具备带动大盘运行一段行情的能力。

有些板块很典型，只是阶段性的行情，很难对大盘产生大的影响。比如军工和次新板块，往往会在市场特别热或特别冷的时候被炒作，但板块热起来之后，资金就会去炒其他板块。所以我们可以通过市场炒作什么样的板块，判断一轮行情的性质和特征，从而提高踩准下一个热点板块的概率。

每个板块的运行过程都有自己的特点，可以分成典型的三段：板块运作初期悄悄上涨、板块运作中期涨势强劲、板块运作后期容易挨套。具体来说：

第一个阶段，板块往往是悄悄地上涨，走势不强也不快，媒体不关注，分析师更不关心，投资者很难发现。往往是已经走出来了，可能从底部爬了20%，甚至龙头股涨了30%，才被投资者发现。但此时行情已经走了一大半了，若板块没有持续性，它被市场发现时便是行情结束之时。

第二个阶段，板块的上涨引起了市场的关注，媒体开始铺天盖地地关心，会出现涨停的股票。若是非常强势的板块，龙头股已经走出来了，板块中出现多个涨停板，涨停潮此起彼伏。此时市场会寻找其上涨的理由，并且会为之找到充分的理由。

第三个阶段，行情即将结束阶段。投资者经历过第二阶段的大涨，在纠结"买还是不买"的过程中，心中的天平逐渐倾斜，胆子变大开始大量买入。未必敢追高，但会等回调上车。此时已是"残羹剩饭"，若不能做到快进快出，很容易被套牢。

面对以上三个不同的阶段，唯有采取不同的策略应对，才能在这个市场游刃有余。

第一个阶段，想要在这个阶段找准股票，最好的方法是盯住痛无可痛股票，一旦发现"痛点变甜点"的迹象，即可介入其中。

第二阶段板块走势强劲，在第一阶段介入的投资者会成为该阶段的赢家，整个心态会很好。此时用H333策略应对，跌时买入，涨时抛出。倘若错过了第一阶段，往往第二、第三阶段是很难参与的，因为追高容易被套，当新一轮行情来临的时候，已经没有仓位再去买入了，陷入被动状态，心态极易变坏。

现实中很多投资者对第一阶段基本视而不见，发现的时候已经到了第二、第三阶段，最终很难赚到钱。所以投资过程中需要把板块策略和板块脉络联系起来，这样才能提高抓住行情的机会。在分析过程中，掌握整个大盘节奏之后，思考某个板块是否要参与的时候，需要分析它所处的阶段，然后根据自己的情况，用相应的策略去应对。

板块炒作五阶段

第一阶段，龙头引领。一个股票一涨再涨，涨到大家看见它，这叫龙头引领。

第二阶段，你追我赶。这个板块中，有一个股票涨得非常强，后面很多的股票都跟着涨，你追我赶全面上涨，整个板块走得都不错。

第三阶段，此消彼长。这个时候，有些龙头会换，因为第一个龙头涨得太牛了，拉车拉得太累了，换个龙头，再继续拉一段。

第四阶段，群魔乱舞。该涨的反而在跌，该跌的反而在涨，让人搞不清楚。

第五阶段，回归平静。手持的股票"荣归故里"，就是真正的成功。多数的股票炒作的板块里面叫"辞官还乡"，哪里来哪里回，荣归故里的毕竟是少数。

以上五个炒作过程，对应投资者的五个心态历程：

第一阶段，哪怕是龙头引领的阶段，投资者是视而不见的，刚开始涨，涨10%、20%，甚至30%，都看不见，因为那个时候还没出现涨停板。

第二阶段，开始关注。这个时候投资者看见了，因为已经进入了你追我赶的阶段，发现有好几只股票都在涨，龙头已经走得很高了，他就开始关注，但这个时候他还是怀疑：会不会大涨？是不是早就结束了？

第三阶段，将信将疑。投资者开始后悔没买，他其实前面已经关注了，但没买，会感觉有点可惜。

第四阶段，投资者一般开始认同，小额地买进，但是买的不多，这个时候往往暴涨，只不过买了之后是涨停板他很舒服，但他也会后悔买太少了。

第五阶段，这个时候投资者敢重仓买入了，因为前面尝到了甜头。他完全认同，然后重仓买入，这个时候就很危险了，因为此时的股票会出现震荡，甚至炒作结束。然后个股出现分化，成功者叫"荣归故里"，失败的股票叫"辞官还乡"，这时其实个股炒作已经结束。

洪攻略选股

选股是很难的，同时也是很复杂的。但洪攻略中，我力求简化，从抓主要矛盾、跟随"聪明的钱"、预期可控出发，结合投资时空观，总结出"龙头板块龙头股、痛无可痛的股票、有缘的股票"三类股票，并给出了不同类型股票的操盘策略，比如龙头板块龙头股"夏末秋初"用 H333 降级打击，痛无可痛股票用 H333 方式建仓，和自己有缘的股票出现机会时用 SH333 阶段性攻击等。

选择以上三类股票并不是就一定能抓到牛股，但这样可以提高抓到牛股的概率。不同的行情，牛股各不相同，牛股的表现也各异，熊市、牛市、结构性市场选牛股的方向都不同，好的股票总是给人涨幅已大的感觉，再好的股票选时不合理也会坏了心态。授人以鱼，不如授人以渔。以下内容旨在教会投资者如何运用洪攻略选股的技巧，提高投资的成功率，保有投资好心态。

选股不容错过的方法论指导

第一个方法，只做龙头股或落难股。

股票只分为两类，一类是可以赚得到钱的股票，另一类是赚不到甚至会赔钱的股票。投资我只对两个板块有兴趣，一个是龙头板块龙头股，另一个是"落难英雄"，即痛点变甜点的股票。

第一，龙头板块龙头股。

投资就怕心态坏，买一些"中不溜秋"的股票，经常会被市场清洗掉，因为它可能离上涨还有很长一段时间，这个过程让人受不了，最后忍无可忍的时候就走掉了。往往是走后没两天股价就涨上去了。要怎么解决这个问题？

让自己保有好心态，只做强势板块的龙头股，典型如茅台，一直是白酒板块的龙头股。

第二，痛点变甜点。

也叫痛无可痛股，有些股票已经痛了很长时间了，这种时候要关注它。物极必反，痛了很久很久的板块，这个时候一旦上涨就很厉害。买这样的股票，给自己一点点时间，等到它出现新的行情。

第二个方法，重视 A 股炒作的独特路径。

A股一直有个独特的炒作路径：由小到大、由里及表、由虚向实、由痛转甜。

一轮大行情下，刚开始会炒作一些小盘股票，慢慢炒作一些大盘股票。虽然价值投资有时候会从大炒到小，但是从整个周期板块来看，多是由小到大的。

"由里"就是炒作业绩本身，炒作核心的公司。"表"是外围的公司，甚至炒作到它的上下游去，这个叫由里及表。

开始炒作概念，之后慢慢炒作业绩，由虚向实。

刚开始炒作一些特别差的股票，慢慢让它逐步走出来，最后变成一个走势比较好的股票，这个叫由痛转甜。但一定要炒到物极必反，炒到极致情况出现，炒到小无可小、里无可里、虚无可虚、痛无可痛。

第三个方法，懂得牛股都在讲故事。

人性不变，故事永恒。关于讲故事本身，叫炒概念、炒故事。因为人会讲故事，所以人类发展得是最好的，故事可以把人聚集在一起。所以说故事很重要，某种意义上它代表了未来。

牛股有三个特征：

第一，历史的故事有人传。市场上会有很多人讲这家公司的基因特别好，历史特别好，一些价值投资股票和白马股备受关注，也是因为有很好的历史。但仅仅只有这一点是没用的。

第二，现在的故事有人讲。比如说公司现在的业绩很好，各方面指标都好，这也是市场上很多人在讲的故事。

第三，未来的故事有人听。炒股票关键一点是炒未来，讲未来的故事，比如业绩在增长，并且将来会越来越多；比如产品有提价能力，有一定的市场份额，会从中国走向海外等。

一个故事如果讲了没人听，往往是不能成为牛股的，所以会用以上三个阶段讲这个故事。直至让人相信故事，让公司成为牛股。

第四个方法，买你最不敢买的股票。

别人给你推荐的股票，要买你最不敢买的股票。如果消息比较多怎么办？

那就给自己限制股票数量：最多能买多少只股票。假定有六个渠道，此时把股票排序，按照你"最想买"到"最不想买"的顺序排序，从第一到第六。最后就买排名第六的那只股票，即你最不想买的那只。往往是你最不想买的股票涨得最好，成功率最高。

这背后的逻辑是，这些渠道推荐给你的这些股票，同时也在市场上向其他投资者推荐，对于那个你一眼看到就想买的股票，市场上想买的投资者也会很多。除非那只股票连续涨停买不进去了，否则这么多人推荐，大家又敢买的股票，为什么不涨？只能说背后一定有人不知道的原因。

别人给你推荐股票的时候，买自己最不敢买的股票，效果大概率会很好，可以试试看。

第五个方法，明确炒 A 股遵循"神逻辑"。具体来说有两点：

第一，选时远比选股重要。

哪怕做名特优和白马股，如果时间选得不对，也会很痛苦。比如茅台在 2017 年的走势，可能就不如其他的二线酒，甚至没有五粮液涨得多。如果时机选得比较好，哪怕选名特优、选股能力差一点，结果都不会太差。所以选时还是很重要的。

第二，流动盘的大小比利润还重要。

当市场喜欢炒大股票的时候，要买大股票；喜欢炒小股票的时候，要买小股票。它跟利润多少没太大关系，跟盘子大小有关系。比如炒行业垄断性的公司必须有一定的规模，规模越大，行业老大赚得越多，股市走势最好，但 PE（市盈率）未必最低。炒作的股票有时候盘子小，发展速度更快，成长性更高，和利润本身真没关系。所以有时候判断盘子的大小反而比判断业绩还重要。

第六个方法，顺趋势炒政策方向最重要。

炒股跟着经济形势走，跟着行业规划走，跟着政策规范方向走，这很重要，这是 A 股的特点，改革市、改革牛都是这么来的。

多关注外延式增长，少关心内生式的增长。资产重组、国有股混改，都是外延式增长。虽然市场对这块的限制比较多，但只要资本市场有这个特征，并购重组还是有市场的，利用上市公司的优势，快速发展、做大规模，这依然是市场上很多公司发展的主要路径。

顺势而为，风来了扬帆，风没了晒网，这和选时差不多。当市场特别热的时候，可以多参与，胆子大一点也没有关系；当市场上没有风，感觉很平淡的时候，胆子可以稍微小一点，谨慎操作。

摆脱价投陷阱，掌握市盈率选股技巧

市盈率是一些价值投资者天天挂在嘴边的，但A股市场的部分投资者对市盈率的理解太过片面，在用市盈率判断股价方面存在很多误区。A股市场如果对市盈率不能有个清醒的认识，那要想在A股市场赚到大钱就是痴人说梦。

第一，警惕市盈率陷阱。

投资者天天讨论市盈率，但市盈率里面的误区实在太多，陷阱真的一个接一个。市盈率到底有没有用？有用，但用错了地方，对股市的投资只会起到反作用。很多投资者认为：市盈率＝每股市价/每股收益，那么你知道整个股市的市盈率如何计算？行业市盈率如何计算？

假定公司所有盈利都进行分红，将在多少年内收回成本。这个指标就叫市盈率。关于市盈率有几点需要注意的：

玩财技让市盈率指标失真。

我们A股有个特别现象。大家都知道ST。如果连续两年亏损就要戴帽，但很多的企业是不愿意挂上ST的帽子的，于是他们就会在正常的、财务允许的范围之内去做一些财务的调整，让它去变成盈利的微利公司。

翻倍个股市盈率客观看待。

翻了几十倍的股票，往往股价上涨非常之多，市盈率变化非常之大。它不是简单的业绩增长，可能会通过一些外延的一些扩张、收购、兼并，因此它的市盈率是分分钟发生变化的；另外有些行业的发展阶段不同，市盈率也会不一样，发展初期市盈率高一点，但当它的发展速度很快时，市盈率可能慢慢地就下来了。所以对于市盈率本身，会有很多客观的分析，不要简单地用个市盈率把自己吓得不敢动了。

大公司市盈率发生大变化时要警惕。

一些比较成熟的公司或者一些大的公司，它的市盈率要引起重视。因为这种大板块，业绩比较成熟的公司，市盈率是不容易发生大的变化的。如果发生变化，往往是股价本身造成的。这样你就要重视，因为可能到了一定的高度的时候，也意味着它未来发展空间有限，相应风险会变大。

板块未变市盈率巨变要小心。

如果板块本身没有太大变化，但是它的市盈率又发生核心变化的时候要小心了，因为它是有可比性的，或者我们说的在历史底部的时候，相对去做一些这样的比较，不要去做纵向比较，更多的是要做一些横向比较。

第二，掌握市盈率选股技巧。

个股之间比较市盈率高低毫无意义，低不一定好，高也不一定不好，所以不要简单根据市盈率高低去挑选个股。

选择个股时，我一般不看静态市盈率，但会考虑它的动态市盈率，比如，这个股票在 2015 年、2016 年可能的市盈率区间，是否会落在合理范围？这里主要考虑其业绩增长潜力，包括可能的内延及外延增长。这就需要了解行业及公司发展潜力，以及行业市盈率合理区间。比如考虑一个券商股有没有投资价值，若一家券商 2014 年利润 0.5 元，2015 年可以达到 0.8 元，2016 年可望达到 1.2 元，如果我给券商板块市盈率区间在 15—30 倍，那这个券商股的价格 2016 年前就可以达到 18 元—36 元，若现在低于 18 元，我会认为买入比较安全，股价弹性也值得去买。

有两类公司根本没必要看它的市盈率，一类是主业不突出的；另一类是处于快速发展的行业或快速发展阶段的公司。

平均市盈率是非常有意义的。比如板块的平均市盈率，基数越大意义越大。同一口径下若平均市盈率出现严重偏离是需要引起重视的。但比较时一定要有统一的计算口径，否则会谬之千里，亏损不计算市盈率，微利公司市盈率可达几千倍，用它来平均可能会得出平均市盈率很高的情况。

A 股市盈率和海外成熟市场市盈率比较，两者往往会有分类不同，计算口径不一、历史阶段不同，如果做简单的比较，然后得出 A 股市盈率不合理或严重低估的结论，害人不浅。

因此，买股票的时候，千万不要简单地运用市盈率便做出判断。市盈率低的股票未必就一定涨得好，相反市盈率高的股票未来涨得可能更好。市盈率中的陷阱很多，我们做投资时务必谨慎一些，通过掌握一些市盈率选股的技巧，避免掉入市盈率陷阱。

股市绝望阶段的选股逻辑

回顾 A 股历史，A 股大部分时间都是让投资者很失望的，但客观讲称得上绝望的时刻则相对少。绝望一般是无语（沉默）阶段，不在绝望（沉默）中爆发，就在绝望（沉默）中死亡、物极必反、绝处逢生，A 股的历史也多次验证了这几句话的真实性。

第一点，绝望阶段大极端大交易。

洪攻略中按四季轮回理论推导出的大极端大交易策略，抓的就是这种绝望时刻的机会。从长周期看一轮行情的牛熊轮回，总有一个相对绝望的阶段（顶尖底圆，绝望会是一个阶段）出现，这个阶段有长有短，但基本规律是距离上一次牛市时间以年计，指数跌幅较大，估值偏低，市场充斥着令人无法反驳的利空消息等。

这个阶段只要肯看长远一点，机会远大于风险，这个阶段做一个三年投资计划几乎可以稳赢。现实是没有多少人会选择看长一些时间，因为市场的煎熬已经让很多人没有了那份耐心。眼前的利益和风险才是大多数人每天关注的，买到下一秒就暴涨的牛股是很多输家每天的追求。

市场进入"令人绝望的阶段"，赢家的常规思考及行动是：先思考股市机会是不是比风险大，找出能说服自己的理由，然后制定相应策略并执行，再根据市场发展完善修正。

这个阶段市场的赢家大多数是真正的价值投资者，一些绝望的趋势投资者也开始用价值投资思维思考，估值会是市场考虑最多的问题。

比如 2018 年最极端时，A 股市场的估值（剔除金融）：PE（市盈率）不足 15 倍，PB（平均市净率）仅为 1.8 倍。几乎低于所有海外主流市场。

A 股市场的流动性是其他市场所没有的，一般还会有流动性溢价，加上中国经济发展速度虽然放缓了，但绝对速度较高，2018 年整个 A 股综合盈利增长依然达 15%。

当时我定义 2018 年为战略建仓年，认为 A 股越对外开放，越是奉行价值投资，A 股的低估值短期出现是正常的，但长期存在就不正常了，这个概率一定非常低。拉长两到三年看，现在 A 股市场的机会一定是远大于风险的。这个结论是理性的、价值投资者都认同的，绝望时期市场往往缺钱，价值投资者也心有余而力不足，也正因为这样才会有被低估的好公司出现。事后证明这些判断都是对的。

第二点，绝望阶段赢家选股逻辑。

等待好公司出现，投资优秀公司是洪攻略力求提高投资成功概率的核心逻辑。但洪攻略思维对优秀公司有自己的定义：能让自己大概率赚到钱的优秀公司才是真优秀公司。投资真优秀公司，首先符合主要矛盾分析，其次"聪明的钱"会喜欢，再次风险可预期可控，最后"季节"合适。优秀的公司是等来的，"远离平庸的公司"要作为自己的投资座右铭。

长期看机会远大于风险，但短期看，A 股出现短期风险的概率不一定小，甚至出现黑天鹅，这就需要通过选股及操盘策略来尽量规避，选股不仅要符合洪攻略的"真优秀"定义，还要有更严格的要求。比如，这家真优秀公司的估值要合理（一年内未被爆炒过），未来两三年业绩会确定性增长（内需增长的确定受益者），中美博弈对其最好没有影响等，这样的品种进可攻退可守，策略上多采用 H333 策略，大极端大交易，小极端小交易。

反弹行情背后的选股逻辑

一轮大跌之后的行情都应该定义为反弹行情，即使是反转行情也是从反弹开始的，而反转也只有事后很长时间才能被确认，因为反转意味着调整（或说熊市）结束，开启新一轮行情（或说新一轮牛市）。

要弄清楚反弹行情的路径，即反弹背后的逻辑，其实并不难，只要弄清楚什么样的资金会参与反弹行情就可以了。

行情总是在绝望中开始一轮反弹，这个时候的市场一般非常冷，股市资金基本处于极少流入甚至净流出状态，参与反弹行情的资金一般具有如下特征：

基本属于场内资金、自救资金最积极，希望摊低成本的资金、高抛低吸的短线资金、极少量的长线建仓资金。

所有资金的共同特点：只做相对可控的股票。什么样的股票才相对可控？一般来说，它们盘子相对小、题材相对丰富、跌幅相对大、配资砍仓盘相对少、号召力相对强。

具备这八大特征，没有行情也能炒作

A股的炒作向来比较厉害，有些板块即使市场没有行情，也是想炒作就可以炒作的。这些板块往往具备以下特征：

第一，业绩不好题材好。

业绩一定不能太好，最好是差无可差，业绩越不好就越容易拿来炒作。炒作跟投资有本质的不同。投资是投资，是确定性的东西，炒作是不确定的东西。

所以选择标的物的标准肯定不是业绩，因为业绩是特别容易证伪的。业绩越不好的公司，越给人感觉可能会重组。业绩由不好变好，可能是亏一毛钱变成了赚一毛钱，这是非常了不起的。

第二，题材多。

炒作炒的是故事，故事必须多，故事多的板块或企业，才能让更多人理解，并且参与炒作。

第三，符合国家战略。

符合国家的战略，会有政策支持、有想象力、有空间，自然有庞大的群众基础。

第四，无法证伪。

秘密一定要多，最好是无法打听到的。典型如军工板块，军工板块秘密很多，都是国家机密。这样的信息是绝对无法调研的，即无法被证伪的。

第五，做好懂的生意。

只有那些比较容易懂的行业，才会有人跟风。最好炒老百姓、一般的散户都能明白的事情，比如之前炒互联网金融、炒教育，这都是老百姓非常容易理解的板块，自然会有众多投资者跟风炒作。

第六，天花板高。

行业的天花板一定要高，最好高到看不见，即想象力无限。

第七，有情怀。

这与"符合国家战略"这一条相关，炒作的板块一定是能够调动你那根心弦——爱国情绪的，具备这个特点的股票，有希望成为想炒就可以炒的股票。

第八，出身好。

如果被炒作的这只股票，它的母公司很富有、能量很大、资源很多，这样的股票是值得关注的，因为母公司可能会注资参与炒作，所以这也是可以考虑炒的板块。

我们不难发现，这些"想炒就能炒的板块"以炒作为主，既然是炒，真假并不重要，关键是你信不信。作为主力机构，他们买这个股票的时候也一定会想，如果大家都不信，将来也出不了货，那他们就不会选这个股票。

洪攻略选时

股市投资和农夫种田是一个道理，要想获得丰收，什么季节播种，什么季节收割，什么气候播种什么品种，都是非常讲究的，种错了季节，选错了品种都可能颗粒无收。一个好的农夫不仅要找准播种季节，选对播种品种，更要在合适的季节及时收割，这同样适用于股市投资。

洪攻略投资时空观中的股市温度体系强调，温度随"季节"变化，通过温度高低可以大致判断市场处于什么"季节"，板块炒作、个股走势处于什么阶段，认准了"季节"才能找对播种时机，选对播种品种。

不同的"季节"做不同的事，不同的行情阶段采用不同的操盘策略，这样才会有好收成。但很多投资者根本分辨不出当下市场处在哪个"季节"，尤其容易误判"春天"和"秋天"，因为股市的现实一直是"秋天里流行春天的故事，春天里流行秋天的故事"。以下内容旨在帮助读者利用洪攻略解决选时问题。

选股重要，选时更重要

A股市场的投资，选股当然重要，但最重要的还是选时。从大自然的角度来讲，它是必然的规律：生老病死，春夏秋冬。

一轮牛熊，拉长几年看都有"四季"分明的"春夏秋冬"，用专业的词表述是"美林时钟"。产品有产品的周期，生命有生命的周期，一年四季也是周期。

周期开始是冷，慢慢变热，最后达到最高峰，再下降，即低温慢慢变成高温，再慢慢降温，最后降至冰点，这就是温度变化的过程。其中不仅有温度体系，还有四季论——"春播、夏长、秋收、冬藏"，洪攻略整套体系用"春夏秋冬"对应温度体系来解决选时问题。

做A股市场投资，很多投资者问选股重不重要，这当然重要，但最重要的还是选时。投资想要成功，必须清楚周期处于哪个阶段。

很多人认为价值投资没必要选时，我认为这是有问题的。选时其实很重要，很多人认为巴菲特不注重选时，但他恰恰是最重视选时的。在他看来，当价格远低于价值的时候就是最好的买入点，这体现的正是选时的理念。

投资中的选时很重要，人生中的选时同样重要。一个人如果在错误的时间进入了一个所谓的好行业，那他是很难享受到行业红利的，只能加入"卷大军"。

测量温度，感知周期

第一点，感知温度，找到极端。

投资中如何判断行情的"春冬秋夏"？行情处于平庸阶段，分不清楚的就不花力气，只抓极端冷与极端热。

股市中把握那些确定清楚的机会，就已经很赚钱了，对于那些不确定的机会，切勿盲猜盲打，这样只会让账户收益回撤，有害无利。

第二点，分清"季节"，用H333系列操盘策略应对。

无论是大盘、板块还是个股，一年"春夏秋冬"是非常分明的，但有时候感受不明显，可能是因为"夏季"短一点，"春季"长一点，或者是暖"冬"凉

"夏"，"冬天"不冷，"夏天"不热。

把温度、"四季"区分清楚，然后用洪攻略一一应对："春末夏初""盛夏"SH333，"秋末冬初""寒冬"H110，"冬末春初""春天""夏末秋初""秋天"季H333，极端恶劣天气，出现极端暴跌之后用H007应对。

洪攻略交易

股市投资中有个话题永远绕不开，即所谓的"主力"。洪攻略中强调的跟随"聪明的钱"，即操盘跟随赢家，跟随主力。在我眼里主力的定义是——主动出力的人。主动出力，如果按多劳多得的理论，赢的概率大一点也正常。普通投资者跟随他们做投资赢面较大。

主力做什么股票，怎么做，何时做，又是如何把股票变成钱的，这些都是有套路的。以下内容旨在揭秘主力的操盘方法，带读者了解主力的动作和习性，帮助我们在实际操作中避坑，提高赢面。

揭秘主力操盘四字诀

跟随"聪明的钱"需要了解"聪明的钱"的脾性，真正"聪明的钱"往往给人以"三年不开张，开张吃三年"的印象。看似深不可测的主力资金，实际上是有操盘套路的。

又比如主力的四字操盘策略——"因""势""利""倒"。

"因"：主力操作某只股票，一定会有他的理由。这个理由能否成立，关键看市场是否认同。"因"本身并不重要，重要的是在主力看来这只股票本身的价位"合理"，与其对未来的期许贴合。如此一来，当这只股票被炒作之后，市场会回过头来寻找并认同这个理由，这就是所谓的"因"。

"势"：借势是成功做好某件事最省力的方法之一，投资亦如此。行情会沿着某个方向运行发展，这是行情本身的趋势。

"利"：思考主力的目的能让我们与主力保持同频，投资少走弯路。主力做某只股票的目的是赚钱，并且要赚最安全的钱。为了达到这个目的，他需要借助某个工具，工具用得好，能让他轻松安全地赚到大钱。

"倒"：投资要落袋为安，赚到账户的资金才是自己的，账面上浮动的只是数字而已。主力在利用某个工具成功拿到筹码之后，还要能把股票"倒出去"，即还给市场，这样才能把钱赚到手。

实际操作过程中，主力要实现以上四个目标，有三大路径。

路径一：看懂股票市场的"眼球经济"。

互联网中强调"眼球经济"，只要有流量能吸引眼球就有价值，股市投资中也是如此。

主力想在某只股票上做到"因""势""利""倒"，首先这只股票必须能引起人们的关注，引发"眼球经济"。那么什么样的股票容易让市场关注？一定是能够充分利用"眼球经济"的股票。具体来说有三类：

第一类，炒新。新股的市场关注度很高。如同刚结婚的新娘，市场会去"闹洞房"。炒新便充分利用了"眼球经济"，吸引更多投资者关注，主力才能从中获益。

第二类，拉涨停板。若主力想让某只股票受到更多投资者的关注，拉涨停板是最容易达到效果的，同样的还有跌停板，也很容易引起人们的关注。

第三类，消息面。重大消息更容易引起人们的关注。容易买卖的股票，更容易炒作成功。

路径二：避免天天盯盘。

炒股切忌天天盯盘，因为人性很难经得起诱惑。大跌时极度恐惧，大涨时极度兴奋，投资者在这种状态下会莫名其妙买入卖出股票，频频踏错节奏追涨杀跌。对于主力而言，只要让某只股票具备吸引大量投资者关注的能力，便有利于炒作成功。移动端的普及，方便投资者随时随地看盘，消息传播的速度相当快，助长了炒作之风，让炒作周期越来越短。于是投资者的耐心跟耐力也越来越弱，无法耐心持有股票。普通投资者想要在股市避免被主力"割韭菜"，唯有买入优质股票、少看盘、耐心持股。

路径三：看清主力的"诱奸"阴谋。

"因""势""利""倒"中的"利"，意思是主力会让利。主力把股票炒作到最后一个阶段时，是不需要成交量的。原因在于筹码锁定非常好，此时反而是狂涨阶段。狂涨之后跌下去再拉起来，此时要小心是主力的"诱歼"阴谋。

原因很简单，主力需要让一部分的利，以便更顺利地"出货"。股票股价在疯狂上涨阶段，会不断验证主力所谓的"理念"，从而让越来越多的投资者认同，以至于让那些持仓的投资者后悔仓位太小。于是当该股往下调整时，便会莫名其妙地买入大量股票。后续只要稍微涨一点，便会让人以为会大涨，但其实炒作已经结束了，从而让更多投资者套在了高位。主力正是利用投资者的这种心理达到"割韭菜"的目的。当投资者接受某个价格时，往往是一轮炒作结束之时。

以上方法是主力操盘的常见方法，熟知背后逻辑，了解主力的动作和习性，摸清主力操盘底牌，便能做到在关键时刻不慌不忙，理性思考，把握投资交易的主动权，提高投资赢面。

行情启动的基本路径

说股市就是战场，认同的人应该很多。

多、空就是敌我双方。

要赢得一场战争，要有好战略也要有好战术。

……

这样说下去没意思，太复杂了，用一个例子来对目前中国股市做个推演。

把 A 股比喻为一个"航母编队"（战斗群）。"航母编队"和股市大概有这样的对应关系：

"航母"——银行等大盘蓝筹

"舰载机"——创业板等小盘成长股

"驱逐舰"——券商为代表

"攻击型核潜艇"——军工等

"后勤支援舰"——资源类公司等

"航母编队"要发动一场"战争"，一般是如下逻辑（一场"大战役"）：

· 航母在驱逐舰的护卫下到达指定位置，舰载机加满油做好起飞准备；

· 航母在指定位置守候，舰载机起飞；

·战争告捷，舰载机完成任务返航（不是所有的舰载机都能安全返航的），驱逐舰护送航母继续前行；

·航母到达新的指定位置，舰载机补给完毕，再次起飞执行任务；

·航母编队受到敌方强烈反攻，或者遇到恶劣天气（比如海啸），航母编队整体返航，虽然航母受伤最轻，但驱逐舰、舰载机损伤惨重。

以上应该算航母编队完成的一次完整战役。

当然如果从更长远的历史看，这也只是一个长战略中的一次重要战役。从2015年10月份开始，可以理解为一次小型战役（但这次战役也可能是一次大战役的组成部分）。

对应到股市，从10月初开始，航母退守到新的港湾，在驱逐舰的强势护航（券商股连续拉涨停）下，舰载机完成了一次非常漂亮的突袭（在很多投资者还没反应过来时，创业板暴涨近64%），之后舰载机在航母及驱逐舰的掩护下纷纷返航……这次就要看航母及驱逐舰能行进到一个什么位置，再来判断什么时候可以由舰载机发起新一轮轰炸，这次因为被定义为一次大战役中的小战役，其周期自然会更短。

当舰载机偷袭大获全胜，燃油快耗尽之时（涨幅够大），恰逢海上天气大变（消息面利空，资金失衡），作为战争的指挥官，此时能做的就是要求舰载机返航，但此时驱逐舰必须发起攻击，稳住航母才能让舰载机顺利返回航母，边打边退是一个选择，至于能不能由此组织一次反攻（舰载机再次起飞），或者让航母更靠近目标，那必须关注天气（政策面）及驱逐舰（券商）的攻击力。如此看，即使这场战役就此结束，券商也是这阶段最好的选择滚动的标的。

"战争"的演变有它的逻辑和规律，但再次提醒，不可过于关注"战争"细节，因为要打赢一场大"战役"，整体格局更重要。

股市三大赢利操盘法则

很多人都会有过这样的经历：刚入股市时似乎都比较顺，而且能赚到钱，但越往后就越不顺。这其实就是刚入市时初生牛犊不怕虎，敢于主动动作的缘故。

主动持仓又称盈利持仓，这在牛市是可以赚到大钱的，但很多人做不到，一个涨 3 倍的股票再涨 30% 甚至 3% 就抛了。一些人在熊市倒是很能持仓不动，原因是被套得死死的，只好被动持仓。

换仓滚动操盘法则：抛掉手中亏钱的股票，加仓到手中赚钱的股票，这叫主动卖出，主动买入，然后主动持仓。

年度轮动操盘法则：痛点变甜点，就是在别人痛无可痛，被动抛出痛点股票时买入，在别人忍无可忍，被动追高买入时卖出甜点股票。

股市赢利从掌握买卖主动权开始，我们只要主动一点点就有可能成功。

牛市中赚到大钱的操盘秘诀

第一，牛市中逢大阴线加仓。

这句话重点在于，每一次大阴线都是很好的买点，最好不要手忙脚乱地抛股票。大跌、大阴线，属于极端行情，极端情况才是洪攻略重点关注的。但有些人会理解成"阴线加仓"，而"阴线加仓"绝不是我的这句话要表达的。

解决一个问题最好找到相对应的策略，一把钥匙开一把锁。比如，"牛市中逢大阴线加仓"，这个策略重点解决的其实不是加仓时机问题，而是大跌时不慌乱的问题。有人因这句话等加仓时机，就属于用错了策略（加仓时机的寻找有其他相对应的策略，比如用 H333 方式建仓）。

第二，牛市下半场的操盘策略。

牛市下半场有个确定性的事件：场内资金和筹码逐步走向均衡，然后再走向失衡，即资金由充裕逐步走向紧张。

牛市下半场比较好的应对策略是 H333 策略：1/3 底仓 +1/3 滚动 +1/3 "捡皮夹子"。关于 H333 策略的具体应用，在本部分第七章中已详细阐述，可回顾之前的内容。

第九章　洪攻略助力摆脱技术分析困局

股市分析方法主要分为基本面分析和技术分析两大类。

基本面分析中定性分析的内容很多，需要较强的抽象思维、逻辑思维和理解力，也需要学习大量的基本面知识，持续地阅读分析，不够简单直观，也不好直接操作和验证，因此使用者多为专业投资者。

而技术分析因为"简单直观、可操作性强、适用广、容易理解和学习、可快速验证"的特性而被非专业投资者尤其是一些散户所喜欢。

随着科技的发展，尤其是计算机的广泛使用，技术分析升级为量化分析而被一些专业机构专门使用，传统的技术分析逐步在华尔街消失了。当前，因为人工智能的突破发展，机器介入部分基本面分析已成为可能，这将对股市分析的现状造成无法估量的冲击。

用"模糊的正确"灵活化解困局

洪攻略作为股市投资完整解决方案，在"股市分析方法"部分对降低基本面分析难度，摆脱技术分析困局方面，做了比较精妙的安排。洪攻略在帮助"价值投资"突破盈利瓶颈（参看第十章内容）、助力投资者摆脱"技术分析"困局方面已经有了很好的实践和市场反馈。

一些人因为技术分析简单直观、操作门槛低、可快速验证而喜欢使用，甚至长期不赚钱依然乐此不疲，忘了来股市是为了赚钱。其实，技术分析正因为简单、操作门槛低而存在严重的缺陷，这些缺陷让技术分析使用者陷入了无法摆脱的困局。

技术分析偶然的成功，让一些人误以为市场存在简单不费力的方法，使用它就可以在投资上取得稳定、可持续的盈利，这甚至让一些技术分析使用者走火入魔。但现实是技术分析在实践过程中存在指标"有时有效、有时无效"的困局，使用者越追求数据、指标上的精准，"数浪"数得越欢，越是陷入缘木求鱼的困局。

洪攻略思维看技术分析只是一种工具，技术分析可以辅助我们去判断、跟踪和顺应行情趋势，但行情是活的，而技术分析是滞后的。面对解决同样的问题，洪攻略做了更灵活的设计。

技术分析理论建立在三大假设上：市场行为包含一切信息、价格沿趋势移动、历史会不断重演。技术分析的四大基本要素是：量（成交量）、价（成交价）、时（时间跨度）、空（波动空间）。

这三大假设的价值其实在定性上，最有价值的是概率，而不是定量。量、价、时、空其实有价值的点也在定性上，但定性让一些人无所适从，很多技术分析者的困局正在此，他们容易陷入定量分析。洪攻略认同技术分析的定性分析更有价值，但通过巧妙的设计让其可观察可执行，比如通过跟随"聪明的钱"去动态量化趋势及量能，通过极端交易思维去理解趋势，提高交易胜率，用"四季轮回"去量化历史重演的过程、时间跨度和波动空间，用 H333 系列操盘策略去落地执行。

技术分析基于人性的静态表达，基于过去获取趋势价值。而洪攻略是基于人性的动态表达，是基于逻辑推测，通过应对现在而获益，洪攻略没有具体量的概念，即使 H333 系列操盘策略也只是简化的"季节"概念，洪攻略是活的，会随市场变化而变化。即使面对人工智能的强大挑战，洪攻略依然有巨大的生命力。

一些人攻击洪攻略无法量化，无法量化恰恰是洪攻略最具优势的地方，投资是科学，更是艺术，有很多"模糊的正确"的地方，有很多无法精确量化的地方，存在大量需要定性分析的领域、需要"具体问题具体分析"的领域，存在大量难于量化的基本面——这些领域是 AI 很难搞定的地方，但却是洪攻略擅长的地方。

第十章　洪攻略让价值投资如虎添翼

做时间的朋友，价值也许会迟到，但永远不会缺席。这是传统价值投资者所信奉的理念，我认为这个逻辑存在一定的问题，因为时间就是金钱，资金的使用效率也需要考量，尤其是在 A 股市场。

洪攻略注重选时，价值投资也需要选时。为何 A 股没有出现"中国巴菲特"？为何华尔街股神屡屡折戟 A 股？这是因为 A 股有自己的投资逻辑，有大多数人都不了解的真相，以及估值长期失真的中国资产。洪攻略是西方证券投资的基本理论与中国股市投资具体实践相结合的产物，不仅能帮助投资者认清 A 股真相，简单理解中国资产估值长期失真的背后逻辑，而且通过巧妙的设计，让一些价值投资者具备一定的择时能力，从而助力价值投资突破盈利瓶颈，让投资更上一层楼。

A 股市场真相很残忍，价值投资者的噩梦远没有结束

明白了 A 股市场真相，才能更好地做好投资，特别是价值投资。

真相只有一个，很可惜，你知道的那个往往不是。

A 股市场股神基金经理赚钱"真相"

我对 A 股市场"真相"的理解，源于对国内曾被封神基金经理赚钱"真相"的研究。

但斌作为一名市场公认的价值投资代表，我对他算是比较了解，他给我的三本书写过推荐语，为我在 2021 年出版的《做多中国》一书作了序。我认为他

的成功并不是源于市场认知的他的价值投资，恰恰是他早就意识到了在 A 股市场必须重视价值投资者不屑一顾的择时，也就是说他在行动上选择承认了 A 股市场估值之外的"真相"，或者说不得不承认了股市其他"真相"的存在。

我通过对 A 股市场被封神牛人的研究，发现他们的成功基本是源于洞察并承认了我后面要说的 A 股市场"真相"，他们后来的失败也基本是因为不再承认自己的成功是源于"真相"的帮助。

你看到的 A 股市场表象是不是本质？

说真相之前，从前文已提及的大家都承认的 A 股市场表象可以知道下述现象背后的本质原因：

市场认为，A 股市场不成熟，不理性散户太多。事实是，A 股市场机构占比越来越高，但炒作未见收敛，波动未见减小，股灾频率越来越高。

市场认为，A 股是审批制，不是注册制。事实是，注册制下依然没看到慢牛，炒作愈演愈烈。印度股市采用注册制后 10 年未见牛市，修改交易制度一年后开启了长达 20 年的牛市。

市场认为，退市不够多。事实是，退市多并不可能阻止上市数量，指数也许可以变得好看一点，但因退市而亏损的投资者会更多，亏损更大。

市场认为，做空不方便。事实是，A 股不走牛，并不是因为没有做空机制。

市场认为的这些原因，显然都不是主要原因，不是本质原因，不是真相，因为真相一定是可以完美诠释表象的，他们说的那些原因连我上面括号里标注的事实都难以反驳，无法自圆其说。

从利益层面找寻 A 股市场真相

真相要从利益层面去寻找。

真相就是无数的现实告诉我们：A 股市场主力"割韭菜"成功概率高，可以赚到远多于做价值投资能赚到的钱。（市场沿着阻力最小的方向运行）

这里提到的市场主力，是指掌握了交易主动权的投资者，他们有猎人思维，承认"A 股市场的真相"，也是我研究发现的 A 股市场获利最多的群体。

股市投资无外乎赚这样三种钱，市场主力更不例外：

企业成长的钱（投资：价值牧场）；

别的投资者的钱（投机：趋势围猎，"割韭菜"）（这个数字太诱人，散户思维亏损的钱是以 10 万亿计的，可见主力"割韭菜"收获之大）；

政策红利（炒股跟党走：主题炒作）。

价值投资奉行赚企业成长的钱，可事实证明在 A 股市场并不容易，原因很多，比如：

A 股市场信息披露问题不少，财务造假屡见不鲜；

政策多变对行业的影响巨大，难以预测；

一些高成长行业，比如互联网相关的一些优秀公司没有在 A 股上市；

高溢价高估值上市（及上市后的炒作），严重挤压了二级市场的获利空间。

在 A 股市场要想通过价值投资获取超额收益非常难，但对主力而言，通过"割韭菜"获取超额收益却相对容易，这样长期的负反馈，让操作上坚守价值投资的投资者会逐步叛变，尤其是有"割韭菜"优势的价投资金，他们把"价值""业绩""估值"本身也变成了用来提高"割韭菜"成功率的工具。认为"一家好公司，同时也是割别人韭菜的好工具"。从这个角度我们才能解释 A 股市场独特的表象，才能理解一家好公司再离谱的高估值还可以一涨再涨，再低的估值还能一跌再跌。人家根本不在乎价值投资在乎的估值，人家在乎的是怎样的涨跌才可以割到韭菜。

比如 2021 —2022 年港股的走势吓坏了不少 A 股市场的价值投资者，原来再低的估值也还可以更低。

试想一下，如果 A 股市场估值向港股靠拢，那 A 股市场价值投资者的噩梦是不是才刚刚开始？港股成为价值投资者永远的痛，不是因为港股本身，而是因为港股对 A 股投资者的心理映射。

当然，港股中概股当时那样走，最重要的原因是外资撤离造成场内资金失衡，表象还有互联网等企业靠外延野蛮扩张时代的结束。

而 A 股市场当时面临的最大问题也是场内资金失衡问题，这样的市场价值投资标的只有具备炒作条件时才可能被主力选中，所谓估值高低没人在意，除非出现估值极端。

上面说到的股市可以赚的三种钱，第一种最难赚，在存量博弈的市场更难，只有出现财富效应时增量资金才会进入股市，而增量资金基本接受的是场外理论教育，追求政治正确，相信道德正义的价值投资，会按价值投资思维选股，当然，这个时候市场主力也会充分利用这一点，主观上、客观上会把相关股票抱团到不可理喻的高度。

当时的 A 股市场，因为资金面的入不敷出，增量资金极少，场内资金无法支撑五大交易所，主力资金只能选择赚后面两种钱，即赚别的投资者的钱（割韭菜），或者赚政策红利，也就是我比较重视的管理层在行情极端下跌时出救市政策，抓极端交易机会。

主力"割韭菜"因为赚钱多，成功概率高，所以就成了当时市场主力几乎唯一的选择。投资者要想生存，必须承认这一点，只有这样才能不被别人"割韭菜"。但，要想获取超额收益，还要让自己具有"割韭菜"的能力。

让我们站在围猎（"割韭菜"）的角度，再来看前面提到的 A 股市场的表象，就完全能解释通了。

讲到这儿，各位读者应该明白 A 股市场的真相了。

"真相"改变遥遥无期，价投噩梦远没有结束

很自然，你会想：什么情况下利用这些"真相"赚钱的盈利模式会终结呢？

很不幸，短期内看不到可能；很幸运，极端交易长期有用武之地。

因为 A 股市场有大量散户思维的投资者存在，就像有漫山遍野的猎物，怎么可能打猎不赚钱呢？能赚到钱，这个盈利模式就会存在。这里说的是散户思维，和资金量无关，很多基金经理也是散户思维，尤其是被散户思维持有人持有的基金，他们喜欢的永远是倒金字塔投资，也就是高位时认购的资金一定远大于板块低位时认购的资金。被散户绑架的这些基金是主力眼里最肥美的猎物。

有猎物就有猎人，但如果围猎成功率下降，围猎模式就会逐渐失效，围猎盈利模式才会逐渐消失，当然，消失的也只是短期围猎模式，中长期围猎模式

是永远不会消失的。

如果改变 A 股独特的交易制度，短期围猎的盈利模式会失效，借助价值投资理念的中长期围猎才会盛行。没有 T+1 及涨跌停板保护，围猎成本肯定上升，成功率一定下降，涨停板围猎模式自然不复存在。

还有一种可能就是如果价值投资赚钱变得比趋势围猎容易，那"真相"也能改变。

这种可能性有吗？当然有。一是被趋势围猎打乱的估值体系得到修复，也就是说 A 股估值向美股、港股靠近，炒作带来的流动性不再让市场估值偏离，比如，因为炒作 A 股市场给了围猎品种更多的流动性，而让一些不易围猎的大板块大盘股出现流动性枯竭，估值一直偏低。也就是说，只有围猎得到控制，价值投资胜率才能提高。而上面我们分析过，可能性极小。

还有一种可能，就是市场不再炒新，IPO 定价不再过度透支未来，而这同样要寄希望于市场围猎盈利模式成功率下降。炒新我比喻为闹洞房，是受制度保护的，道德层面是允许的。即使监管部门强行压制发行价，但上市之后也会被炒作一步到位，本来上市就会包装业绩，加上炒作，其上市后的股价有些可能已经透支了未来十年的业绩，这让价值投资者无法下嘴。还有，炒新可以让定价很高的 IPO 不会失败，还给管理层新股发行供不应求的假象。很多新上市公司上市后股价持续下行，需要很多年来消化高估值，这其实也影响到了相关指数的走势，可以说，炒新是 A 股市场万恶之首，但可悲的是没人在乎。

所以，我们可以得出结论，真相会一直存在，无法改变。作为投资者，要么销户离开这个市场，要么承认真相，找到在股市猎场的生存之道。

承认 A 股市场真相之下的 A 股投资最优解

普通投资者要在猎场生存确实非常难，但随着国家对资本市场的重视，让普通投资者离开股市显然不现实也不明智。我选择通过努力去帮助投资者摆脱围猎圈，进而提高投资成功率，设法让有缘人成为目前市场上投资成功率最高的群体——"主力"中的一员，所以一直提醒投资者重视 A 股市场真相，在微博讲了 10 多年了。为了帮助一些投资者拥有猎人思维，拿回交易主动权，我创立了洪攻略极端交易体系，极端交易涵盖了价值投资和趋势投资，设计核心思想是因为市场主力总是利用极端行情摧毁投资者的心态来"割韭菜"，我们唯有极端交易才能和其同步，不被收割。为了让投资者有能力和主力同步，我设计了 H333 系列操盘策略，不同"季节"策略不同，确保了在行情出现极端上涨时手中有筹码，在行情出现极端下跌时手中有资金。整个过程让投资者能抓住主要矛盾，保有接受有价值信息的好心态。

为了让投资者更好地理解和应用极端交易，我把市场上围猎成功率最高的方法总结成了容易理解学习和使用的五大交易策略和五大核心战法，考虑利用城门立木牵牛绳是主力最省力、成功率最高的围猎方式，我给出了应对策略"城门立木战法"。（在本书后面的内容中会详细阐述）

随着市场上理财教育越来越风行，接受价值投资理念进入股市的人越来越多，所以，利用极端估值围猎这类投资者的主力也会越来越多，为此我给出了应对策略"极端估值交易时空图"。可以说，我给出的应对目前 A 股市场的策略是接地气的，也是市场中较好的股市投资系统性解决方案。

A 股市场制度设计让做价值投资无异于与虎谋皮

上一节更多的是从博弈的角度去论证价值投资者的噩梦远没有结束，这让价值投资者们依然心存侥幸，因为他们坚信自己的选股能力，也坚信价格一定会回归价值的价投原理。是的，有好的选股能力、估值能力无疑是可以取得成功的，但我要说的是在 A 股市场这样可以成功，但是成功的概率不高。下面就从价值投资角度来论证这个结论。

价值投资者的无奈——与虎谋皮

价值投资遵循的是一种市场化思维，在越市场化的市场越有效，但很遗憾，A 股市场最缺的就是市场化，A 股市场制度设计是很不市场化的。上市公司治理与利益机制是非市场化的，国有上市公司绝大部分高管聘任非市场化，高管的绝大部分利益非市场化，他们的利益与股价涨跌基本无关，与二级市场投资者没有形成投资者高度关联；民营上市公司治理非市场化，绝大多数民企一股独大，实控人一人说了算，董事会股东大会多数时候只是形式上合规。而证券市场的市场化本质是：定位上资源配置是核心而不是融资是核心，运作机制上价值投资是核心，估值高融资减持做空，低估值时足够多回购动力支撑减少波动，利益不一致让国有企业及其高管回购动力不足，多数民企圈钱意愿远大于回购分红意愿。还有，基础交易制度，比如 T+1，涨跌停板人为阻碍价格发现，高印花税阻碍流动等逆市场化的设计，让股价走势非市场化，让估值非市场化难于琢磨。

制度设计让上市公司经营者和小股东的利益不一致，甚至背道而驰，所谓价值投资变成了小股东与大股东及经营者争利，很显然小股东处于劣势，即使你是险资、公募基金也毫无优势可言。即使贵州茅台这样的知名公司，也存在很不合理、很不市场化的情况，大股东茅台集团与小股东争利的问题迟迟得不到解决。

各位读者千万不要小看大小股东利益是否一致的问题，这非常关键，当年股权分置改革就是暂时解决了股东利益一致的问题，造就了 A 股历史上最大的一次牛市。当然，这样的超级利好被"聪明的钱"借力打力制造极端行情割了巨额韭菜。事后投资者发现，股东利益不一致的问题并没有因为股权分置改革而得到解决。

因为大股东与中小股东、经营者与股东利益不一致，在 A 股市场希望赚上市公司成长的钱，无异于与虎谋皮。A 股上市公司大股东及经营者利用制度截取了上市公司巨大利益，也就是说上市公司成长的利益源源不断流入了大股东及经营者编织的黑洞。这可以解释我国经济飞速发展的 20 年，上证指数为何一直在 3000 点徘徊的怪异现象。

趋势投资者的无奈——欺负弱小

一些聪明的投资者早就意识到自己不是上市公司大股东及经营者的对手，为了提高胜算，纷纷转为围猎其他相对弱小的投资者，他们只把上市公司作为赌博筹码，作为围猎工具，不再奢望赚企业成长的钱，而只想赚交易差价。于是利用资金优势、信息优势借力打力，利用超预期的极端行情"割韭菜"，这是 A 股长期波动，走不出长期牛市的根本原因。

要在 A 股市场生存，你是继续选择与虎谋皮还是无奈地加入欺负"弱小"的阵营，这恐怕不难选择。

A 股走出长牛市，令人信服的逻辑已经出现

2022 年成了价值投资者的噩梦之年。往年股市大跌，被教训被嘲笑的基本是趋势投资者，2022 年随处可见一直坚持价值投资的基金经理出来向客户道歉，对长期主义进行反思的文章也在朋友圈疯转，而以打板为首的趋势投资者（城门立木战法交易者）却如鱼得水，赚得盆满钵满。

我认真看了一些价投基金经理的反思，发现很不彻底，这样浮于表面的反思极有可能让他们的投资在未来重蹈覆辙。

他们的反思依然是基于价投本身，依然是基于巴菲特的成功逻辑，其实，他们在 A 股市的失败，问题并不是执行价投或借助巴菲特的投资逻辑，也不是价投或巴菲特的投资逻辑存在什么问题，而是 A 股有自己的投资逻辑，即 A 股有中国特色的估值体系。

2022 年 11 月监管层提出探索建立具有中国特色估值体系，这算是官方对 A 股特色及独立性的认可。我很赞同这个观点，一直在揭露并提醒投资者有关 A 股市场的真相，并为此放弃照本宣科使用价值投资、趋势投资体系，另起炉灶创立"洪攻略极端交易体系"，因为我坚信不同估值体系下的股市走势自然不同，而走势不同，选股逻辑和操作逻辑自然不同，在欧美市场盛行的投资方法、投资逻辑自然无法适应中国特色的 A 股市场。

什么样的土壤长什么样的庄稼，但很多投资却不信邪，竟然认为把在美国投资成功的"种子"种在 A 股市场的"土壤"中，不会出现南橘北枳的情况。话已至此，依然有人会认为"价值投资"是通用法则，不会因为市场不同而影响投资结果，尤其不会影响长期投资的结果。后面我们就继续来驳斥这个观点，

但请在看后面的内容前，在心里为这个观点腾出点空间。

价值投资的关键点在如何定义一家公司的当下价值，以及如何对未来估值？往大里说，价值是由"价值观"决定的。而中西方价值观存在明显差异。至于"估值"，本身就是个很主观的词，不可能有"放之四海而皆准"的估值体系。不同市场适用不同的估值体系才是理性客观的，何况中西方市场化程度存在天壤之别，而且中国市场体系在可以预见的数年大概是不会有大的改变的，特色只会越来越明显。

目前的 A 股估值现状是"市场"的选择，带引号的市场是因为这个市场确实受到一定的非市场压制，有变形的地方，但我们要眼见为实。A 股的历史走势也是"市场"的现实选择，很多时候很多地方按西方成熟的投资逻辑无法解释，价投者一直认为港股遵循的是西方估值体系，一直认为港股有估值优势，A 股的估值不合理，持这个观点的投资者这几年在港股市场损失惨重。

正是因为这些差异的存在，中美股市出现了完全不同的走势。

大家对经济发展速度远不及我国的美国股市反而走出十多年的长牛市耿耿于怀，对 A 股市场投资者始终醉心趋势炒作甚是不解，但这样的结果从中美差异中能找到令人心悦诚服的逻辑。我们一条条来说。

第一点，过去十几年，我国经济飞速发展，但整体看上市公司增收不增利，即上市公司利润增长的速度跟不上成本增长的速度。A 股市场更注重给增长估值，而常常不重视给利润估值的原因，具体表现就是热衷炒成长，最后企业增收不增利，一地鸡毛。

第二点，过去十多年我国制造业快速发展，也可以说是提升制造能力的快速投入期，而美国股市成熟企业多、硬科技企业多，也就是巴菲特眼里的"现金奶牛型"企业多，"强护城河"企业多。

第三点，A 股市场国有企业多，虽然国有企业相比民营企业资金成本低，土地成本有优势，但人力成本不低，且性价比很差，创新成本高，承担的社会成本高，税收也高，和美国企业比成本上没优势。按西方盛行的估值体系，市场对国企给出了远低于海外市场同行业的估值。市场无视国有企业天然的垄断优势、强大的抗风险能力优势，甚至忽视其业绩的稳定性。显然，针对这类中国特色行业和企业，确实需要有中国特色的估值体系来估值。

第四点，A股市场错过了互联网时代，A股投资者没有分享到互联网企业快速发展带来的巨大红利，因为互联网龙头企业阿里巴巴、腾讯控股、百度、京东等都没有在A股上市，A股指数在走势上无法体现。

第五点，企业成长过程成本的快速增长挤占了研发费用的投入，致使不少A股公司无法维持竞争力。

第六点，由于我国处于快速发展期，制度、政策及经济环境对行业、企业未来的影响非常大，未来难预测，这让基于长期主义的价值投资者，能力再强也难有用武之地，出错的概率变大，具体体现就是A股市场选长牛好股非常难，价值投资成功率明显比制度、政策及经济环境相对稳定的海外股市低。择时成了A股市场优秀基金经理的成功法宝，这让坚持做价值投资的基金经理很无奈，纷纷叛变加入趋势炒作行列。

第七点，制度、政策及经营环境的不确定性越多，行业或企业发展的可研究可预测性就越弱，越长期的预测心中越没底，越不可控，很自然短期策略就会占优，而趋势炒作就属于短期策略。所以A股市场沉积了大量趋势炒作者，因为适者生存。

第八点，制度、政策、经营环境不确定性越多，行业或企业稳定性就越弱，赚企业成长的钱不容易，割他人韭菜（围猎）赚钱就相对容易。而要围猎，就要用自己更易掌控的策略，而不是把控制权交给别人。对猎人而言，股价可以控制，趋势可以控制，上市公司利润、公司发展不可控制。所以，A股市场出现了大量不调研上市公司的投资者，因为他们认为调研（研究报告）的准确度不高。但因为有人依然相信研究报告，所以，研究报告成了用于围猎的工具。

第九点，A股市场特色的投资者结构，强化了趋势炒作的氛围，A股市场存在大量散户思维的投资者，他们成了围猎者眼里的肥羊，让一些投资者靠赚其他投资者的钱活得很滋润，赚别的投资者的钱比赚上市公司成长的钱来得容易而且赚得更多，A股市场大量投资者亏损严重可以佐证这一点。这也让监管层很无奈，一直辛苦打击市场炒作，但收效甚微。

第十点，A股市场趋势投资者占优，他们的频繁交易为市场提供了流动性，而流动性有溢价，这让 A 股市场的估值别具一格。这也是同一家上市公司的估值在 A 股和港股可以有天壤之别的重要原因。投资港股只能赚企业成长的钱，投资 A 股还可以赚波动的钱。

第十一点，A 股市场独特的保护中小投资者的制度，有意无意中提高了炒作（围猎）成功率，全球独一无二的 T+1 及涨跌停板制度，让趋势炒作变得更容易控制，成功率大幅提升。

第十二点，因为炒作（趋势围猎）获利容易，成功率高，热衷炒作的主力越来越多。而炒作就能快速提升公司市值，这让不少上市公司经营者不愿花力气认真经营公司，而是尝试走捷径。所以，A 股市场大股东配合炒作然后清仓式减持屡见不鲜。

第十三点，独特的炒新炒次新习惯（"新婚闹洞房"）透支了上市企业的未来，挤占了二级市场投资者的获利空间。同时，国有为主的券商体系、公募基金也让投行人员、询价人员更多地考虑融资公司的利益，致使 IPO 定价偏高是常态。

看了上述分析，小心脏是不是很受打击？大可不必。

上述分析说的是已过去的十几年，当前的市场已经发生了大变局，这个变局可能是百年未有的，在未来数年 A 股或将出现和过去完全不同的景象，大家梦寐以求的长牛市可能就要来了。理由如下：

理由一，我国大的制度、政策进入了前所未有的稳定期，未来数年变化相对可预测。

理由二，2022 年的全面压力测试，我国经济表现出的强大韧性和定力，赢得了主动选择朋友、选择发展路径的权力、信心和吸引力。这将大大改善我国的内部和外围的经济发展环境，让双循环可以更顺畅。

理由三，资金成本、土地成本及人力成本进入相对稳定甚至下降期，一旦我们经济恢复增速，企业利润增速一定更快。

理由四，科技是国运之争，国家对于科技发展十分重视，但类似互联网时代 A 股市场投资者无法分享时代红利的情况不再会发生，未来科技变革带来的红利将会在 A 股市场体现。

理由五，国企变革提速，估值重估的可能性在增大。

理由六，扩大直接融资比重利于降低融资成本，利于更有活力的民营企业发展。

理由七，A 股市场特色的投资者结构，基于人性、文化及制度层面考虑，个人投资者以及散户思维的机构会长期占据比较大的比重，也就是说趋势围猎商业模式会长期存在。站在更广义的角度看，中国特色的估值体系、中国特色的资本市场也会改变价值投资的内涵，让洪攻略四大思维（极端交易思维、围猎思维、城门立木思维及工具思维）更有效，洪攻略极端交易体系更有用武之地，更加如鱼得水。

重估中国资产，开启中国资产重估牛

过去 20 年，我国经济飞速发展，上证指数 20 年涨幅不足 1 倍，而印度股市 20 年涨超 20 倍（印度股市 1992 年实施注册制，但注册制之后 10 年没涨，这表明印度股市走牛并不是研究员们说的因为是成分股指数，也不是研究员们说的是因为实施了注册制。2001 交易制度改变之后一年开启了 20 年长牛，这值得研究），美股也走出了 10 多年长牛市。

A 股 20 年不涨，甚至可以说中国股市 30 年，中国资产估值和中国经济发展速度明显不匹配，问题出在哪儿？真相是什么？这个问题一直困扰着 A 股市场的亿万投资者，同样也困扰着我这个证券市场"老兵"。

市场乱象背后的 A 股长期估值失真

我国证券市场发展迅速，规模迅速扩大，成绩斐然，但 A 股市场一直波动很大，中国资产估值和中国经济发展速度明显不匹配，这也毋庸置疑。

我国股市已经 30 多年了，不能再用不成熟来为股市问题找借口了。明白并承认问题背后的真相至关重要，明白真相不仅是做好投资的关键，更是对症下药、做大做强我国资本市场的前提。

要了解 A 股市场真相，先从分析市场公认的怪现象着手。

脱离公司业绩的炒作，致使中国资产估值长期失真。市场把流动性、高估值给了新公司、差公司、烂公司、小公司，绩优蓝筹等大公司则长期低估值。

流动性是股市的生命，流动性严重影响估值，流动性是充分合理定价的基础。A 股的流动性、高估值给了新股、差公司、烂公司、小公司等胡乱炒作的股票，日换手率可以达到 50%，而一些绩优蓝筹日换手率不及 0.1%（比如工商银行日换手率多数时间不足 0.05%）。A 股市场所谓不缺流动性完全是误解，一些绩优股票正是因为缺乏流动性而长期不合理地低估值，以至于监管层提出要探索具有中国特色估值体系，希望改变这种对中国核心资产不合理的估值情况。

承认真相，才可以对症下药，通过投资者教育，改变投资土壤，加快推进制度变革，改善融资及投资环境，从而彻底改良 A 股生态，让中国资产估值趋于合理。（这是我给的药方，重点是制度变革，改良 A 股生态，并不是把责任推给国外，也不是把责任推给基金经理）

海外投资者误读中国致使对中国资产估值混乱

券商研究员、基金经理多是知名高校象牙塔里走出来的高才生，受西方投资理论熏陶，对我国国情认识不深，他们不走群众路线，看不清 A 股市场生态，但他们手握话语权和影响市场的巨额资金，成了低估中国资产的一股力量。A 股生态决定了中国资产估值混乱，券商研究员、基金经理有 A 股生态的重要资产部分，他们有话语权，对 A 股市场流动性失衡负有一定责任，应该为改变中国核心资产长期低估的现状做出更多努力。

随着外资对 A 股影响加大，外资也成了助推低估中国资产的一股重要力量。

中国快速发展的 40 年，也是被西方质疑的 40 年，但所有做空中国的西方投资者一再被市场教训。中国资产估值长期失真，正是因为海外部分投资者长期误读中国，因为误读，致使他们在 2022 年一度和我们对赌疯狂做空中国资产。

港股成了全球估值最低的市场，这几年大规模资金南下支援港股，希望夺取港股定价权。但恒生指数 2022 年一度创下 13 年来新低，跌幅超过 56%；中概股更是遭遇史诗级抛售，不少股票股价跌去了 90%。2022 年 10 月份中国资产典型代表工商银行、贵州茅台也一度出现连续大跌。工商银行市盈率仅 4 倍，市净率仅 0.47 倍（工商银行 H 股市盈率更是一度低至 3.07 倍，市净率低至 0.32 倍），这样一家背靠国家信用支持、业绩优良的银行被长期低估，这让我们不得不思考估值体系可能存在问题，要彻底改变这种低估情况，我们迫切需要探索建立具有中国特色的估值体系。

港股定价权问题是个重要且严肃的问题，并不是资金南下夺取港股定价权就万事大吉的问题，港股地位非常特别，代表我国资本市场改革开放的形象，是中国资本市场联通世界的纽带，是中国资本市场的战略高地，牵一发而动全身。港股估值处于全球低位，这是很不合理的现实，必须改变。事关中国资产估值的问题，需要从根本上解决问题。我能想到的是必须系统地解决 A 股估值混乱问题，但同时需要让 A 股摆脱港股的束缚，建立估值自信，尤其是对中国核心资产、优势资产和特色资产的估值自信。

建立在中国稳定、中国优势和中国特色基础上的中国特色估值体系

那些抛开土壤因素，照搬在 A 股执行价投或巴菲特投资逻辑的投资者，成了 2021 —2022 年受伤最严重的人。

建立具有中国特色的估值体系，我们是有底气的！

中国 40 年来的发展举世瞩目。2022 年，面对来自政治、经济、外交、社会、疫情等全方位的"压力测试"，我国经济表现出了强大的韧性和定力。这将大大改善我国的内部和外围的经济发展环境，将可能为我们带来一段长达 10 —20 年的稳定期。

历史一再证明，稳定的环境会为中国积蓄巨大的能量，稳定是中国发展的"定海神针"。

稳定时局下的"各种自信"需要重估价值，包括特色自信、制度自信、能力自信、实力自信、产业链自信、科技人才总量自信、市场纵深及迭代速度自信等，重点包括被长期低估的国有优质资产，它们具有天然的垄断优势、强大

的抗风险能力优势，以及稳定的业绩，理应产生溢价。

社会稳＋制度稳＋政策稳＋资金稳，有利于价值投资回归，更有利于股市走牛，开启一轮前无古人的行情。而建立在中国稳定、中国优势、中国特色基础上的中国特色估值体系，值得所有人期待。

中国特色估值体系将助推中国资产重估，助力中国资产走出中国特色行情，开启中国资产价值重估。（对包括银行中字头公司等中国资产，我们需要有估值自信，同时通过制度变革让这些公司对投资者更友好）

做大做强资本市场，重估中国资产是你我的责任

要重估中国资产，必须有强大的资本市场做保障，要发展壮大资本市场，必须对我国资本市场继续进行改革。

资本市场因为离钱太近，且影响非常广，变革一直比较小心。比如，对我国资本市场发展影响深远的股权分置改革，注册制改革和交易制度改革推进都非常小心，股权分置改革从 2000 年就开始讨论，历时 5 年才正式启动。注册制改革因为股市巨幅波动，一度暂停推进。我很自豪全程参与了那场"国有股减持大讨论"（就是后来称为股权分置改革的大讨论），当时在证券研究所做副所长，我主导团队对国有股减持方案进行系统研究，提出了券商自己的"国有股减持建议方案"，并赞助新浪网一起举办"国有股减持方案评选"，让"非流通股用赔偿获取流通权"的观点得到市场的广泛认同，为最后监管层推出 10 送3 的流通对价作出了重要贡献。因为 10 比 3 送股，股权分置改革得到了包括中小投资者在内的广泛欢迎，严重阻碍我国资本市场发展的股权分置问题得到了圆满解决。

再比如，股市发展初期推出的全球独一无二的 T+1 特色交易制度，很多次上了监管部门的变革议程，但每一次都无疾而终……究其原因，是无法就变革达成共识，监管者担心中小投资者不理解引发社会矛盾。

好的投资土壤利于我国资本市场的发展，我国中小投资者数量巨大，他们是投资土壤的重要组成部分。我认为只有中小投资者变得成熟了，我国才会有成熟的资本市场。为此，我下定决心做投资者教育，希望用个人微小的力量帮

助投资者摆脱投资困境，同时助力改变 A 股市场的投资土壤，为我国资本市场构建良性发展生态作出自己的贡献。

（本篇首发时间：2023 年 2 月 27 日，首发于上海证券报的微信公众号"上证夜读"，原标题《洪榕：探索具有中国特色估值体系，重估中国资产是你我的责任》）

关于维护 A 股市场合理生态
需要政策支持的八点建议

目前 A 股市场的问题是"生态体系"出问题了，而且自身已经丧失自我修复能力，需要监管部门从修复生态体系角度对症下药，才能解决根本问题。

建议一：需要充分认识 A 股市场特色土壤催生的"割韭菜"盈利模式

A 股市场一直无法出现和中国经济发展速度相匹配的走势。

现象背后是 A 股市场特色土壤催生了"割韭菜"盈利模式。

A 股市场散户思维的投资者占多数，其中包括大部分个人投资者，以及被个人投资者利用申购赎回控制的公募基金、私募基金。

这样的市场，最好的盈利模式就是赚其他投资者的钱，这比赚上市公司成长的钱容易，而且量更大。

A 股走不出慢牛，市场波动巨大（证指数围绕 3000 点波动了 18 年），但折线拉直比直线长，也就是说这样的走势有人可以赚更多的钱，有人利用个股的极端上涨和极端下跌"割韭菜"。

所以，A 股市场最成功的投资者多是以"割韭菜"为目标的机构、游资（涨停板敢死队）、量化资金、做空资金，以及追热点做波段的公募基金。

站在"围猎"的角度更能看清 A 股市场的本质，A 股市场就像个大猎场，监管层是猎场管理员，广大散户是猎物，游资、量化资金及做空机构是猎人。

建议二：需要重视制度不公助推了"割韭菜"盈利模式

市场存在大量只有做多才能获益且手无寸铁的投资者，以他们为交易对手很容易赚到钱。

游资和一些机构，会利用一切可利用的工具对他们进行"割韭菜"，股票成了"割韭菜"工具（估值就变得并不重要），证监会为完善市场推出的一些改革也成了他们"割韭菜"的工具，一些看似保护中小投资者的制度反而伤害了他们，比如 T+1、涨跌停板制度，这降低了散户的风险意识，同时降低了操纵股价的成本，提高了操纵股价的效率。

市场有利用做空工具专注做空的机构，盈利非常不错。

这些做空机构利用一切可利用的工具割做多的投资者的韭菜，其中股指期货用得最多（助涨助跌），以及利用融券及 ETF 等工具实现 T+0，现在期权也开始用了。（每个月股指期货交割周，期权交割周，大盘走势都会比较差）

不看估值的做空让我国一些核心资产长期被低估，可券商研究员、基金经理们还找了一些莫名其妙的理由说服自己，这是他们对 A 股市场真相认识不清的结果。

其实，从 A 股市场良好的流动性（流动性有溢价），以及我国经济全球靠前的发展速度看，A 股市场可以有更高的估值。

"做空工具"不能超前发展，需要和中国资本市场发展阶段相匹配。

所以，现阶段过度放任做空及量化肯定弊大于利，对完全不考虑估值的做空行为一定要在制度层面限制；对融券等做空工具的使用可采取逆周期调节；对恢复 T+0、取消涨跌停板对散户的影响，对"割韭菜"的效率与成本的影响做认真研究，找到相对公平又能保护好散户的交易制度。

制度设计上的真正公平，要从更偏心弱势群体出发，若只是把弱势群体绑起来、圈起来显然达不到保护他们的目的。

建议三：需要正视流动性失衡的问题

目前为 A 股市场提供流动性（交易量）的三大主体：个人投资者、游资、量化资金。

但他们把流动性给了炒作对象，次新股、小盘股、绩差股、消息股（上市公司配合）、热点题材股，量化助推了炒作，个人投资者被动参与炒作。

制造了虚假繁荣，加上新股必炒，给人 IPO 供不应求定价不高的假象。

相对应的是大盘中字头等一些核心资产估值长期被压制，流动性并不好，换手率不高。（2022 年证监会主席易会满提出探索具有中国特色估值体系之后，有所改观）

可以考虑给予大盘股、绩优蓝筹更多的流动性支持。

建议四：需要对融资额、IPO 定价、股东减持有更好的预期管理

强调 IPO 常态化，给投资者的感觉是无论市场多差 IPO 都不能停，这点民间意见很大。目前的 A 股市场并没有 IPO 自我调节能力，有必要发挥监管的力量。市场低迷时就该明确减少甚至暂停融资，并告知市场，甚至可以和市场活跃度（成交量）挂钩，明确市场预期。

优质公司在市场不好时可能不愿上市，但平庸公司市场再差都希望上市。在市场好的时候加大市场融资，一段时间暂停 IPO，整体看也不会减少融资额。

关于 IPO 定价，要考虑我国券商及基金公司国有企业主导的现实，询价很容易被大股东"收买"，所以，把跌破发行价和大股东利益，甚至保荐人利益挂钩很有必要。

出台的减持政策最好让投资者以及大股东都有相对确定的预期。

建议五：需要尽快化解场内资金不足的问题

当务之急需要尽快化解 A 股场内资金不足的问题。

系列政策强心针并没有达到预期效果，原因很多，但可能资金不足是最直接的问题，从这几年的资金消耗情况看，A 股能走成这样很不容易了。

现在很多问题需要时间去解决，但资金不足问题是迫切需要解决的，因为信心没恢复，资金还在一天天消耗，每天南向都在净流入，北向却在净流出。

要恢复市场信心，需要快速解决资金不足的问题，这个靠市场本身的力量显然做不到，需要国家真金白银直接介入（比如央行入场 10 万亿资金

购买 ETF）。

一鼓作气，再而衰，三而竭，越早行动花的力气越小。

建议六：需要重视海外资本看空做空中国资产的阳谋

股市不走好，是无法讲好中国故事，也无法扭转市场恐慌情绪的。

现在非常明显，美国在经济制裁、科技封锁的同时，几乎动用了所有力量（持续加息，美元升值，舆论引导）企图通过金融市场收割中国来压制中国，企图通过压低中国资产估值来削弱中国的竞争力。

从借力做空中概股，到美元债违约加重房地产危机，再到把港股估值压至全球估值最低，2022 年 10 月工商银行、贵州茅台的连续暴跌，今年监管层强力护市期间北向却连续净流出（这两年外资给人感觉就是收集筹码，然后找机会砸盘，好像不为了赚钱，这和他们的投资水平严重不匹配）。结合美高官纷纷发表看空我国的经济言论……背后能清晰看见海外做空中国的影子。

现在，无论从经济形势，还是国际环境，都迫切需要股市来破局。

建议七：建设合理的 A 股市场生态体系，需要券商发挥重要作用

券商是资本市场的主力军，没有一个强大活跃的券商群体，我们是无法想象一个强大活跃的资本市场的。我国出现和四大行实力相当的证券公司才是合理的。

券商必须认识到广大个人投资者才是他们的衣食父母，只有券商有保护散户的意识，A 股市场才不会出大风险。券商变强大，才能承担更大的责任，才会有强大的资本市场。需要给予券商更多的信任和支持，需要充分发挥券商的主观能动性。

对券商最好的考核是"提升散户客户满意度"，只要他们能做到这一点，很多监管层担心的风险都能成功避开。

有必要对证券公司采用企业化管理和考核，归还其作为企业的合理权力，比如归还其客户保证金，赋予券商开展代客理财业务的权力；允许证券从业人员有条件购买股票；让券商杠杆率和海外券商看齐。

建议八：建设合理的 A 股市场生态体系，需要更接地气的投资者教育

有了好的投资者土壤，资本市场改革速度就可以加快。

要改变投资者土壤，必须让投资者明白市场真相，让投资者明白自己的优劣势，知彼知己的投资者，即使亏了也不会向监管部门、向社会、向其他人撒气。

投资者教育不是把投资者教育成"基金经理"——重点是改变他们的思维，给他们一些简单易用的投资方法，帮助他们躲避猎人的陷阱，保护好自己的心态，避免被围猎，避免被"割韭菜"，从而提升投资信心。

做好投资者教育，需要靠中立的民间力量，金融机构因为是卖方，王婆卖瓜很难做好投资者教育。

（本篇为 2023 年 9 月初"证监会召开专家学者和投资者座谈会"上所提谏言稿）

第 **3** 部分

洪攻略实战验证（成功案例）

导　语

一套理论、一套体系好不好用，用过才知道，用过的人最有发言权。

我从 2011 年开始在微博公开讲述洪攻略，其间连续 5 年被评为微博年度"十大影响力财经大 V"（官方只评了五届），时间上跨越了牛熊，经受住了市场考验。"洪粉家人"的黏性在同类账号中是很高的，很多人因洪攻略而受益，有"洪粉家人"全家喜欢洪攻略，有"洪粉家人"在洪攻略助力下实现了财务自由，还有"洪粉家人"因洪攻略而改善了家庭关系、职场状态。我几乎每天都能收到"洪粉家人"的信息，他们和我述说洪攻略让他们受益的点点滴滴……

洪攻略极端交易体系自公开以来，已经过多轮行情的实战验证。比如 2014 —2015 年带领投资者"宁可做错，不可错过"赢下了那场大战役，2017 年投资名特优，2018 年极端交易成功实现战略建仓（历史大底），2023 年度展望提出三条主线等。这些都是洪攻略极端交易体系从思维层面到实战层面的经典运用。整个体系的设计，可以让我们在第一时间果断从容地行动，从而抓住大机会。在抓大机会上，洪攻略从未失手。

我是洪攻略的创立者，更是实践者，洪攻略已经和我连为一体，我已经习惯用洪攻略思维思考几乎所有问题，坚守洪攻略原则，用洪攻略策略去投资，用洪攻略去解决碰到的生活及工作难题。

我亦是洪攻略的最大受益者，洪攻略不仅让我因投资受益，实现了财务自由，更让我找到了人生方向，拥有了很多朋友，可以说是洪攻略成就了我的投资好人生。

为了让大家更好地理解洪攻略的战绩，接下来，我们分别从洪攻略抓主要矛盾、跟随"聪明的钱"、做预期可控的投资、四季轮回、H333系列操盘策略以及经典应用这六个层面，一一为你呈现洪攻略在实战中已被成功验证的案例。希望通过这些实战案例，可以让各位读者在脑海里呈现出"洪攻略地图"，耳旁能听闻一些"洪攻略实战音符"，最终助力大家高效执行洪攻略这套实战策略。

第十一章　洪攻略实战之抓主要矛盾

"抓主要矛盾"是洪攻略中最重要的理论之一，是股市投资中最有效的思维方式和分析工具，是投资者的必修课——善于抓主要矛盾，才能高效预测行情走势。任何时候投资者都必须看清主要矛盾是什么，这样才可以不因所谓内幕消息改变思维方式和投资策略。炒股就是一个抓主要矛盾的过程，很多投资者把太多的精力放在了次要矛盾上，把自己搞得晕头转向，舞步大乱。

为判断下一年行情，每年年底我都会给影响下一年行情的主要因素进行排序，这其实就是希望抓住影响来年行情的主要矛盾，只要主要矛盾没变，行情就不会发生真的大转折。

在这部分内容中，我将会以抓主要矛盾、有效思维逻辑为线索，按时间轴对照微博公开的实战策略，把大家带回当时的市况，当时为什么会这么思考？思考的关键目的是什么？用"成功的实战案例"来讲解股市投资抓主要矛盾及重视"思考逻辑、投资逻辑、赢利逻辑"的巨大价值。

抓主要矛盾在制定年度策略中的应用

每一年年底，我都会写一篇"年度策略"，也就是用洪攻略总结过去展望未来，这是洪攻略最全面最经典的应用。抓主要矛盾是这篇年度报告中最重要的部分。下面摘录部分年度策略来说明"抓主要矛盾"的操盘价值，以此帮助读者更好地理解洪攻略思维。

2015 年年度策略

2014 年行情回顾:"无与伦比"

2014 年上证指数涨 52.87%、券商板块涨 155.9%、创业板涨 12.83%。

主要矛盾:2014 年是中国全面深化政治经济改革元年,是互联网开始推动金融变革的关键一年。因此要找到 A 股未来走势不应该从经济层面去寻找,而应该去制度层面寻找。

2014 策略:精准踩点。2014 年我对自己的股市投资及研究感到非常满意,虽然其中有遗憾,但我认为这些遗憾恰恰是成就完美的关键。人生苦短,总得选个时机癫狂,我把这个时机定义在了 2014 年的下半年。我癫狂了吗? 请看下表,表中每一篇文章,都是精准踩点的记录。

表 11-1　2014 年下半年部分洪榕微博文章

上证指数	发表时间	新浪微博 @ 洪榕文章题目	当时心态（主要是提醒自己）
2075	2014/7/22	A 股已具备二八风格转换条件	要重视"大家闺秀"
	2014/7/30	对券商板块情有独钟的 N 个理由	要紧抓券商股
	2014/7/31	怎样的人最容易成为牛市不赚钱的看客	这是牛市,不可犯过去的错误
	2014/8/6	基因突变将终结传统金融行业	要重视互联网金融
2187	2014/8/7	必须进入中国股市的 N 个理由	宁可做错,不可错过
2217	2014/8/29	中国人的时代真来了	时代不可错过
	2014/9/4	读懂新华社力挺股市的背后深意	
	2014/9/4	说说恨铁不成钢的券商	券商走势不如预期,给自己打气
2326	2014/9/7	说说未来属于你的十倍牛股	敢重仓,能坚持,牛股才是自己的
	2014/9/8	牛市牛股牛人	
	2014/9/15	数据恶化会逆转股市走势吗	
2296	2014/9/16	说说行情大跌时多头主力的心情	大跌是大买的机会
	2014/9/20	说说可能转化为股市主要矛盾的注册制	注册制对券商属利好
	2014/9/22	从重建股市生态的高度解决 T+0 交易问题	

上证指数	发表时间	新浪微博 @ 洪榕文章题目	当时心态（主要是提醒自己）
	2014/10/8	洪榕：股市空头手中的最后王牌	
2373	2014/10/15	从券商板块走势看A股的未来	券商是牛市的绝对龙头
	2014/10/17	退市制度公布给A股带来的机会	退市属利好
	2014/10/19	看懂新三板才能看懂A股未来	提醒重视新三板对券商的影响
	2014/10/21	看好A股未来的最关键逻辑	融资盘威力无穷
2290	2014/10/27	人生就是一场没有终点的投资	
	2014/10/28	投资A股成功背后的神逻辑	
2337	2014/10/28	资本市场的春天来了	春天，还只是春天
	2014/10/30	A股的天已变了	
2420	2014/11/1	抓住牛市改变人生（上、下篇）	必须给自己更高的要求
	2014/11/1	这轮行情没到赚钱的看过来	
2419	2014/11/5	大师交易第7法：牛市战法	舞步很重要，心态更关键
2418	2014/11/7	沪港通开通是冲锋号不是集结号	是起点，绝不是终点
	2014/11/13	券商股已进入题材炒作阶段	题材炒作，必须忘记估值
	2014/11/16	沪港通开通后的五大假设	
2452	2014/11/21	改革红利进入加速释放阶段	制度红利，牛市提速
	2014/11/21	从券商蜕变看中国股市的梦幻未来	
	2014/11/23	抓住牛市改变人生（续篇）	
	2014/11/23	说说券商这个龙头大哥的未来命运	枪打出头鸟，大哥必须要有大哥的担当
	2014/11/24	和新入市的股民说几句心里话	
2567	2014/11/25	不可误读这次A股的天量成交量	成交量很重要，但要看到其本质
	2014/11/27	股市投资态度决定一切	
	2014/11/28	告诉你最真实的A股走势	
	2014/11/29	牛市中赚到大钱的秘诀	心态决定成败，行动影响输赢
2682	2014/11/29	提前说一个要伴随A股前行的真利空	裁判也会有浮躁阶段
2779	2014/12/3	我是真不知道这轮牛市顶在哪儿	给自己一个坚持持仓的理由
	2014/12/3	牛市结束前新股民优势明显	

续表

上证指数	发表时间	新浪微博 @ 洪榕文章题目	当时心态（主要是提醒自己）
	2014/12/3	从男人的品位看板块轮动逻辑	思考新资金的品位
	2014/12/9	洪榕：检验心态好坏的时候来了	本轮行情以来心态第一次受到考验
	2014/12/11	中国股市正快速回归正常态	从理想中寻找信心
2938	2014/12/14	我对券商股暴涨暴跌的思考	希望摆脱开始患得患失的自己
	2014/12/14	绯闻男女与热点板块	希望从人性中找到心安的理由
	2014/12/14	市场即将对 A 股大牛市达成空前共识	理性思考后的结果
	2014/12/15	屁股指挥脑袋背后的投资真谛	提醒自己没必要考虑市场上的杂音
	2014/12/16	"洪粉家人"之"欣赏之夜"	
	2014/12/17	券商板块你值得拥有	
3057	2014/12/18	洪榕：呼吁重新认识 A 股的一封公开信	理想与现实接轨
	2014/12/19	牛市中赚到大钱的都是什么人？	
	2014/12/20	"洪粉家人"圣诞福利来了	
	2014/12/2	牛市中赚到大钱的秘诀（实战篇）	用底线思维帮助"洪粉家人"选择坚持
	2014/12/23	洪一交易十法（增加第9法）	
3157	2014/12/28	2014 年总结及 2015 展望	提醒自己路还很长，唯有继续

券商机会：

2014 年沪港通推出、两融标的扩展，都直接给股市带来增量资金。同时这两个项目的直接受益板块就是券商板块。所以 2014 年 7 月 30 日，我发表策略《对券商板块情有独钟的 N 个理由》，提示券商板块机会。2014 年券商板块整体涨幅为 155.90%，是上证指数涨幅 52.87% 的 3 倍，是创业板指数涨幅 12.83% 的 12 倍。

投资逻辑：

新时代以来，资本市场的制度变革开始加速，新基金法、新"国九条"相继发布，给券商主动出击创造了千载难逢的好机遇，券商靠天吃饭的命运正悄然改变，券商自身发展与 A 股走势开始良性互动，相得益彰。

由于融资利息的大幅增加，为资金缺乏的 A 股带来了源源不断的活跃增量资金。券商未来的业绩增长是有保证的，2014 年平均余额约 5000 亿，若 2015 年融资融券余额平均达到 1 万亿，则光利息收入就可翻倍，若 2016 年达到平均 2 万亿的常态，则利息收入可以再翻约一倍。这一确定性的主业增长，对券商股价的影响应该是确定性的。

就上述内容来看，对 A 股市场而言，如此巨大的确定性增量资金，必将助推 A 股继续走好。行情走好对场外资金将构成较大的吸引力，一个活跃的 A 股市场对券商投行业务、自营业务、资产管理业务、财富管理业务、通道业务、其他创新业务都将构成长期利好。

操作策略：

未来的日子如果大盘会有调整，投资者该做的是找合适价格加仓，或调仓换股买入自己心仪的股票，等待共识到来的盛宴。对现在已赚了大钱的"洪粉家人"而言，"不可沽名学霸王"，宁可做错，不可错过。

2014 年也是我过去所有经验和激情整体绽放的一年。"券商 + 互联网"本就是我过去工作的全部，我在《说说恨铁不成钢的券商》一文中对此有过一些描述，但没经历过的当时看一定以为我在无病呻吟。当然之后券商板块的走势出来了，一些人才发觉原来这篇文章价值连城。我是想提醒自己，可以带领一些"洪粉家人"赚到券商股的 150%，这虽不是偶然的，但一定是难以复制的。如果这次自己仅是成功推荐了一个券商板块，那我认为是没什么好总结的，我想总结和感到自豪的，是这次我为什么可以让很多"洪粉家人"做到"重仓并坚持持有"券商或其他股票，并且赚到了大钱，而且赢得了好心态。如果没有这个基础，那总结就很搞笑了，因为没有永远上涨的板块，更没有只涨不跌的股市，有的只是人们那永远贪婪而恐惧的心。

我明白人生成功其实不需要很多机会，也许一次就足够了，但为了能抓住这一次属于自己的机会，我们往往需要准备很多年。做投资的人其实是幸运的，因为每隔几年就会有一次大机会，只可惜太多的人在没有机会的时候消耗了太多的生命，把追求生存当成了追求生活，甚至认为那就是生活的全部，于是忘了生命其实是为生活而不是为生存而存在的。

2015 年展望："爱恨交加"

我在展望 2015 年时用了"爱恨交加"这个词，要展望 2015 年，首先要看看 2015 年与 2014 年最大的不同是什么？

影响股价的重要因素不同。关键因素：一是股价，二是人心。

股价：2015 年券商股的价格是 2014 年低点的三四倍，这是空头一直说的事实，也是多头必须重视的事实。

人心：2014 年有很多人把心放在了防止上证指数到 2000 点以下，2015 年大多数人把心放在了 3500？4000？4500？还是 6000？见好就收。

2015 年：股市投资计划

2014 年我一直说不用考虑输家，因为市场是由赢家决定的。但 2015 年就不同了，因为达成了共识。虽然貌合神离，但站在了一条战线上，这个时候，赚钱的人也会变得越来越多，市场到处都是多头的声音，只是有人看 3500，有人看 6000。这个时候我的思考方式将发生变化，因为我不怕神一样的对手（空头），就怕猪一样的队友（多头）。

基于以上的考虑，为了打好 2015 年这一仗，在接下去的日子，我会为自己的 2014 年股市投资做一次年终总结账，清零重新开始，并以此为契机，重新审视并制订 2015 年的股市投资计划：

我过去做的一些判断绝大多数还有效；

牛市结束前，还必须经历一个大多数人都感觉特别舒服的阶段，而这个阶段 2014 年似乎还没出现过；

我认为 2014 年的痛点可能会成为 2015 年的甜点，所以板块选择不要人云亦云，反向选择可能会有惊喜；

强者恒强是牛市永远的定律，但要时刻谨防中国式牛市的一步到位；

前面提到券商股价涨了三四倍，券商股价终究会在大家都习惯的价格停下来。乐观估计的路径是：先增发提高每股净资本，再送股摊低每股价格，让 50 元的回到 20 多元，30 多元的回到十几元，十几元的回到个位数；

最好不要预测顶在哪儿，更不要想山后面是峡谷还是更高的山，等上到山顶再考虑更靠谱。尤其是后来挤上车的一帮人，他们几乎不可能"进城"，如果你发现什么坏消息，他们也不肯下车，这时就必须小心了。

2018 年年度策略

2018 年展望："继往开来"

2018 年主要矛盾：A 股面临的主要问题依然是"监管层思维变化"，如前面分析，2017 年过去了，监管层思维变化并不大，严监管照旧，价值投资才符合道德标准，市场对"一九行情"虽然有意见，但这个意见远没有到可以触动监管思维变化的程度。

2018 年"聪明的钱"：不会发生本质变化，依然是"国家队"（含养老金等）、海外资金主导，游资打打"游击"，资金面依然偏紧。用聪明的思维，跟随"聪明的钱"，去抓"聪明的钱"喜欢的机会，才是股市投资最好的风控，也是股市持续赚钱的秘密。

2018 年风险是否可控：整体看 A 股市盈率并不高，加上国内经济开始触底，海外经济复苏明显，监管还会守住不发生系统性风险，长期单边下跌的可能性比较小，结构性行情依然会有，每一次强监管造成的较大跌幅，都会是比较好的操作机会。平庸股票依然是必须远离的，那些股票即使有跌出来的机会也尽量少碰。

2018 年股市投资计划

2018 年操作策略：

2018 年是 A 股这轮长牛市的起点，属于"春季"，是播种的"季节"，是长牛市的战略建仓期；应对策略是 H333，但可以根据自己的情况灵活应用，不要拘泥具体比例和涨跌幅度，只要坚持这样几条原则：

尽量不满仓操作，留些资金抓大盘跌出来、心仪股票跌出来的机会；

指数有一定跌幅时才开始逢低建仓自己心仪的股票，指数有一定涨幅时才逢高抛出手中股票（指数涨跌幅度 3%、5% 都可以，看个人喜好）；

个股还需要参考个股所在的"季节"，大盘温度也是会影响"夏季"个股力度的因素。

H333 策略的目的是保有抓到大机会的好心态，用 H333 赚多少钱是次要的，使用时遵循这个原则就不会犯大错。

选股、选时也要抓主要矛盾，极端时期、极端股票相对而言是比较好判断的，这其实就是我们要抓的"投资主要因素"。平庸的股票、平庸的走势、平庸的时间，对应的也基本是平庸的机会，这些都不是主要因素，要把有限的资源（时间和资金）配置到"战略机会"上。

2018 选股逻辑：

2018 年股市大格局依然不会变，炒作依然围绕"价值"展开。题材炒作有两种：一种是跌出了价值的题材（"落难英雄"上演"王者归来"的故事）；另一种是政策驱动的行业机会，题材炒作可采用夏季策略，但必须速战速决，一旦结束必须调整策略。

行业选择方面：金融搭台，实业唱戏，龙头行业龙头股依然是首选；注重发展质量，消费升级是主线，细分龙头是关键，环保长效是必然；继价值投资之往，开科技股之未来（人工智能、"中国芯"、大数据、5G、互联网新经济等都将步入业绩初现阶段）；千炒万炒，涨价必炒。

2018 年是 A 股继续消化系统性风险的关键年份，之后极可能将迎来"A 股新时代"的第一个均衡牛市，对投资者而言 2018 年是秣马厉兵的关键时期。人的一生碰到改变人生的大机会不会多，但也不需要多，能完完整整抓住一次就够了。可最难的就是完完整整抓住，很多人辛辛苦苦在股市耕耘，但每一次都莫名其妙地把牛市弄丢，或把牛市赚的钱在熊市加倍还给市场。

总结自己以往应对牛市的经验和教训，发现一个人在牛市初期（"春季"）的表现基本决定其在一轮大牛市中的成败，而准备不充分和过早用力是致使牛市初期表现糟糕的两个根本原因。唯有站在战略的高度才能做出好的战术安排，才能安然度过最关键的牛市初期。

我的年度策略把 2018 年定义为"战略建仓期"，下面详细讲讲这背后的关键逻辑，以及如何来做具体的战术安排。

一是做好充分的思想准备，要对 A 股将来的牛市有信心，对 2018 年行情的反复有心理准备，这需要对目前 A 股市场的监管环境、我国经济的发展状态、A 股所处的位置有清醒的认识，能抓住主要矛盾。

二是建立能力自信，必须掌握一套属于自己、适合自己的交易系统，这是让自己建立自信，不在一惊一乍中弄丢牛市，不在牛市后的熊市加倍还给市场的路径。

三是做好资金准备和分配，梳理自己可用于股市投资的资产，即假设现在就是大牛市，你能投入、会投入股市的资金最多是多少，按这个数字作为战略建仓的总资金。这是为了防止倒金字塔投资，因为倒金字塔投资是很多人牛市不赚钱的主要原因，很多人在牛市初期往往没有准备，到了牛市末期才开始调整资产配置加大股市投入，甚至抵押房产、卖房、借钱进入股市。

四是确立选股标准培养选股耐心。属于自己的牛股才是牛股，牛股不需要多，错过了还会有，但一旦找到了就必须珍惜，不同"季节"采用不同策略应对。选大盘价值股就要放低年度收益率要求，选小盘价值成长首先要考虑风险度，科技行业，一些收益率靠近 20 倍，利空已尽，主营呈现稳健增长的中小公司，在 2018 及之后的年份远远跑赢名特优是大概率的，但选股时切记宁缺毋滥，对平庸的股票必须坚持敬而远之。

五是操作上做好系统安排，建仓时采用 H333 策略，在大盘调整时对心仪股票构建 1/3 底仓，然后进行滚动操作，其中 1/3 "捡皮夹子"的资金可逢调整买入绩优稳健成长的大公司股票（行业龙头或板块内相对低市盈率的股票），待市场出现黑天鹅大机会时卖出去"捡皮夹子"，如此反复。如果对主题炒作有兴趣，可拿出部分资金参与炒作"夏季"股票，建议用 H333 策略参与，但注意"季节"变化，速战速决。

2023 年年度策略

2023 年展望："做多中国"

这一次行文上我采取倒叙的方式，先说大家最想要的结论（2023 年展望及投资计划），后面再说推导过程（2022 年度投资总结），最后说说 2023 年的投资风险（重点）。大家务必认真看 2023 年投资风险部分，我说的属于一家之言，关键看逻辑上能否消除一些人的顾虑。

2023 年四个字的展望："做多中国"。

2022 年四个字的展望是"行稳致远"，现在看是 2022 负责"稳"，2023 年开始负责"远"。

2023 年，经历了中美摩擦、疫情、房地产减速、互联网平台反垄断、"双减"反"内卷"等全面压力测试的中国经济步入了稳后求进的新时期。经历了融资加速、港股扶贫、中概股危机、房地产危机冲击的 A 股将开启资产重估的新征程。

2022 年依然属围猎大年，价投资金伤痕累累。不稳定的环境让估值变得异常艰难，安全边际、"护城河"也变成了笑话，趋势围猎炒作"劣币驱逐良币"，2022 年成了割老韭菜之年。市场最聚人气的新能源，也硬生生地成了反复割韭菜的工具。

物极必反，展望 2023 年，随着稳定环境的回归，价值投资借资产重估的东风回归的可能性大增。

2023 年股市投资计划

2023 年可望走出中国资产重估牛，"做多中国"的选股方向有：

第一个选股方向，稳经济下的大消费，消费复苏在政策的助力下可望超预期，重点在线下场景消费，包括旅游酒店、餐饮、食品饮料、出行、医美、线下娱乐等。

第二个选股方向，稳定环境前提下的中国特色资产属优势资产，中国特色决定特色估值，稳定可以溢价，稳定时局下的"各种自信"需要重估其价值，特色自信、制度自信、能力自信、增长自信、实力自信、产业链自信等，重点包括被长期低估的国有优质资产。

第三个选股方向，恢复经济需要城门立木，需要龙头引领提升市场信心，提升自信心的板块特别值得关注，大金融、科技（含国产替代、新能源、智能汽车等）、国潮（含健康）、互联网平台相关（含数字经济、人工智能、元宇宙）等值得重点关注。

上述板块涉及的股票比较多，因为这是年度策略，而且面对的是广大投资者，个人不需要那么多，各取所需，买你最不敢买的那个就好。说这么多是希望大家重视其中说到的"做多中国"的逻辑，提前做好思考，一旦行情启动，不至于因为没想明白逻辑而反应迟钝，浪费了好机会。

2023 年的投资需要更长线的思维，根本不用着急，因为从 2023 年开始的行情可能是"前无古人"的大行情，其走势的特征、过程和高度在 A 股过去的 30 年恐怕很难找到雷同的情况。但也正因为如此，我们需要给自己更大的耐心，做好充分的心理建设，甚至在资产配置上都要做好长远的打算。虽然说最坏的时候已经过去了，但站在长远的角度看，正开启的科技大时代、资本大时代、国潮大时代及共富大时代不可能一帆风顺。

A 股市场存在的大量以围猎为生的资金依然会借力打力，利用并制造波动去实现利润最大化（割韭菜）。所以从板块看，2023 年大波动不可避免，我们依然要记住所有的坑都是"黄金坑"，为提升投资成功率，建议远离平庸，多关注阶段夏季行情及龙头板块龙头股，交易时谨记洪攻略四大思维：极端交易思维、围猎思维、城门立木思维、工具思维。

2022 年度投资总结

2022 年是个非常极端的年份，痛苦的事、令人百思不得其解的事、奇葩的事很多……2022 年度关键词：疯狂 IPO、严监管、疫情、中美博弈、俄乌冲突、外资对赌中国资金、房地产暴雷、价值投资伤痕累累、3000 点保卫战等。

为应对如此 2022 年，洪攻略总结出关键词：

行稳致远（稳字当头，稳是远的必要条件）；

四大思维（帮助大家看清奇葩的 A 股市场，敢于极端交易，敢抓城门立木围猎机会）；

割老韭菜之年（围猎大年）、价值投资者的噩梦远没有结束（帮助价值投资者跨过今年的价投陷阱）；

港股扶贫、中概股被围猎、强调城门立木战法（包括用城门立木战法操作券商板块等，可防套、救命）；

"肉一块块下锅"、救经济主线行情（抓住五月份新能源汽车行情）；

长赛道阶段性围猎（抓住新能源、中医药、元宇宙等投资机会）、"心中的花树上的花"（稳稳地抓住后疫情线下消费板块多次围猎行情）；

三个观察鱼漂（帮助避开极端下跌，抓住行情反转）、中国资产重估（着眼未来）；

所有的坑都是"黄金坑"（关键时刻提升信心，抓住下极端交易机会）；

全面压力测试完成、港股城门立木（精准抓住下极端大转折机会）。

2022 年我的最大收获：带领"洪粉家人"核心队伍顺利"过关"。

2023 年五大投资风险

风险 1：美国经济乃至世界经济衰退引发全球经济危机。

这是市场说得最多的，也是最吓人的风险，若成真，估计中国也难以幸免，A 股更可能有灭顶之灾。

这种情况有可能吗？当然有可能。但洪攻略推崇概率思维及有效思考。先来说说概率，一般大部分人能预测且相信的危机十有八九不会发生。还有，美国会不会任由这样的灾难发生，或说美国有没有能力阻止这样的灾难发生？中国也一样，会不会任由这样的灾难在本国发生？有没有能力阻止这样的灾难在本国发生？我理解的是经济危机往往发生在经济过度繁荣之后，而不是发生在刚刚经历巨大打击的经济体身上。

再来说说有效思考，全球经济危机是个大事件，是个小概率事件，而且不是一夜之间会发生的事件，危机发生在股市会有个传导过程，现在做杞人忧天的思考对交易指导意义不大，不属于有效思考。另外，按洪攻略交易是可以很好地应对这种极端情况的。

风险 2：疫情反复阻碍我国经济复苏，激发社会矛盾。

疫情一定会有反复，而且出现更厉害的变种病毒也不是没有可能。但我们继续往下思考，海外已经经历过疫情反复，现在情况怎么样？并不是世界末日。海外的现实是疫情反复会一波比一波弱的。另外，且不说出现更厉害的变种病毒概率小，即使出现也没那么可怕，因为人们应对病毒有了经验，相信可以更好地应对。

这三年，各种糟糕的情况都碰到过了，事实一再证明民众的抗压能力、国家应对化解社会矛盾的能力和实力都是很强的。

疫情的反复会让政策更友好，这点是肯定的，因为经济好才能更好地化解社会矛盾。

风险3：融资猛于虎，港股要扶贫，A股无牛市。

这是最有说服力的说法，我无法反驳，确实以现在监管层的追求来看，融资是第一追求。而港股中光一个腾讯大股东减持就需要超过8000亿的内地资金去接盘。

我只能换一个角度来说服自己，2022年的"大坑"正是因为这样的情况才出现的，今年极端考验频发。港股外资也不计价格出逃。这样的情况下A股IPO融资额还拿了全球第一，但如此极端情况在2023年再出现的概率应该比较小。

还有，A股有没有牛市不是只看融资额，还要看新增入市资金，现在市场可投资的地方不多，随着长线资金入市，外资回流加速，A股市场再现财富效应也不是没可能。

风险4：房地产救不起来，拉动中国经济缺新的牵牛绳。

我也认为房地产这根牵牛绳确实难发挥拉动经济的作用，几乎可以肯定马力不可能恢复到从前的状态，但房地产只要稳下来，我国经济就能稳下来，"瘦死骆驼比马大"。至于新的"牵牛绳"，我认为有，就是消费，我国内需消费的潜力很大。只要国家在提升民众的消费能力上面下真功夫，敢于投入真金白银，比如给民众发现金、发消费券，降准降息，大力支持民营经济提高就业，努力提高民众财产性收入等，消费这个引擎一定能发挥巨大的经济拉动作用。

风险5：散户牛市也赚不了钱，牛市结束还可能亏大钱。

这风险是实实在在的，也是我认为的最大风险，牛市是大的围猎，长期看对手无寸铁的散户伤害更大。

针对这个风险，我能给出的最优解决方案就是，把我认为最好的应对牛市的策略——"洪攻略极端交易体系"给到大家，希望大家可以认真了解，认真执行（跟着走）。

抓主要矛盾在制定阶段交易策略中的应用

散户一思考，主力就发笑。这句话道出的是股市投资中的一个残酷现实。

在微博上我们时常看到一些投资者思考和担心的问题都是蛮可笑的，或者是在当时根本不需要关心的，他们经常停留在思维的第一层次，做的多是"无效的思考"，可悲的是这种思考不仅无效，而且常常是有害的。所以有些人会发现自己越努力思考投资效果越差，懒得思考时投资反而不错，其努力程度竟然和投资效果成反比。究竟是什么原因造成的？主要因为很多投资者在思考的时候没有抓好影响股市走势的主要因素，若想做好投资，投资者必须抓住主要矛盾。

影响股市走势的主要因素是确定的，无外乎这么几个方面：经济面、政策面、事件面、资金面、技术面。无论市场怎么走，投资者无时无刻不在思考这五个问题，只是按思考重点不同分成不同派别。

但就某个方面的思考，其实得出的结论不会有太大的差别，比如：2013年、2014年经济面不好大家是有共识的；改革会继续也是有共同预期的，会有很多改革政策出台；世界还比较和平，事件面上也没有重大利空事件要发生；每个阶段资金面的情况大家的认识差别也不大；技术面所处阶段在大部分时间分歧不大。但投资者的投资结果却总是大相径庭，这是为什么？其实思考都没大错，问题出在没有抓住主要矛盾，投资者要在"对的时间"做对的事，做对的思考，但很多投资者在"错的时间"做了太多无用甚至有害的思考。

下面举几个典型的例子：

第一，在2014年7月份到2015年6月份，一些人一直思考国内外经济走势对股市走势的影响，他们研究GDP、PPI、美联储加息时间等，有些研究报告动辄几十页图表，其最后的作用很可能就是找不到牛市的依据，最后错过了这轮行情，这属于典型的无效思考。

这段时间的有效思考是：场内外日益增长的加杠杆融资额推动股市上涨，股市上涨后的财富效应吸引新增资金源源不断入场继续推动股市上涨。

第二，在2015年8月份当人民币汇率改革开始左右股市时，一些投资者眼睛还是盯在政府救市上，结果再次被暴跌所伤。

第三，在 2015 年 9 月份一些投资者思考的是技术面没有见底迹象，而不顾市场利空暂时出尽的事实，市场其实已转为由场内活跃资金主导，反弹一触即发。

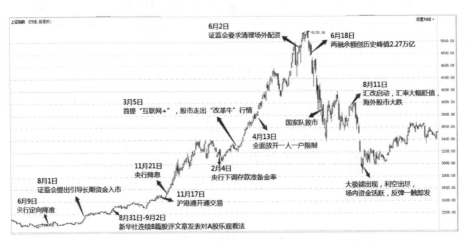

图 11-1　2014 年 6 月—2015 年 10 月 A 股市场走势关键节点

第四，市场最大的机会和最大的风险往往出现在指标钝化，或一般技术指标失效阶段，这其实让很多沉迷于技术分析的人士不得不承认耗费大量的时间做的多半是"无效思考"。

还有两种典型的无效思考，就是该思考风险大小时（大涨后，比如大盘 5000 多点时）却更多地在思考获取收益多少，该关心收益多少时（大跌后，比如指数在 3000 点左右时）却只关心风险大小。

如何才可以做到有效思考，这个在我总结的"战上海"投资哲学中有答案，就是"抓主要矛盾"，即多思考当时影响股市的主要矛盾，少思考次要矛盾。

比如：2015 年 10 月我们对主要矛盾的思考。影响 A 股走势的主要矛盾是"管理层态度"，态度由其对 A 股的认识所决定，态度由其推出的政策来展现。在没有大的政策出台前，市场走势由场内资金推动，继续缓慢反弹。在未来一段时间经济层面的纠结与救经济的举措利空利多相互抵消。此时此刻，对风险大小（害怕熊市）和收益多少（期待牛市）的思考都属于无效思考。

在对的时候思考对的问题，这属于有效思考，但唯有思考得出正确的结论，并采取果断行动，做到知行合一，才能成为股市投资最终的大赢家。

改变命运从改变思维开始，股市盈利从有效思考开始。

什么样的市况下做怎样的思考才是有效的？如果给一本可以对照查阅的书，大家是不是很喜欢？希望这本书可以帮助投资者找到各种关键市况下相应的有效思考，这样投资者就可以不被市场股评家们的无效思考所左右，最终战胜自己内心的贪婪及恐惧。

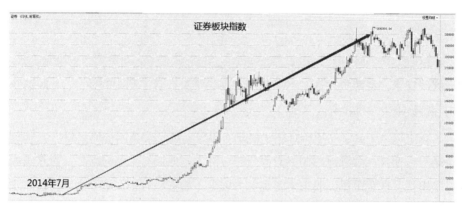

图 11-2 证券板块指数 2014 年 5 月—2016 年 6 月日线走势图

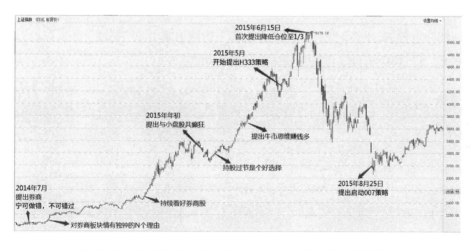

图 11-3 上证指数 2014 年 6 月—2015 年 11 月日线走势图解析

典型的无效思考还有任由短期消息改变自己的长期思考，把突发事件想象为市场常态，由单一指标控制自己的思维，牛市思维用于熊市阶段等。

第十二章　洪攻略实战之跟随"聪明的钱"

微博上我有很多关于跟随"聪明的钱"的实战思考，我谈龙头板块龙头股，谈城门立木，谈游资，谈"国家队"，其实都是在谈"聪明的钱"。下面这些内容曾让不少"洪粉家人"受益。

股市投资中有个永恒的话题——主力资金。他们是讲政治的一群人，同时也是对人性及社会潮流的洞察力很强的一群人，他们有足够的耐心，喜欢做大概率事件。在我眼里，股市中各类主力资金（游资和机构）基本上都属于"聪明的钱"，是主动出力的资金。之所以称之为主力，除了他们有能力发动大行情之外，更有能力领会政策面的动向，铸造出很多投资理念，并炮制出一轮又一轮的行情、一匹又一匹的"黑马"。如果跟着这些"聪明的钱"去发掘投资机会，就会事半功倍，且能复制出一轮又一轮的机会。

为了帮助读者在实战中做到跟随"聪明的钱"，我曾带着大家回顾 2018 年"国家队退市"前后的市场行情状态，看看洪攻略是如何判断并跟随"聪明的钱"的。

2015 年 A 股股灾，大盘连续下跌，"国家队"进入市场救市，经过漫长的救市之旅，市场终于在 2016 年年底回归正常。但新的问题又随之出现，几万亿入场救市的资金都是有成本的，这些来自银行拆解的资金必须及时退出。于是怎样让这些资金安稳地退出市场，成了当时非常重要的问题。这场"国家队"资金退出行情，从 2016 年年底一直持续到 2018 年年初。

救市资金体量庞大，市场上再无其他资金能够撼动它的主导地位，所以在"国家队""存续"期间，始终是市场上的"聪明的钱"。这也是我们在 2015 年年底及 2016 年年底思考市场"聪明的钱"时毫无悬念的事，并且指导我们做

2017 年行情的关键思考。

"国家队"救市买入的多是大蓝筹股票，想要从市场全身而退，必然要走出一波较大的行情，才能让自己安稳退出，同时稳住市场。所以 2017 年走了一整年的"名特优"行情，"国家队"用"城门立木"的方法把蓝筹股纷纷拉起来，带动整个市场的投资热情。直到 2018 年开年"建设银行"涨停，行情达到上极端，"国家队"顺利出局。

自此之后，市场的定价权重新回到游资机构等资金的手上，他们成了市场上"聪明的钱"。一般来说，这些资金往往比较隐晦，隐藏得比较深，难以分辨清楚，属于市场上"无形的手"。与之相对的则是"国家队"的明牌资金，属于市场上"有形的手"。

下面我们便以"有形的手"和"无形的手"作为区分，看看洪攻略是如何判断并跟随"聪明的钱"的，希望大家认真看，因为对实战很有帮助。

跟随"聪明的钱"之"有形的手"

2015"国家队"入场救市属于明牌，这三万亿资金主宰了 2015 年下半年至 2018 年上半年的行情，这三年只要跟随聪明的"国家队"，就会是投资大赢家。

贴身紧逼"国家队"的看盘技巧

我认为在投资市场想赚钱有一个方法，即在不确定性中抓住确定性的机会。投资中经常会被一些云山雾罩的东西（即不确定的东西）所左右，这是因为你没有发现在这些不确定中的确定性因素。那么，当前市场上有没有这样确定性的机会呢？

六次风险释放

我们梳理了近一年以来的大事，发现这种不确定性中的确定性机会是存在的。实际上，做投资怕的是什么？当然是风险，尤其对于大资金来讲，只要没有大风险就是机会。

当前市场的六次风险释放：

2015 年 6 月到 7 月，释放配资融资风险，当时沪指从 5178 点一路狂跌至 3421 点，跌幅达到 34%；

2015 年 8 月爆发股灾 2.0，大盘从 4006 点直落至 2850 点，这一次是释放人民币汇率风险；

2016 年开盘即遭遇第三轮股灾，股价指数从 3570 点一路杀到 2638 点，充分释放经济、制度及监管风险；

2016 年 4 月到 5 月，沪指出现 8% 的下跌幅度，释放持续降杠杆风险；

2016 年 6 月中旬，MSCI 爽约、英国脱欧及南海仲裁事件，导致大盘连续调整，这释放了外围环境风险；

2016 年 7 月下旬，沪指连续下跌近 120 点，这一次是释放监管风险。

从上述来看，这六次测试几乎把市场上能想到的大风险都测试了一遍，而目前最大的风险则是房地产是否会崩盘。如果它目前还处于涨得太快的过程中，而不是跌得太快的过程中，房地产崩盘应该还会有蛮长时间的。既然不会大跌，或者大跌的时候我们可以有进场的机会，这个机会就是确定性机会。

监管升级之下的确定性机会

监管层在经历过 2015 年的暴跌之后，很怕风险的存在。因为大家的损失确实非常大，整个国家经济都受到了影响。如果涨得太快、太高一定会大跌，这就是监管部门一直喜欢慢牛的原因。审时度势，我们是不是具备慢牛的特征？当前情况之下，暴跌与暴涨条件并不具备，唯有慢牛才是符合监管的意图。而如何抓住这种确定性的机会，则需要紧跟市场"聪明的钱"。

目前市场上有一个真正的主力——"国家队"，"国家队"现在有点像平准基金。大跌时买进，涨时卖出，因为它是政策意图的体现。

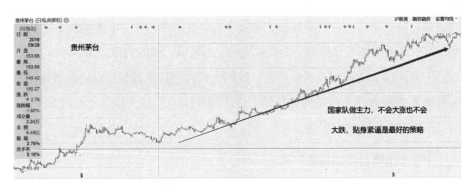

图 12-1　"国家队"做主力时，贵州茅台的日线走势

大盘一旦上行至关键点位，上档获利回吐盘会让大盘承压，但调整下来也不会太深，整个交易过程脉络非常清晰，因为"国家队"在里面。最好的策略就是贴身紧逼"国家队"，大跌时它买你也跟着买，涨的时候它获利回吐，你也跟着获利回吐，这样获得的机会是确定性的。如果要把握这种机会，必须战胜自己，在别人贪婪的时候要做到"恐惧"，在别人恐惧的时候要做到"贪婪"。

然而战胜自己固有的想法其实是挺难的。当市场波动加大时，很可能出现你抛的时候个股还在涨，你买的时候它还跌。所以这需要掌握洪攻略投资的逻辑，甚至掌握一些很好的技巧跟方法。之后这些问题将会变得简单，你会发现股市真的太可爱了。

（原文 2016 年 9 月首发于新浪微博，请根据当时行情理解本文）

结构性牛市中的熊市策略

做投资需要审时度势，行情不同策略不同，所以牛市有牛市的策略，熊市有熊市的策略。牛市策略我讲过很多，比如 SH333 策略，比如牛市逢大阴线加仓等；熊市用 H333 策略，这是一个弱市场策略，因为它是防风险策略。

"一九行情"未到终结时

"一九行情"是 2017 年上半年市场最典型的特征，关于名特优、白马股、绩优蓝筹股究竟何时见顶的争议不断，多数人认为会涨到散户接盘，好割散户的韭菜。我认为这一论断是错的，实际上在真正的牛市中，机构也好、主力也好，它的目标根本不是散户，而是要团结一切可以团结的力量。

牛市讲白了就是"攻城略地"，我们研究过，打仗都是这样，应该是团结所有能团结的人，才能做出大行情。这个时候主力的目光根本不在散户身上，所以不用去考虑散户的想法。

用牛市策略看待结构性牛市

此时讨论是否离场并不重要，重要的是研究"一九行情"、名特优行情有没有结束，研究在这个行情中赚到钱的散户，他们当下处于怎样的状态。

我在 2015 年 6 月 15 日指数 5100 多点时，写过一篇文章《从散户情绪来看 A 股运行的逻辑》，我说现在这个市场可以跌了。因为行情涨到大家都已经麻木了的状态，已经不讨论高和低了，这个时候最容易出现风险。就像开车一样，开到自己都麻木的状态，高速公路这个时候必须出现弯道，否则一直开下去很容易就翻车了。当然出现弯道时，务必保持清醒。

在分析这个市场的时候，分析有多少散户是否离场没有任何意义。要分析那些正在参与行情的散户是否肯离开，如果调整了都不肯离开，那这个时候行情多半是要真正结束了。

就当前市场来看，真正的牛市还没来。因为真正大牛市的来临要看中小板、创业板有没有量缩的过程。究其原因在于痛无可痛，卖盘减少也就没有了成交量。另外，如果大家还在讨论牛市是不是马上要来了，这时从情绪指标来讲，往往没有大牛市，有的只是反弹而已。

所以，当前的市场只是存量资金的博弈，只是处于超跌反弹，区间震荡阶段，还没有到我们说的波澜壮阔的大牛市。而现在大家对 A 股市场的分歧在于名特优出现了极端的涨、中小创极端的跌，大量的股票没涨、大量的人没赚钱，但我要告诉你，这是一个结构性非常分明的牛市。

图 12-2　中国平安日线走势，牛市逢阴线买入是最优策略

在这样的阶段，一方面把熊市的策略和理论用到目前正在走熊的股票里面，即把 H333、H007（"捡皮夹子"）都用在走熊的创业板上；另一方面，在当前结构性牛市中，逢阴线、大阴线，调仓换股，逢大阴线买入，因为出现大阴线的时候往往就是好机会，实际上前段时间都是这样的。所以牛市用牛市的策略，熊市用熊市的策略，这是非常有效的。

牛市策略看"一"，熊市策略看"九"

从这样的角度看，就需要分析行情进行到哪一阶段了。既然名特优是牛市，那么就用牛市策略应对，找到它未来的拐点，用适当的情绪去做判断，因为趋势在那里，直到趋势改变，行情将会告一段落。一旦到了这个阶段，行情会切换至小股票。其实从这个角度，从市场情绪成交量去判断，前提是要认准你的策略。

策略不同，打法不同。牛市是"打得赢要打，打不赢也要打"，一定要打下去。熊市是"打得赢就打，打不赢就跑"。

若熊市用了牛市的思考方法，牛市用了熊市的思考方法，结果肯定是误判。在 2014 年下半年牛市，我的一些策略提示可以去观察散户的变化，然后去决断这个牛市处于什么阶段，采取什么策略。而现在并不是全面性牛市，也不是全面性熊市，而是部分牛市、部分熊市。所以，如果你把这两个策略理解清楚，就能够明白当下应该采用什么策略，以及何时采用才是最有效果的。

（原文 2017 年 6 月首发于新浪微博，请根据当时行情理解本文）

跟随"聪明的钱"之"无形的手"

活跃资金的新选择

按活跃资金的新选择，我们来看看后面行情可能的演绎方式。

"一拉涨停就接到电话，这没法玩"，最近总有朋友如此抱怨。

不能"玩"了就逐步撤，一旦出现虹吸现象就产生共振，大盘就会出现暴跌，这也就是春季会议一直说的"换防"，若补防不到位就会出事，今天就属于补防不到位。好在下午两点半以后"国家队"来了个补防，否则今天指数会更难看。

换个角度看，一轮反弹行情总是从市场找到新的（资金）平衡后，活跃资金开始试探性进场，后面市场资金逐步跟进，进而逐步推高指数，直到出现大量获利盘，而场内资金无法承接这些获利盘回吐，资金再次出现失衡，一轮行情结束。

按这样的逻辑，我们来看看后面行情可能的演绎方式。

先看活跃资金的动向，既然叫活跃资金，就不可能一直趴着不动，他们是耐不住寂寞的，而且是非常灵活和聪明的，面对强监管相信他们很快就会适应。

活跃资金能选择的应该是目前价格涨幅不太大的，股价弹性比较好的，有故事的，有群众基础的，最好有国家战略支持的——符合这些条件的股票有哪些呢？目前看上海国企改革板块算一个，其实券商板块也基本符合，但券商板块太大，活跃资金一般不敢，也确实能力欠缺。其他还有，有兴趣的可以顺着这个思路去找。

当然，活跃资金还有一招就是会加快轮动速度。

再从资金面看，目前股市新股发行在提速，股东减持在继续，场内消耗资金不小，新增资金主要指望国家，一是养老金，二是"国家队"护盘资金。比如今天下午两点半以后进场的资金。每一次市场资金消耗得差不多时，就来一次暴跌，这样就能让"国家队"给点口粮，当然也能吸引一些场外长线资金进场。

按这个逻辑，每一次暴跌市场是会比较快地达到新的资金平衡的，而一旦市场发现大盘跌不下去，也就是说没有继续大跌的风险时，一些活跃资金又会试探性地进场，开启新一轮行情。

如此看，A股还会继续今年的走势特征，有望继续慢牛下去，这里再强调一下我定义的慢牛：

长期看大盘底部在抬高，高点也会逐步上移，但小阴小阳是常态，隔段时间能见长阴（中阳），难见连续长阴（中阳），V 型走势不多，常见旗形、L 型走势。所以操作上还是坚持用 H333 策略，大涨不追，下跌见量缩才加仓。

特别说明：对游资不敢碰的股票（会引发监管注意的股票）未来一段时间大家还是要小心，一些曾经被活跃资金炒高却没有实质题材支撑的股票极可能哪里来哪里去（因为活跃资金不再敢光顾），千万不可再恋战。

（首发时间为 2016 年 7 月 27 日，请根据当时行情具体理解）

跟随"聪明的钱"，提前做布局

2017 年，名特优牛了一整年，创科技熊了一整年，痛点变甜点，物极必反，所以我认为 2018 年，创业板科技指数一定会进入"聪明的钱"的视野。"聪明的钱"在等一个切换的契机！我们跟他们一起等就好了，关键是要有耐心不能急。所以在 1 月初的时候我在微博上提醒自己坚持原则，就是涨的时候多思考所持股票的"季节"温度，跌的时候才多考虑调仓换股。

1 月 18 日，我们看到建行、工行这种超级大盘股都能涨六七个点，上证 50 日成交额接近 1200 亿的时候，蓝筹股上极端特征出现，我在微博发了下面这张对比图。

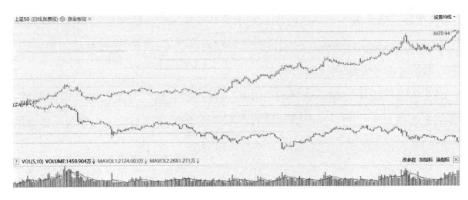

图 12-3　上证 50 和创业板指数走势对比日线图

放出巨量，板块玩的交叉换位，其实就是"聪明的钱"和韭菜之间的筹码交换，有人买、有人卖，才会有巨量，这种位置显然是赢家在卖，输家在买。所以我觉得切换的契机可能要来了。

2月初，我的关注重点已经转到科技板块这边，因为指数出现下极端下跌，高位减持了名特优的赢家这个时候很容易借力打力，拿到科技股的便宜筹码，他们也一定会这么做。

方向确定，然后是选择机会——选板块、选股。我们也要用"跟随'聪明的钱'"这个思维。

"聪明的钱"抓主要矛盾，选股逻辑很强

从"政策支持的科技未来"这个选股逻辑，当时我们很容易找到两个板块，芯片和大数据。我重点说一说"大数据"，后面演变为"工业互联网"，大多数标的都是重合的，市场根据政策换了个说法而已。

去年的12月份，政策已经有苗头（12月8日，中共中央政治局就实施国家大数据战略进行第二次集体学习），2月初国家提出制定工业互联网发展规划，为"聪明的钱"炒作提供了政策支持。

"聪明的钱"往往先知先觉，很多时候会提前潜伏

"工业互联"龙头个股在2月初的下极端行情中表现非常强势，如用友网络、宝信软件、东方国信、汉得信息等（这些都是各路机构研报里常说的正统"工业互联"概念股），基本没跌，对于这些股票来说，情绪极端和行情极端是不匹配的，这说明什么呢？说明主力已经提前潜伏了，同时还在继续收集筹码，所以股价才能不受极端行情影响。

在极端行情中，对于这些符合我们大的选股逻辑同时又相对强势的股票，我们是要重点关注的，这里面往往有很强的资金在做。而且这么多同一概念的个股同时表现出强势，这个板块容易有大机会。

另外看得更长一些，我们可以发现，这些股票在2017年下半年已经脱离下跌趋势，提前筑底了，但涨幅还不大，属于我们说的已经度过了"冬季"，还处于"春季"，后面可能有"夏季"。就是说从"四季轮回"理论上说，也是符合我们选股条件的。

逻辑和走势都得到了验证，当然选择买入。"工业互联"很多个股 2—3 月都有 50% 以上的涨幅。

（原文 2018 年 2 月首发于新浪微博，请根据当时行情理解本文）

游资惯用声东击西围猎

A 股是个大猎场，游资是最敏锐的猎狗，洞察他们的脾性可以摆脱被围猎的命运。

游资很敏锐，不喜欢玩潜伏，他们喜欢确定性。每一个大题材的炒作，游资都是绝对的主力，但他们大多数并不是提前潜伏，有些大事件他们也是消息公布之后开始重手介入，包括去年的雄安、今年的科创。

游资惯用的围猎方法

第一步：确定涨幅三倍的"龙一"

大的题材概念炒作，一定会有连续涨停的龙头，这叫龙头引领，是给市场看的，很多投资者也确实会傻傻地看着它表演，心里想的是连续涨停谁也买不进，挺好。殊不知这是游资惯用的围猎方法——声东击西，很赚钱。

出现一个确定性的大题材大概念，游资是绝对不会放过的，他们会找到最适合做龙头的股票（俗称"龙一"），测算这个龙头的拉抬空间，这叫提前"定位"，一般要求龙一至少有三倍上涨空间，若能找到这样的股票，就会根据这个确定性的目标布局这次题材炒作。

第二步："龙二""龙三"才是核心

因为确定了龙一的目标，基本可以推算龙二、龙三的高度。所以他们只要用力让龙一达到预定目标，就可以很从容地从龙二、龙三（不连续无量涨停，容易买入）上赚到大钱。他们只要把龙一的走势图画（或推算）出来，基本可以确保在龙二、龙三上从容进出。龙一由于涨幅太大最后多半会玩到自弹自唱，甚至不赚钱，但无所谓，这正是声东击西围猎的精髓所在。他们精心选择龙一，精心操作，但在龙一身上赚钱不是炒作龙一的首要目的，龙一倒的时候，表明这轮围猎彻底结束了。早年游资坐庄也常采用这个方式，但因监管风险大，这几年少多了。

声东击西的核心逻辑

第一，题材定位。

一个"涨停王"（"老猎户"的徒弟）曾经让我给他提供"重大公告解读"，就是把重大公告可能出现三个涨停及以上的公司公告解读在开市前一个小时给他，开始我以为他只是利用他的快速交易通道去抢涨停板成交单，或是根据解读决定挂不挂涨停板单子。后来"涨停王"告诉我，找这个股票只是做一个"定位"，如果能提前确定其上涨位置，即使这个股票因为连续涨停买不到，也可以很从容地在受其直接影响的股票上赚到钱，但必须有三个涨停及以上才有腾挪空间，值得声东击西一把。

第二，风向标作用。

这种"定位"（风向标）思考其实是股市投资中常用的。比如，我关心三类股票的走势，一是券商，二是上海板块，三是医药板块。很多时候关心这些股票并不只是为了赚这些股票的钱，而是其运行比较容易观察，容易提前"定位"大盘走势。比如，医药板块持续走强，一般牛市还比较远；券商板块不走强，难有大牛市；上海板块走强，行情有一定的持续性。

第三，阻力最小。

主力最牛的地方就是他们可以提前定位"风向标"，让跟风者蜂拥而至。游资提前定位龙一的涨幅，自然可以让自己从容地买卖。当然，这里有个能力很关键，就是选择龙一的能力。龙一股票一定和要炒作的题材非常吻合，公司要有一定的代表性，绝对价格越低越好，流通盘子不能太大等。

综上所述，游资的操作模式基本是"围猎模式"，谈不上道德，但这个有交易制度保障其成功率的赢利模式会一直存在，这点我们必须承认，否则我们根本看不懂 A 股，只会成为任人宰割的羔羊。

（原文 2018 年 11 月 18 日首发于新浪微博，请根据当时行情理解本文）

第十三章　洪攻略实战之预期可控的投资

众所周知，炒股票就是炒未来，而做有可控预期的投资实际上包含了三层含义：其一，投资必须考虑预期的收益，无利的事情不要干，亏本的买卖不要做；同等条件下，要做就做可以实现利益最大化的投资。其二，投资股票是买了相应企业的股权，而不是买一堆筹码。其三，必须有应急预案和具体处理危机的办法，一旦出现问题可以及时补救和化解，即风险要可控。

风险是客观存在的，讲风险永远没错。作为投资市场的股市，风险其实是和收益对等的，奢望不担任何风险却能获得高收益，这样的好事几乎是不存在的。所以我说，你能承担、愿意承担的风险再大也不是风险，你不能承担、不愿意承担的风险再小也是风险。

股市投资最重要的是要有好心态，而好心态和自己承受风险的能力直接相关，超出自己的承受风险能力的投资，说可以保有好心态是不科学的。所以真正的风控能力，指的是投资股市能够保持一个让自己心态不变坏的"趋势判断、仓位配置及个股选择"的能力。

这句话不难懂，但很多投资者不能理解其中的深意，更谈不上这样去做了。而洪攻略正是这样一套帮助你解决风控问题，确保投资中不失控，让你提高投资成功率、保有好心态的交易系统。

预期可控——决定投资成败的心态

好心态是投资成功的因，也是投资成功的果；主要矛盾尽在掌握才有好心态、能承担的风险都不是风险、基本功扎实才能有好心态……这是我们在第二部分第八章"洪攻略助力实现投资目标"中提到的一些观点，这里我们会结合实战案例，带着各位读者重新理解这些短句的内涵。

具备真正的防风险能力

股市投资很"奇妙"，当你自认为看懂市场时，往往是风险最大的时候；知道风控重要时，往往是风险相对较小的时候；肯坚持时考验才刚刚开始。就像 2015 年股灾，跌到 2600 多点的时候，散户铺天盖地在跌停板割肉，都认为必须保存实力，可能要被市场灭掉，觉得风险太大了。现在看，那个时候其实是风险最小的时候，当时的股票随便都可以买。风险最小的时候，是大家最讲究风控的时候，等真的涨得高了，大家对风控反而没意识了。

为了防止大家这么做，我当时讲过一句话："能忍则忍，必死无疑。"总以为你肯坚持，因为过去可能弄错了，总是在底部砍仓，没有坚持，很多投资者说"没关系，我能坚持一年两年"，但千万别高估自己坚持的能力，因为坚持是最难的。坚持到最后胜利的毕竟是少数，不要高估自己坚持的能力，懂得坚持的时候，往往考验才刚刚开始。

坚持的过程，最考验投资者的心态。投资最重要的事，无非心态。好心态的前提是做好风险控制。我认为，在 A 股想要具备真正的防风险能力，需要做到三点：首先是顺势而为，在大趋势上不犯错误；其次是做好仓位配置，这决定了你对风险的防控能力；最后才是个股的选择要规避风险，有些股票本身就具备防风险的能力，比如价值投资股票往往具备较强的防风险能力。

真正的风控能力是在保持战斗力的情况下，让自己能够具备一种冲锋式的防风险底蕴，随时准备抓住机会。

好心态源于心底的那份踏实

2015 年 6 月，当时投资者刚刚经历了一场股灾，可以说惊魂未定，一些人对 A 股可以说恨已多过爱，而我一直认为 A 股很可爱，因为我认为我喜欢的牛市还在。当时一些人说我真是好心态，是的，我一直强调好心态的重要性，但要保持好心态其实非常难，我的好心态源于心底的那份踏实，而这份踏实是源于对 A 股背后逻辑的清醒认识，以 2015 年股灾我的心路历程为例，来说说好心态是如何用于实战的。

好心态从来就不是空中楼阁，更不是强迫自己就行了，没有安全感，心里不踏实是很难有好心态的，而在千变万化的股市要拥有这份安全感谈何容易。

我的安全感源于自己多年征战股市获取了很多"安全垫"，包括对 A 股的认识、信息来源及信息解读能力、比较丰厚的盈利证明、基本无私的行事方式、自信的盘感、对人性的理解、一套已经证明比较适合中国特色股市的思考模式及投资方法等。

"战上海"投资哲学是我在 6124 点的那轮大牛市总结出来的，其核心就三句话：抓住主要矛盾，跟随"聪明的钱"，去赢取可控的未来。我在新浪微博中讲的所有投资逻辑其实都是以此为核心的，也就是说我最大的安全感源于此。

抓住了影响 A 股走势的主要矛盾，就不会因为莫名其妙的次要矛盾而心慌。所以媒体、分析师吓不了我，所以每年年初我都会列出影响当年行情走势的"六大因素"。在 2015 年年初的《影响 2015 年股市走势的 6 大因素》一文中，我把政府对股市的要求和期待列在第一位。政府及各界人士希望、乐见一个怎样的中国股市，这将很大程度左右中国股市未来的走势，人们对于股市"踩踏事件"的恐惧，极可能影响监管部门的监管思维。我认为在 2015 年我们的股市还会是十足的政策市。基于这样的认识，当监管部门调控股市时我认为很正常，认为这是必然要发生的。但什么时候会发生呢？

这就要用到第二句话：跟随"聪明的钱"。赢家的钱是用来抢输家的钱的，我一直强迫自己要有赢家思维，投资站在赢家一边，在 A 股市场最大的赢家是趋势投资者而不是价值投资者，这点我非常肯定。因为我们的投资者结构、监管体系、交易制度、发展阶段决定了这一点，价值投资只是被趋势投资者想用才用的一个因素。

趋势投资的必然结果就是涨过头跌过头，所以当趋势形成时不要轻易去证明自己是抓顶抓底的股神。

决定趋势投资转向的唯一一样东西就是供求关系。供求关系失衡要么大涨，要么大跌（好公司也难幸免）。

2015 年股灾造成场内资金失衡，所以当时我可以不顾其他乱七八糟的利空，而只盯着场外配资清理情况。只有对症下药股灾才能化解。明白这些主要矛盾，心中就非常淡定，因为我明白并不是其他方面出了什么问题，这是一次被趋势投资者利用的股灾。

讲到这儿，就要提第三句话了：去赢取可控制的未来。

股市投资最怕失控，如果仓位过重，倒金字塔投资，融资杠杆过大，那就一定失控。如果对行情的运行不知道为什么，不知道车子会往什么地方开，也就是说未来行情完全失控，那投资是没有未来的。H333 系列操盘策略解决的也是这个问题。其实在 2015 年 5 月份，创业板股票走势已经处于失控状态，锯齿随时可能出现，监管部门一定希望创业板不要失控，所以监管部门出手就是必然的，必然的东西对我来说就是可控的，我喜欢抓住不确定中的确定性。

所以我当时敢果断地说："跟，因为我要看的这张底牌是可控的。"

那么针对股灾后面的行情，这三句话的含义又是什么呢？

当时影响 A 股走势的主要矛盾并没有变化，还是政策市，所以后面的政策很关键。当时"聪明的钱"已经出现分歧，一些赢家还站在空头一边，市场要寻找新的供求平衡点，所以有了 2015 年 6 月份暴跌后的反抽，而反抽时间和高度要关注后续监管部门的态度和行动，尤其要关注直接影响资金平衡的直接政策。

在 2015 年 6 月份，我分析了后市可控的部分：再出现前面一样杀伤力的连续暴跌的可能性比较小，股票出现分化是必然的，H333 系列操盘策略依然不失为一个好选择。

正是基于对以上三句话的思考，我制定了相应的应对策略，让我有了保持好心态的底气，于是有了后市理性的应对，让我当时真正地做到了"做可控预期的投资"。

我不是一个山洞炼丹师，没有炼什么神秘的仙丹，其实分析股市、投资股市没有那么神秘，也不需要很神仙，我只是掌握了一些好的思考方式，然后坚持努力思考而已。

预期可控——极端后的风险释放

坦然面对股市"119"

如何面对突如其来的暴跌是一个投资者必须面对的问题，如果应对错误，不仅会失去已经到手的胜利果实，而且极可能因此坏了心态，乱了投资的舞步。

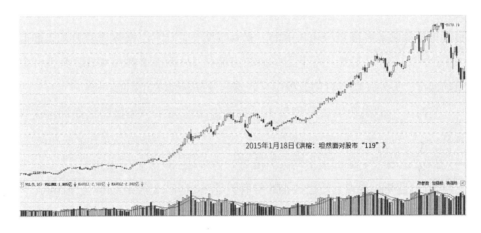

2015年1月18日《洪榕：坦然面对股市"119"》

图 13-1　2015 年 1 月 18 日《洪榕：坦然面对股市"119"》

"多此一举"，必有善举！

如果你看到一个人犯了他不可能会犯的错，说了多此一举的话，也就是说一个在你心目中还算高大上的人做了明显会影响他的形象并且很减分的事，我们首先要明白他可能没这么蠢！可能是笔误？如果不是笔误，那极可能是我们没有理解他的本意，或者我们还没有接受他这个观点的心态。比如，2015 年 1 月 14 日我写了一篇《如何应对爱恨交加的 2015 年股市》，文中用了看上去特别蠢而且很不搭调的特大号字。

我在 2014 年 12 月 28 日写的《2014 年股市投资总结及 2015 年展望》中把 2015 年定义为"爱恨交加"，我很担心政策面的犹豫将造成比较大的调整，极端情况上证指数回调达 20%，到 2800 点以下，那这个杀伤力是非常大的，若对此无动于衷是很难保持好心态的，而没有好心态，调整之后未来再怎么波澜壮阔的牛市都将与自己无关。

我把"政策面的犹豫"用了黑体字，因为身份的关系我没有用更直接的词，"监管部门的犹豫属重要的思维变化"，这是我当时置顶微博讲的"影响2015年股市行情的6大重要因素"的第一条，其中有句话我用了黑体："人们对于股市踩踏事件的恐惧，极可能影响监管部门的监管思维。"

这篇文章中我还打破惯例给出了仓位策略：基于这种可能的假设，我给自己制定了相应策略，我制定的策略不是基于妄想高抛低吸的贪婪，而是希望让自己可以继续顺利度过股市可能的"艰难时期"，让自己继续保有将来去拥抱大牛市的好心态，我给出了自己的解决方案是1/3至1/2券商底仓，其他资金机动操作。另外，增加对创业板中互联网、科技等板块的关注。

当时不少"洪粉家人"理解不了我所说的这些，于是我提醒他们看这些文章：

《好心态源于心底的那份踏实》是2014年12月31日中午发布的；

《辞旧迎新：说说百炼已成钢的券商》是2014年12月31日晚上发布的；

《骚动的是人心踩踏的是人性》是2015年1月2日发布的；

《影响2015年股市走势的6大因素》是2015年1月3日发布的；

《股市投资中的好心态是怎样炼成的》是2015年1月6日发布的。

当时把《如何应对爱恨交加的2015年股市》这篇文章发出去之后，我还是不放心，又非常多此一举地给"洪粉家人"发私信。其实我是极少会给"洪粉家人"发私信的，所以当时看到私信的"洪粉家人"感觉很奇怪。

顺的时候不思考，不顺的时候瞎思考。也就是说：平时不烧香，临时抱佛脚。

当时我对消息的理解：

当时监管层的一些举措是"政策面的犹豫"的具体表现，2014年12月31日发生的股市踩踏事件一定意义上加快了这种转变进度；

关于严管"融资逾期"的问题，这个影响不大，只是增加一个及时还款再借的动作，这其实是会增加交易量的，实际应利多券商股；

大股东减持，说大股东不看好自己的公司有些片面，事实证明这种情况之后经常碰到，大家也逐渐习惯了，个案个别处理，但要注意国家层面制度性的减持，对中信证券而言，因为信息叠加，自然会加大市场心理压力；

加强投资者适当性管理是件很重要的事，短期利空，但长期看对股市健康发展非常有利。50万的融资融券门槛对券商股而言属利空，但一个健康发展的股市对券商的好处也是显而易见的。

基于以上的理解，当时我提醒自己：

股市可能的"艰难时期"已经来了；

艰难来自政策面，其对心理面的影响力度很难把握，需继续密切关注监管层的思维变化；

艰难是全面的，并不仅限于券商板块；

行情进入和政策的直接博弈期，"萝卜加大棒"决定了大盘震荡不可避免；

密切关注中信证券未来的走势，尤其是成交量的变化；

火车头被炸了，铁轨不可能被炸，现在还不能判断这轮牛市结束；

券商下跌的主要理由是涨太快太高了，绯闻缠身也是这个原因，那如果很久没涨，其风险也就没有了，只要牛市没结束，低一点的价格买入心仪的券商股应该是件很幸福的事；

市场越艰难，对心态好的人机会应该更多，利用别人手忙脚乱的时候完成自己年关时制定的加仓及调仓换股计划，及时把"落难英雄"救回藏在自家的地下室。

大极端大交易，风险释放后预期可控

一根阳线改三观，股市上涨之后市场会找出无数个看多的理由。我没兴趣分析那些表面的理由，我喜欢找寻可以解析现象但又能让自己信服的背后逻辑。

对机构投资者而言有个法则——没有大风险就是机会；对趋势投资者而言有个定律——上涨是上涨的最好理由。

没有大风险就是机会

什么时候没有大风险？最理想的时候是大风险都释放后。比如，2015年5

月—2016 年 8 月这近一年以来最明显的特征就是一直在释放大风险，最典型的有六次，下图展示其中四次。

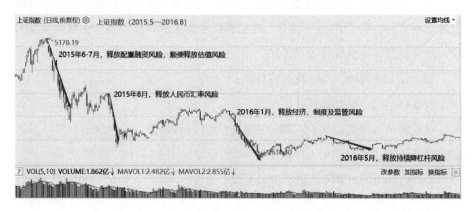

图 13-2　2015 年 5 月—2016 年 8 月上证指数日线图及四次风险释放

　　这一年来，能想到的大风险几乎都发生了，也就是说都释放过了，乐观的人看到的是利空出尽。2015 —2016 年股灾之后强化了 A 股政策市的特征，监管部门加大力度消除风险隐患，A 股市场有惊无险地通过了所有的风险压力测试。当然，其中"国家队"功不可没。

　　市场是最聪明的，既然压力测试通过了，那风险就小了，没有大风险，就可以去抓机会了，所以银行、地产、券商这样的大块头都动了，显然大机构也行动了。这是一次压力测试通过后的行情，从这点看这次行情就不会是一般意义上的超跌反弹，时间上应该会更长，幅度也应该会更大。

上涨是上涨的最好理由

　　这是趋势投资为主的 A 股市场的重要特征，榜样及财富效应会吸引资金进场进一步推高股价，延长这轮行情的时间。

　　行情的最大变数就是"国家队"，有"国家队"的板块如果涨幅较大，难免会出现"国家队"减持的情况，而且不管"国家队"会不会减持，这都是悬在头上的一把剑，随着股价的上涨，这把剑就会震慑参与其中的投资者，带来行情大的起伏。

从这点看，没有"国家队"参与，又不会惹监管层关注的一些股票同样就会有机会。而且监管环境也支持这个判断，因为堵住了风险漏洞后，监管部门对指数、个股涨跌的容忍度应该会变大。所以这次所谓的二八转换就不会如过去那么坚决。拉长一点时间看，大盘极可能呈现此起彼伏的慢牛行情。

至于后面行情的演变，逻辑应该是这样的：这是一次通过全面压力测试后的行情，有一定爆发力，但从资金面还无法得出启动一轮大牛市的结论，所以需密切关注关键资金的趋势变化。比如："国家队"、IPO、养老金、大股东减持、产业资本等，而这些其实都是由监管层的态度决定的。这叫态度决定一切。既然波动、轮动概率比较大，那坚持H333策略就是比较好的选择。

预期可控——龙头板块龙头股

A股板块轮换越来越快，要做到每一次都精准踩点，概率并不大。想在股市赚到大钱，关键是找到大盘运行的脉络。寻找运行脉络，最好的方式是找到龙头板块龙头股。

龙头板块是这个市场主力的动向，他们的动向决定了股市的走向。权衡股市强不强，就看龙头谁来当。正所谓"射人先射马，擒贼先擒王"，逮住了龙头板块龙头股票，就是跟随市场上最"聪明的钱"，风险自然是可控的。

龙头板块左右行情的三大玄机

我研究龙头板块并不是简单地抓热点，而是有着更深层次的意图：

一是真正要赚到大钱，必须找到大盘运行的脉络，而龙头板块则代表市场主力的动向，主力决定股市运行方向。

二是研究热点板块的动作，可以判断市场的"季节"，即处于牛市阶段或牛市的什么阶段，还是处于熊市或熊市的什么阶段，或者是盘整市，这些都可以通过板块的冷热程度进行判断。

三是板块的延展性，由表及里、由核心至周边的炒作。即它能够引导一个产业链的上、中、下游相关板块出现共振，甚至影响与之业务有所交叉的其他行业板块。因此一个主力板块往往会带动大盘运行一段比较好的时间。

上述三点，非常重要，研究龙头板块完整的炒作路径，会降低行情的判断难度。我们就能够判断某个板块是否具备带动大盘运行相对比较长时间的能力，这对大盘运行方向的判断非常重要。

典型如 2016 年到 2017 年的险资板块，它就具备龙头板块的特点，并且板块的阶段非常分明。

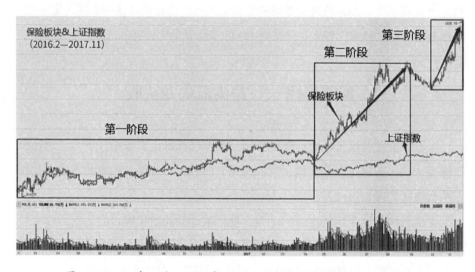

图 13-3 2016 年 2 月—2017 年 11 月保险板块指数和上证指数日线图

深析板块运行的三大阶段

通过判断板块的冷热程度，便能分辨出大盘所处"季节"。而每个板块的运行都有它的运作特点，我把它分为以下三个典型的阶段。

第一个阶段：往往是悄悄上涨，很难被发现。这样的板块通常是之前已经让投资者痛得没有耐心了，然后物极必反，悄悄地走出一段行情。

运行初期，缓步上行，无论市场还是媒体、分析师都未关注。等你看见的时候，一个板块已经从底部向上出现 20% 的涨幅，而龙头板块甚至出现 30%—40% 的涨幅。但此时行情已经走了大半，当你认可进场时，往往行情已经结束了。

还有一些龙头板块具备王者气质，典型如上文提到的险资板块，阶段非常分明。与之相似的还有政策持续延续的板块，典型如2016年PPP板块，它们会有非常鲜明的三个阶段，甚至三个阶段之后，才会有后续阶段。

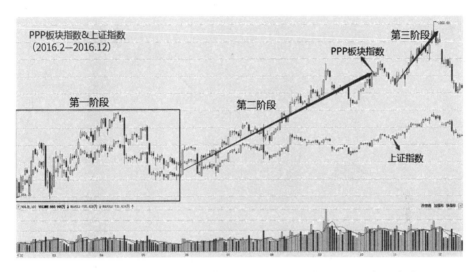

图 13-4 2016 年 2 月—2016 年 12 月 PPP 板块指数和上证指数日线图

第二个阶段：板块的上涨引起了市场的关注。媒体、分析师开始铺天盖地地发布相关消息，此时往往会出现涨停，尤其是强势板块，甚至会出现连续涨停。市场也会给出充分的上涨理由，吸引更多投资者关注。

这个时候我称它为中期阶段，虽然在这个阶段你已经发现了这个板块，但开始"恐高"。也许你会试着买一些仓位，可能还会涨停。

但等你敢大量买入的时候，虽然你可能是在板块出现回调的时候买入，但此时已经是结束的阶段了，即第三个阶段。如果不能快进快出地赚钱，肯定会亏损。

整个板块的运行会有很典型的逻辑关系，主力板块会出现非常分明的三个阶段。在这个过程中，主力充分抓住投资者的贪婪与恐惧心理，左右投资者的心态。所以，处在市场的不同阶段，应对的策略也会大不相同。

"季节"不同，策略不同

不同的阶段，要采取不同的策略去应对：

第一个阶段，想在股市掘金，没有其他的方法，唯有"痛点变甜点"，或者从事件角度去掘金投资机会。

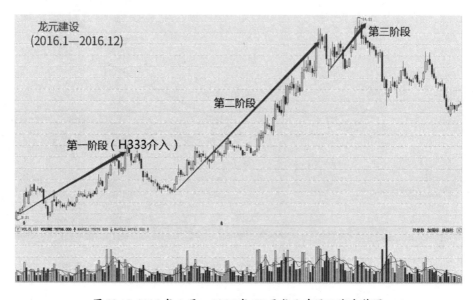

图 13-5 2016 年 1 月—2016 年 12 月龙元建设日线走势图

第二个阶段，如果第一个阶段你介入了，那么你会是赢家，可以启用 H333 策略操作。只要严格执行，会保有相当好的心态；但如果第一阶段没有介入，则较难参与第二阶段的行情，一旦踩错节奏，心态也就变坏了。

所以，我认为一旦错过第一阶段的人，往往第二、三阶段，是很难参与的。典型如 2016 年 PPP 题材的"龙元建设"，很多投资者进去的时候已经是第二、第三阶段了。

但当时我们"洪粉家人"操作时很好地把握了三个阶段，踩点非常精准，因为我们知道 PPP 是长期概念，后面还会有机会。而错过第一阶段行情的投资者，可能会比较麻烦，因为买在一个高位且已被套，等它再度上涨时可能因为熬不住而早早割肉了。

　　板块策略与整个板块的脉络相关，想抓住每一个板块是不现实的。但是通过分析，我们可以判断板块大致处于什么阶段，处于什么"季节"，然后根据情况采取相应的策略应对。这对踩准下一个热点板块有很大帮助。但前提是，必须理解洪攻略思维的逻辑，否则只能看到表面的东西，无法把握板块运行脉络，自然无法采取正确的策略。所以构建属于自己的洪攻略投资体系，保持好心态，在不同阶段采取不同策略，才能实现投资的预期可控，让财富在实战中不断升值。

第十四章　洪攻略实战之"四季轮回"

古人智慧，万物生长，生命有周期，四季有轮回。尊重自然规律，相信物极必反，相信四季轮回。"四季轮回"一词比"周期"一词更容易理解，也更符合普通投资者的理解习惯。在实战应用中，明白了四季轮回与对应策略选择，然后选定一个龙头股票，长期跟踪，长期纠缠，作为洪攻略的练兵场，这样胜率不会低。

本章我们将会通过"四季轮回"之极端行情实战演练，为读者们演绎洪攻略如何抓板块和个股的交易机会，带着读者在实战中深入理解"四季轮回"的力量。

"四季轮回"之极端行情实战演练

股市中因为行情、板块、个股的持续涨跌，会出现让很多人忍无可忍的时刻，市场也不定期地会出现贪婪、恐惧情绪的蔓延……当这一切伴随着发生时往往就是"极端时期"。物极必反，极端就是转折点，极端的背后就是机会，大极端大转折就是大机会，小极端小转折就是小机会。这一点在历年的股市极端行情出现时，得以佐证。

纵观 A 股 2000 年以来的行情，经历了十一次大极端行情，十一次大的四季轮回：五次上涨，以 2005 —2007 年的上涨最为极端；六次下跌，以 2015 年的下跌最为极端。

看破极端行情，唯有找到主要矛盾，进而挖掘"聪明的钱"流向，而资金的变化必然改变股市的趋势。为了让各位读者更加直观地理解四季轮回中的极端行情，接下来按照时间顺序盘点这十一次大极端行情：

2001年6月14日—2005年6月6日

2245点—998点，跌幅55.5%，历时4年。

主要矛盾：国有股、市价减持。

这一重磅利空将A股拖入长达5年的熊市，著名的998低点，就是在此次熊市中出现的极端位置，从此A股的牛熊周期开始变长。

股市趋势：向下。

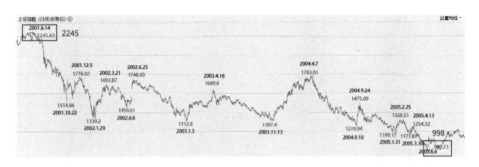

图14-1 2001年6月14日—2005年6月6日上证指数日线走势图

2005年6月6日—2007年10月16日

998点—6124点，涨幅513.5%，历时2年4个月。

主要矛盾：股权分置改革。

次要矛盾：人民币升值、基金大规模发行、流动性过剩、全民炒股。

股市趋势：向上。

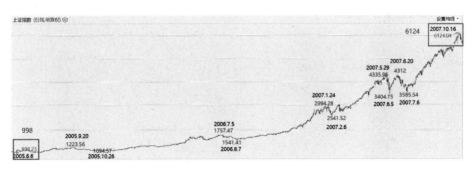

图14-2 2005年6月6日—2007年10月16日上证指数日线走势图

2007 年 10 月 16 日—2008 年 10 月 28 日

6124.04 点—1664.93 点，跌幅达 72.8%，历时 1 年。

主要矛盾：在世界级的次贷危机带动下，伴随着大小非减持、基金停止发行等利空影响，A 股一路向下，造成史上最惨烈的一次熊市。

股市趋势：向下。

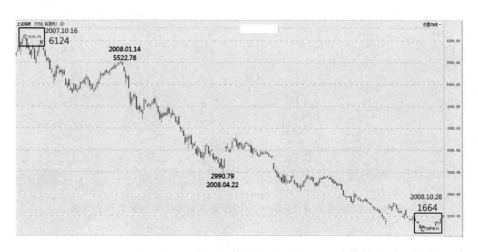

图 14-3 2007 年 10 月 16 日—2008 年 10 月 28 日上证指数日线走势图

2008 年 10 月 28 日—2009 年 8 月 4 日

1664.93 点—3478.01 点，涨幅 108.9%，历时 11 个月。

主要矛盾：四万亿投资、十大产业振兴规划。

股市趋势：向上。

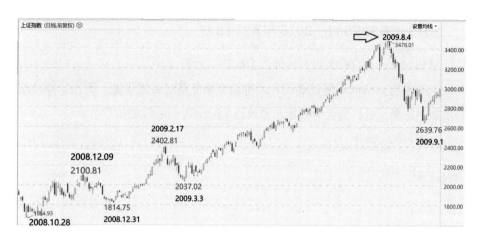

图 14-4 2008 年 10 月 28 日—2009 年 8 月 4 日上证指数日线走势图

2009 年 8 月 4 日—2013 年 6 月 25 日

3478 点—1849 点，跌幅 46.67%，历时 3 年 9 个月。

主要矛盾：次贷危机之后的四万亿刺激，让股市又掀起一波反弹，但人造牛市很快就破灭了。

股市趋势：向下。

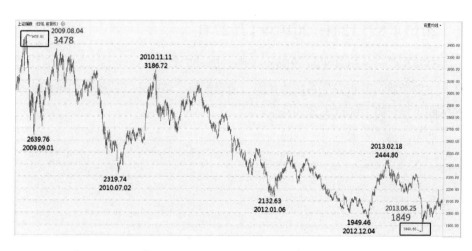

图 14-5 2009 年 8 月 4 日—2013 年 6 月 25 日上证指数日线走势图

2013年6月25日—2015年6月12日

1849.65 点—5178.19 点，涨幅达 180.5%，历时 2 年。

主要矛盾：这两年是互联网开始推动金融变革的关键年度。但由于场外配资的极速膨胀，杠杆资金导致股市系统性风险出现——股灾。

股市趋势：向上。

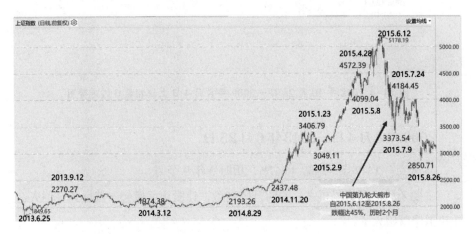

图 14-6 2013 年 6 月 25 日—2015 年 6 月 12 日上证指数日线走势图

2015年6月12日—2016年1月27日

5178.9 点—2638.30 点，跌幅 46.59%，历时 7 个月。

主要矛盾：股市发生系统性风险，清理配资、熔断，导致股市的系统性风险不断出现，股市跌幅达 46.59%。

股市趋势：向下。

图 14-7 2015 年 6 月 12 日—2016 年 1 月 27 日上证指数日线走势图

2016 年 1 月 27 日—2018 年 1 月 29 日

2638.30 点—3578.03 点,涨幅 35.62%,历时 2 年。

主要矛盾:股市出现大极端后涅槃重生,股灾之后打击游资严监管,面临严监管,"国家队"引领价值投资,A 股主打"道德牌",走出"名特优"行情,股市上证指数涨幅达 35.62%。

股市趋势:向上。

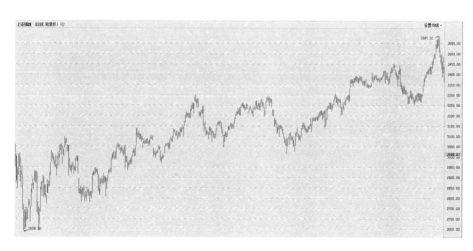

图 14-8 2016 年 1 月 27 日—2018 年 1 月 29 日上证指数日线走势图

2018 年 1 月 29 日—2019 年 1 月 04 日

3587.03 点—2440.91 点，跌幅 31.95%，历时 1 年。

主要矛盾：中美贸易摩擦、"国家队"离场、金融降杠杆、市场资金面失衡、质押爆仓、股市上证指数跌幅达 35.62%。

股市趋势：向下。

图 14-9 2018 年 1 月 29 日—2019 年 1 月 4 日上证指数日线走势图

2019 年 1 月 4 日—2021 年 2 月 18 日

2440.91 点—3731.69 点，涨幅 52.88%，历时 2 年 1 个月。

主要矛盾：科创板＋注册制、中美关系缓和、政策监管放松、股市上证指数涨幅达 52.88%。

股市趋势：向上。

图 14-10 2019 年 1 月 4 日—2021 年 2 月 18 日上证指数日线走势图

2021 年 2 月 18 日—2022 年 4 月 27 日

3731.69 点—2863.65 点，涨幅 23.26%，历时 1 年 2 个月。

主要矛盾：美国加息、中美博弈、俄乌冲突、房地产暴雷、外资对赌中国资金、股市上证指数跌幅达 23.26%。

股市趋势：向下。

图 14-11 2021 年 2 月 18 日—2022 年 4 月 27 日上证指数日线走势图

"四季轮回"——大极端大交易，小极端小交易

大极端大交易，小极端小交易

极端行情之下，该用何种交易策略？洪攻略中给出了答案，即大极端大交易，小极端小交易。以下以三个案例来说明这一应对策略。

案例一：

最早启动 H333 策略的时候，不是用在大跌，而是用在牛市的下半场。2015 年的 5 月份，启动 H333 策略，当时以类似 1/3 银行、1/3 券商、1/3 上海板块这样的结构进行仓位的组合。

因为牛市后期，行情到了"夏天"，到了极致的状态，大家都很看好，行情也特别好，涨到 5000 点的时候，市场达到了极端疯狂的状态，于是洪攻略果断启动 H333 策略，用它应对"秋天"的来临。事后证明这是非常正确的应对策略。

图 14-12 2014 年 6 月—2015 年 6 月牛市末期执行 H333 策略，应对"秋季"的来临

案例二：

2017 年上证 50 疯狂上涨，另一边中小创屡创新低。

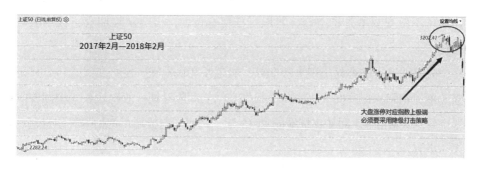

图 14-13　2017 年 2 月—2018 年 2 月上证指数日线走势图

案例三：

2018 年 2 月份上证指数出现久违的连续大跌，创业板更是跌回了 2015 年牛市启动点，爆仓盘一片，市场恐慌气氛蔓延。此时，属于典型的大极端，是 H333 策略"捡皮夹子"的好"季节"，是 H110 升级打击的好时机，甚至是启动 H007 的好时机。

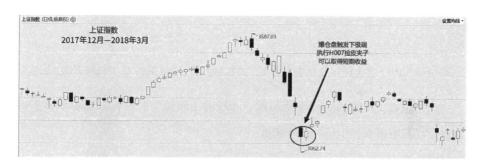

图 14-14　2017 年 12 月—2018 年 3 月上证指数日线走势图

极端时期（不是一天而是一个阶段）的应对策略决定了一个人会是下一轮行情的赢家还是输家，赢家知道进攻才是最好的防守，极端行情出现时，赢家看到的是机会，即调仓换股的良机、心仪股票跌出的战略建仓机会、超跌反弹的机会、弹性好的股票的操作机会等。

我们一再强调按洪攻略操盘务必做到：在行情平庸时期修炼（不做交易），

在行情极端时期出手（买或卖）。即大极端大交易，小极端小交易，不极端不交易（不做交易不是指空仓，可以是任何仓位），极端跌时加仓，极端涨时减仓。

大极端涨之后容易出现大极端跌，极端跌和极端涨一定是交叉进行，只是强弱不尽相同，但同向大极端与大极端之间的间隔时间一般比较长（中间要隔一个异向大极端）。即使在极端的 2015 年，两次同向极端行情相隔时间也超过了一个月。

每一次大极端中的极端下跌都是"捡皮夹子"甚至启动 H007 策略的好机会，每一次极端中的极端上涨都是 H333 策略降级打击的减仓点，所以只要能判断出极端，就能抓住大机会，也能避开大风险。

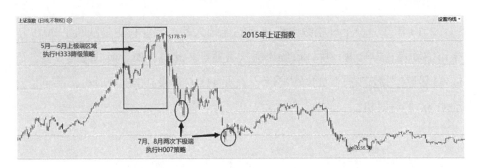

图 14-15 2015 年上证指数日线走势图，上极端 H333 降级策略 & 下极端 H007 策略

两个极端之间会有很多个小极端，也会有中极端，若拉长时间看一些大极端也只能算中极端，中极端算小极端。

洪攻略中 H333 滚动分日滚动、周滚动、月滚动，这其实就是为了应对不同周期的极端情况。洪攻略中的日、周、月这些时间更确切地说是区分时间的长短，周表示时间以周计，而不是定死的 5 个交易日，需要按洪攻略思维验证调整。

在行情平庸时期修炼（不做交易），在行情极端时期出手（买或卖）。投资大师们都是这么做的，以至于没有人再重点提，但很多普通投资者在股市不赚钱甚至赔钱的根本原因正在于此：在行情平庸时期出手（频繁交易），在行情极端时期捶胸顿足（踏空或深套）。

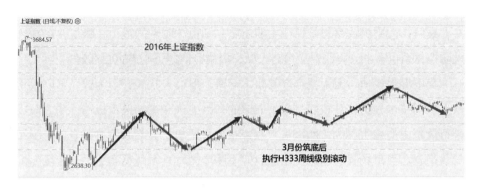

图 14-16 2016 年上证指数日线走势图，小极端 H333 周线级别滚动策略

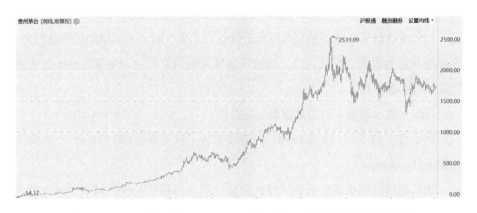

图 14-17 2014 年 1 月 30 日—2023 年 7 月 7 日贵州茅台周线走势图

如何判断极端时期？

如何判断极端时期是一个很关键的问题。解决这个问题，可以从测量市场顶部和底部温度的角度寻找突破口。

首先，要知道"春冬秋夏"，如果分不清楚"季节"就不花力气判断，只抓极端的冷、极端的热，这是出现机会的时候。

其次，一年"四季轮回"永远逃不掉，把温度"四季"分清楚，然后用洪攻略一一去对应，SH333"夏季"策略，"冬季"策略 H110，几乎没仓位，如果是"春季""秋季"用 H333，"极端恶劣天气"用 H007，出现极端暴跌之后，用 H007 去应对。

最后，运用洪攻略思维抓住主要矛盾，知道"聪明的钱"在哪里，这样风险防控体系也有了。再用对应策略去做，极端行情之下心态也会很好。

我不喜欢找顶，因为找顶容易断人财路，但会去找底，因为找底可以救死扶伤。用技术分析找顶找底是最不靠谱的，因为顶和底都属于极端行情，而极端行情是由情绪主导的，所以说：众叛亲离是买机，分歧吵闹宜加仓，一团和气该平仓。当市场找到令人无法反驳的下跌原因时，就是见底之日；市场如果找到大家都认同的上涨原因时，就是见顶之日。

面对极端时如何保持心定？回到对基本面的判断：目标股票的价值判断，目标股票所在行业趋势判断，以及对当前大盘系统性风险水平的判断。

如何观察极端？从情绪层面判断极端更为准确，时间对情绪的影响非常大，人对短期的激烈波动反应强烈，快涨快跌情绪极端来得快，慢涨慢跌出现情绪极端的时间要很长。

判断下跌小极端（对应周滚动）的方法：

大小盘走势不同向不算极端，指数没加速下跌不算极端，市场没有恐慌情绪的下跌不算极端。

如何判断情绪极端？因为手机的普及，消息传播比较快，情绪的感染也非常迅速，但人性层面的懒惰、侥幸、从众、贪婪和恐惧的心理依然没变，所以达到情绪极端需要一定时间，需要行情的配合，当人们内心的恐惧和行情走势非常吻合，甚至行情走势远超人们的内心恐惧时，极端就避无可避了。

极端行情

如何判断大盘的极端行情？极端判断一般用于指数，是选时用的，但有些人喜欢不看大盘，直接用于个股，不是说不可以，只是个股出现极端下跌情况会比较复杂，判断难度相对大，尤其对一些刚炒作后出现的快速下跌极端。简单判断下跌幅度是很容易上当的，因为主力出逃一般是不会马上回来的，能出现的只是抢反弹的资金，这类抢反弹游资一般要空间足够大才会介入，而且一般速战速决，发现苗头不对会坚决斩仓出局。所以这样火中取栗的操盘方法还是远离为好。抓个股极端下跌的机会有个原则，公司没有伤筋动骨的坏消息，跌幅必须大，而且出现加速下跌，最好距离上次炒作时间（最高点）一年以上。

如何看一个股票的极端行情？看一个股票有没有涨透，一看总涨幅（近一两年内的最低点为起点）；二看有没有出现极端上涨（连板）；三看有没有出现人人皆知的无法反驳的上涨理由（情绪极端）；四看大盘是不是牛市，如果是大牛市，龙头板块龙头股涨幅可达 3 — 10 倍，若只是结构性牛市龙头股一般为1 — 3 倍。

看一个股票是否跌透，一看总跌幅（近一两年内的最高点为起点）至少超过 50%；二看有没有出现极端下跌（连板跌停）；三看有没有出现人人皆知的无法反驳的下跌理由（情绪极端）；四看大盘是不是熊市，如果是大熊市，个股跌幅可达 70%—80%。

在行情平庸时期不做交易，好好修炼洪攻略，在行情极端时期出手（买或卖）。对一些投资者来说，学好洪攻略才是他们现阶段该做的重要的事，股市机会永远有，只有能力提高了，心态好了，大机会来了才能抓得住。

"四季轮回"——抓板块个股机会

通过龙头股和妖股的比较，判断市场温度"季节"

追求成功概率高的机会，应该是投资者来到这个市场所要抓住的主要矛盾。在看待妖股时，期望不要太高。但有一点要注意，要分清楚龙头股与妖股的区别。

为了方便读者理解龙头股与妖股的区别，这里以贵州茅台和 2014 — 2015年炒作的全通教育这两只股票作为案例，帮助大家理解。

案例详解一：

打开贵州茅台的周线、月线，甚至年线，是不是挺妖的？它走势非常好，非常妖。不少投资者有疑问，一个做酒的，怎么会做到那么大的市值？回到 10年前敢想吗？根本不敢想。

茅台走势在有些人眼里是妖，但是在有些人眼里并不妖。龙头股票和妖股经常会被混淆，因为某一板块的某只股票，它可能既是龙头，也是妖股。

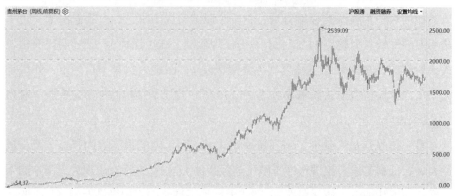

图 14-18 2014 年 1 月 30 日—2023 年 7 月 7 日贵州茅台周线走势图

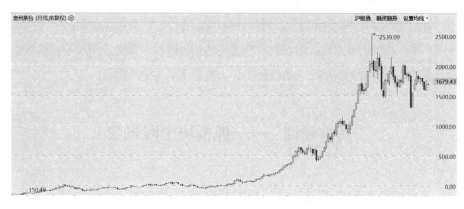

图 14-19 2014 年 1 月 30 日—2023 年 7 月 7 日贵州茅台月线走势图

案例详解二：

全通教育的股价曾被炒到人神共愤的阶段，从起跳点开始，50 点、100 点、200 点、300 点，股价一骑绝尘，完全摧毁了投资者的想象，等最后有很多人开始认同介入时，突然妖股现原形了，开始下跌，基本上怎么上去的就怎么下来。因此一只股票出现妖股特征，一定是有事件催化，在事件未落地之前，炒作预期会对股价有支撑的作用。

甚至某个行业也会具备这样的想象力，只有当炒作结束的时候才会现原形。后面如果还要走强，一定要靠业绩。所以炒作的思路已经完全发生变化了，一个是炒事件，一个是炒业绩。妖股还有另外一个特别有价值的地方——可以测市场温度。

图 14-20 2014—2015 年全通教育周线图

妖股频出阶段，市场比较有温度

容易出现妖股的时期，往往是市场温度较高的阶段。因为市场较热时，妖股才能上蹿下跳，成功率才会大增。但市场热时监管会关注风险问题，尤其是妖股股价人神共愤时，易受监管关注。

所以妖股风险很大，不能随心乱炒。从 A 股市场结构来看，个人投资者非常多，且他们多是趋势投资者，所以采用妖股的方式进行炒作容易成功。因为A 股的特点之一是：上涨是上涨的最好理由，只要肯涨就一定有人敢买。

以上文的全通教育为例，去拉一下全通教育最后封涨停板的买单，会发现都是几百股的买单，而不是几万股，这都是普通散户买的。所以群众的力量真的厉害，有时候是真把投资当作赌博，就像当年炒权证一样。只买 100 股、200股，亏了也不当回事，但如果是一万个投资者一起买那就是一百万股，十万个投资者买就是一千万股，雪花似的单子也能拉涨停。当然，流通盘小也是妖股的特征之一，只要跟风炒作的人稍微多一点，便能够拉涨停。

妖股之所以容易炒作成功，究其深层次的原因：一是涨停板制度，二是T+1 交易规则。这两项规则非常有利于妖股的出现。另外，还有一种妖股的炒作，是趋势投资为主的市场最大的特点，榜样的力量是无穷的，容易吸引跟风盘。

机构炒作妖股的常用套路

炒作套路一：炒作妖股赚的钱只是小钱，目的是立标杆，以便于从其他更多的股票上赚钱。这样做会实现双赢，一是吸引相关股票跟风；二是吸引资金跟风。此时，机构已调仓换股至另外一些有同样特征的个股，而大量减仓妖股，只用少量资金维持妖股特征，吸引跟风盘，但却在其他股票里赚得盆满钵满。

炒作套路二：还有一种妖股，连炒的人都不知道它会变成妖股，但因为妖股刚好在风口，于是一轮一轮的资金进去，一轮一轮的主力轮换，最后股价会高到不可思议、人神共愤。关键问题在于股价已超出人可以理解的范围，为何如此高位敢有新的资金进入？正是因为游资的存在，活跃资金会趁热打铁，顺势而为赚一波。若此时大盘配合，或有政策助推，妖股往往能够连续涨停。

实际上，在我们的市场里存在一股专门操作妖股的资金，包括涨停板敢死队、活跃资金等，这种资金在运作这些股票时，并不是冲着基本面去的，只是为了炒作股票。同时由于跟风盘太多，容易演变成一种群众行为，哪怕是相关部门介入调查，也很难查到。

因此，千万不要相信向你推荐妖股的鬼话。想要参与妖股的炒作，必须得做好交学费的准备。但其实想交学费的想法并不好，投资首先第一点是不能亏，因为亏损50%，要涨100%才能回来。所以普通投资者参与妖股的操作，成功率并不高。

在我眼里，参与妖股炒作的成功率很低，但通过妖股去观察它所在行业的演变，观察市场的温度，判断市场"季节"，是非常有价值的。

个股四季轮回的完美案例演绎

科大讯飞从2017年1月16日的25.20元，上涨到2017年11月22日的74.76元高点，这是一次洪攻略实战的完美案例。

在实盘操作过程中的投资逻辑：

主要矛盾，"大四季"（科技未来的"春天"）；

跟随"聪明的钱"，游资喜欢故事（人工智能）；

做可控预期的投资，顺势而为（科大讯飞）。

市场不同"季节"不同策略（分为三个阶段）：

第一阶段，抓住主要矛盾。在该股未起跳之前，判断科技股未来的春天，采用 H333 策略陆续进场左侧布局；

第二阶段，顺势而为，跟随"聪明的钱"做预期可控的投资。在主升段时期，果断转换为 SH333 夏季的满仓策略；

第三阶段，市场不同"季节"采用不同的策略。在最后冲高阶段，将 SH333 降级逐步减仓转换为 H333。

从整个操作过程来看，每个阶段严格遵守洪攻略极端交易体系进行选股、选时、操作策略等，同时每个阶段又是洪攻略的综合运用。

科大讯飞的"春夏秋冬"策略："春季"—H333 策略、"夏季"—SH333 策略、"秋季"—H333 策略。

图 14-21　2017 年 1 月—2018 年 1 月科大讯飞日线走势图

科大讯飞从 2022 年 10 月 12 日的 29.64 元，上涨到 2023 年 6 月 20 日的 81.9 元高点，又是一次洪攻略实战的完美演绎。

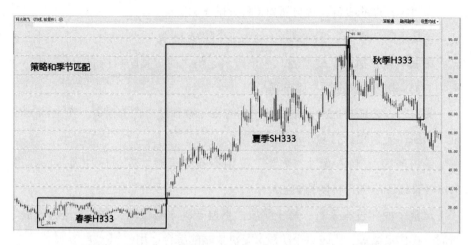

图 14-22 2022 年 10 月 12 日—2023 年 8 月科大讯飞日线走势图

第十五章　洪攻略实战之 H333 系列操盘策略

H333 策略第一次现身就是实战，2015 年 4 月底我在微博提出用 H333 策略应对"红五月"行情，5 月底在《说一个牛市下半场的操盘策略》一文中作了系统阐述。

当时是为了应对牛市下半场，为了不被 A 股锋利的锯齿状行情所伤，但又希望在降低仓位规避风险的同时，可以有弥补收益的方式，为此才派 H333 策略出战。可以说 H333 策略一出战就名震江湖。

H333 策略盘口实战案例

H333 策略资金管理：1/3 底仓，1/3 滚动，1/3 "捡皮夹子"。

这里面其实只有第一个 1/3 跟股价有关。因为那个时候的价格是市场价格，它低还是高，是有关系的。第一个仓位建立的时候，最重要的还是看这个股票调整的幅度，选择一个价格做 1/3 的底仓建立，而且是下跌的过程中做买入的，然后有 1/3 要滚动。因为第一次买入之后，哪怕用的是小单试错，盈利加码也一样。如果这个股票在你买的价位之后，有可能出现上涨，甚至再跌再上涨，都没关系。因为在跌的过程中再上涨上涨还会再跌，这种再跌的我一般是第一次相对的低点买入，无论它怎么走，我是等它再一次出现下跌的幅度。再一次出现下跌的幅度跟这个股票后面出现的高点有关。

盘口实战：假如一只股票股价是 20 元，跌到 10 元了，这时我认为这个股票不错，建了 1/3 底仓，建完之后，可能涨可能跌，都没问题。假如买进涨到 11 元，涨了 10%，这时另外的 1/3 是没办法做的。如果它又往下调，假如定的幅度是 5%，可能 10.5 元的时候，再买进 1/3，那这 1/3 什么时候才会走？这跟我们定的幅度是有关系的，可能它涨到了 11.5 元或 12 元，根据我们定的幅度，再滚出 1/3。然后再下跌，又达到所定幅度时，再买入。但也可能 10 元买完之后，往 9 元跌，可能是一波三折的跌法，但可能又会反弹，10.5 元，反弹到 9.5元，又继续下跌，跌到 8.5 元。

这要怎么算？虽然是 10 元买进，可能最高到 11 元就下去了，再反弹只到过 9.9 元，后面再跌到 9 元，或者又跌了 0.5 元，这又符合我的幅度了。在 9.4元左右，可能再买进 1/3，这样就有 2/3 的仓位了。每一次都根据它的幅度来，后面达到了我的滚动幅度，就滚出去，滚出去下来以后，再滚回来，这要看你的幅度是怎么定义的。

在这个过程中，如果出现了一个突发事件，造成它的大跌，我已经在做这个股票了，就感觉"皮夹子"好捡，因为这是个突发事件。可能在股票下跌过程中，再买入 1/3。可能那个时候还没滚出，就变成满仓了。"皮夹子"一般会有反弹，反弹到一定幅度，你可能先把 1/3 获利了结，另外的 1/3 还在滚动。

用一部分资金做某个股票，你才用这种方式。如果水平很高了，可以把所有的资金都用这个策略去做。在一些"春季"的板块中，可能做的是一定的幅度，或者采用的是周滚动。

从实战案例看散户实战盈亏关键

下面用个实战案例来讲讲决定散户实战盈亏的关键问题。这个实战案例看起来很特别，例子中的持仓单 2018 年三四月浮盈达到 47.98%，举这个例子不是让大家简单看这个数字，更不是嘚瑟，而是从中可以洞察一些投资真谛，让大家感受洪攻略的实战威力。

最新	盈亏成本	可用
25.400	17.165	333000
市值	持仓	盈亏(47.98%)
8458200.00	333000	2742177.85

图 15-1 个人账户持仓单浮盈

这个股票至 2018 年 4 月依然涨停，现在看，当时建仓这个股票的时间、价格都非常理想，几乎在最低点建的仓。从其走势看，选择拿到现在也是很正确的。

这样的操盘结果大家认为完美吗？应该说比较完美，要做到这样，难吗？难，也不难，我们来客观分析一下：

这是个 2017 年初上市的股票，不是热门股票，日常成交量不大，大部分时间振幅很小。但从交易单结果看，操作这个股票并不比那些追热点股票收益低，操作也不比那些追热点股票难，买了就放在那儿，不要一惊一乍，也不比追热点牛股的人辛苦。

要做这样的股票，需要的只是耐心。耐心等机会，等极端下跌的机会（大极端）出现时建仓，再耐心等极端上涨的机会（大极端）出现时减仓。

当时选这个股票时，我就希望成为一个经典的洪攻略教学案例，所以持仓量特意选了 333000 股（当时建仓比这多 20000 多股，在 20 元左右又减仓凑成了 333 这个数，成本价又降低一些）。

这个案例就是想告诉大家，机会是等出来的，一旦等到了机会，就要耐得住寂寞。买到好股票并不一定就会成功，拿得住更重要。好的建仓价格也很重要，因为有了好的价格，容易拿得住。

从这个股票上市时我就关注这个股票，当时设定在 17 元左右开始买入，也考虑了极限下跌幅度可能会到 15 元左右，但很长时间这个价格一直不来，直到一年之后机会才出现，已是按计划执行，只是可惜价格没有去 15 元，未能建更多的仓位。

总结一下，这个案例虽然比较特别，但这是个现实的成功案例（应该有一定说服力），给我们的启发是：股市投资耐心很重要，机会是等出来的，欲速则不达。

只在极端时交易，大极端大交易，小极端小交易，不极端不交易。如果无法判断小极端就放弃小极端，只在大极端交易也行。这个交易方法不需要高超的判断力，也不需要很牛的操盘能力，只需要耐心，耐心等买点，耐心等卖点。

（原文 2018 年 4 月 11 日首发于新浪微博，请根据当时行情理解本文，文中

涉及的股票仅为案例分析之用）

2014 年券商板块，妙用 H333 策略

启动 H333 长线操盘策略："春季" 19.2%

2014 年 7 月 30 日—10 月 31 日，券商板块处于春季，涨幅 16.17%。"春季"布局左侧机会，建立投资组合，2/3 底仓 +1/3 滚动。一般情况之下，大盘走强券商股会更强，当标的上升达到预定幅度先滚出；但若大盘走弱券商股也一定受影响，所以除非大盘明显走弱，否则逢阴线大盘量缩时加仓券商股是极好策略。因此，股价调整达到预定幅度时，则滚入 1/3 仓位。

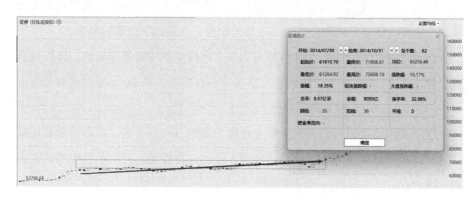

图 15-2 2014 年 7 月 30 日—10 月 31 日证券板块指数日线图

升级 SH333 策略："夏季" 116.9%

2014 年 11 月 3 日—12 月 30 日，券商板块进入"夏季"，涨幅为 117.22%，策略为 SH333 满仓操作，进入第一阶段主升浪，结合当时市况，在标的选择上开始有所取舍，虽然小盘券商股的弹性较大，但随之风险也很大。而大盘券商股，业绩增长稳定，但扩张性受限，在行情中后段有望发力，整体跑赢大盘是肯定的，买入并持有是最好的策略。因此投资组合中大盘券商股权重占比较大。2/3 底仓 +1/3 滚动可升级为满仓策略。

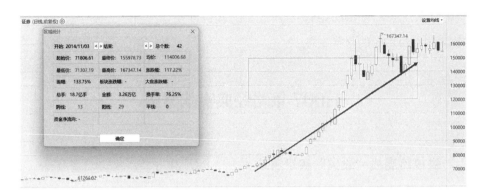

图 15-3 2014 年 11 月 3 日—12 月 30 日证券板块指数日线图

降级 H333 策略："秋季" 34.84%

2015 年 1 月 5 日—6 月 15 日券商板块进入"秋季"，涨幅为 21.17%，操盘策略降级减仓为 H333 策略。进入第二阶段主升浪，SH333 策略降级减仓，由满仓操作向下滚动至 2/3 底仓 +1/3 滚动，逐渐减少至 1/3 底仓 +2/3 滚动。

最后券商板块疯涨之后的 12 月，板块当中龙头股涨幅达到 3 倍时，考虑由长线策略降至中线的波段操作，板块切换至下一个目标板块。

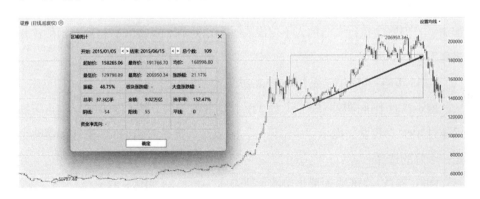

图 15-4 2015 年 1 月 5 日—6 月 15 日证券板块指数日线图

当时，投资组合仅 2 个月的收益率已经超过 30%。在制定好策略之后，则需战法进行配合。在这次经典战役当中，运用了"洪一交易十法"的组合投资战法，这是一套总结了成功的交易大师们的共性的，实战运用过程中成功率很高的战法。从二级市场来看，券商板块在 2014 年整体涨幅为 155.90%，是上证指数涨幅 52.87% 的整整 3 倍。

H007 策略经典实战案例

洪攻略鏖战"股灾"实战演练

2015 年 6 月 15 日开始，我连续几日发文警示 A 股市生变，到 8 月底提示可以进场"捡皮夹子"。

提示风险：《从微博散户情绪看 A 股运行逻辑》(2015.6.15)。

从投资者情绪角度分析股市属于行为金融学范畴，而微博为观察散户情绪提供了很好的平台。这轮牛市开启以后我花了很多的精力在微博上，切身体会到了观察散户投资情绪对行情走势判断的巨大价值，尤其是在大盘趋势、板块强度的判断上，其精准程度超过了几乎所有的基本面及技术面的分析。

进入冬季：《如何应对这次 A 股的真调整》(2015.6.16)。

事后看这篇文章观点非常及时，判断非常精准，这次调整确实让整个市场都痛了。但坚决执行策略的人不仅没有被行情伤到，反而大有斩获，当然这是真高手。

H333 策略：《疯牛已死》(2015.6.20)。

鉴于当时上证指数一周下跌 13.32%，创业板一周下跌 14.99%，从高点下跌已超过 18%，我发文提示"牛市已死"的风险，提示采用 H333 防守型策略会是一个好的选择。

H007 策略：《影响 A 股走势的主要矛盾已转变》(2015.8.28)。

强烈提示 H007 "捡皮夹子"策略，于 8 月 25 日满仓加融资 40%，8 月 26 日再度提示暴跌之后的反抽行情可以大胆买进。目前来看，这在当时是一个无可挑剔堪称完美的操盘策略。

盘口实战：2015 年 8 月 25 日配置 H007 策略，仓位由用 H333 时的 30% 上升到 70%；2015 年 8 月 26 日再配置一个 H007 策略，仓位 70%，满仓加融资 40%。

基本面预判：暴跌后的反抽，反抽时间和高度要关注后续监管部门的态度和行动。

图 15-5　2015 年上证指数走势日线图

后面可控的部分：再现千股跌停可能性比较小，股票出现分化是必然的，赚钱会越来越难是肯定的，H333 策略依然不失为一个好选择。

操盘策略：连续暴跌之后的反抽行情，启动 H007 策略。

策略滚动及"捡皮夹子"的最佳时机：大盘单日超过 5% 的暴跌，板块单日超过 8% 的暴跌。

策略原则：必须滚动（不可滚成满仓），不滚动就"滚蛋"（股价变动幅度达到设定幅度就坚决滚动，而不管自己手中股票的盈亏幅度）。

策略按底仓股票选择及设定的滚动幅度不同可以分为保守型和激进型。

保守型策略：底仓配置痛点板块中的小股票，滚动幅度设为日内大于 3%，日间大于 6%，周间大于 10%，月间大于 20%（平时持仓 1/3，达到滚动幅度时逢低滚入 1/3）。

激进型策略：底仓配置强势板块中的龙头股，滚动幅度设为日内大于 5%，日间大于 12%，周间大于 30%（平时持仓约 2/3，达到滚动幅度时滚出 1/3）。

这个策略只有出现暴跌的大"皮夹子"时才可满仓，所以整个策略属于防守反击型，滚动策略可以很好地防止受到大的伤害，保留胜利果实，但"皮夹子"策略又可以获得超额收益，让自己可以享受到牛市的完整盛宴。

注意："捡皮夹子"是 H333 策略的组成部分，是用来应对黑天鹅事件造成股市大跌时采用的，不是看到股票大跌就属于"皮夹子"；强势股往上攻击期出现大幅回调适用的是 H333 策略中的滚动策略，若强势板块强势股在长期攻击、多次攻击的后期大幅回调也不是滚动的好标的。

极端行情下的机会怎么抓?

"落难英雄"的下极端机会

2017 年四季度我再次提出"落难英雄"这个概念，其背后的逻辑是 2017 年名特优蓝筹股走了长长的夏季，而创科技股走了长长的冬季。根据四季轮回理论，我判断 2018 年科技股会有机会。进一步可以判断，在大幅下跌后，具有真技术、真实力的龙头科技公司（落难英雄），会在冬末春初率先企稳反弹，也就是我们说的落难英雄王者归来。

找到选股逻辑，缩小选股范围后，从量价和主力层面比较容易锁定网宿科技。2017 年 11 月，网宿科技率先触底，11 月—12 月的筑底阶段，阳线放量明显，能看出资金介入，同步主力建仓。到 2018 年 1 月底，股价涨幅超过 50%，2018 年 1 月 26 日，《财经》杂志爆出腾讯入股传闻，2018 年 1 月 29 日公司澄清复牌，主力节奏被打乱，这里做第一波止盈。

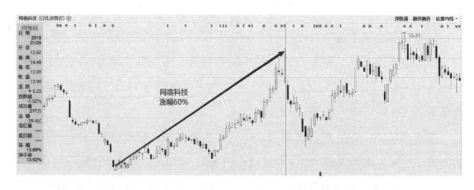

图 15-6 2017 年 12 月—2018 年 1 月网宿科技最高涨幅 60% 以上

2018年1月底,以上证50为代表的蓝筹股走出上极端行情,然后指数翻身走出下极端行情,一上一下两个极端,大极端大转折,"聪明的钱"顺势完成从蓝筹股到创科技的切换。这是通过极端行情抓板块轮动的思维。

图 15-7 2018 年网宿科技涨跌幅

随着下极端板块切换,网宿科技第二波机会出现。2018年2月6日股价跌停后,2月7日—9日,创业板指数明显强于沪指,网宿科技表现也相对强势,按照洪攻略在大盘下极端买入。直到2018年4月份芯片概念等创科技板块炒得尽人皆知,行情和情绪都出现上极端,我当时说这些板块已经进入"赌"的阶段,这时应该逐步锁定收益。下极端买入,上极端卖出,一波完美操作。

有缘股在极端行情下的机会

有缘股即与你有交集的股票,因为有交集所以熟悉。你可能就在这家公司工作或曾经在这家公司工作,对它的生产、经营、盈利情况都非常了解。

在大盘极端和个股极端共振时,可以把握有缘股的极端机会,因为知根知底,所以能够果断在下极端左侧买入,然后等上极端出现卖出。判断上下极端的方式:连续下跌后出现加速下跌(连续跌停),连续上涨后出现加速上涨(连续涨停)。

接下来以镇海股份的实战作为案例,帮助读者理解有缘股在极端行情下的机会:

镇海股份这家公司我非常熟悉,2017年2月8日上市,经过短期炒新后一路下跌，股价从最高的 30 元（复权后）跌到 2018 年年初的 18 元附近。当时我一直在关注，等待好的获利机会。

2018 年 2 月初下极端共振：2 月 6 日—9 日，沪指连跌 4 天，跌幅超过 10%，属于非常明显的大盘短线下极端行情，镇海股份 2 月 8 日跌停板，破了 6 个月的横盘箱体，2 月 9 日无量跌停，2 月 12 日镇海开盘继续跌停，三连跌停（个股下极端也出现），同一天大盘出现企稳反击，当日镇海股份收盘跌幅 9.52% 接近跌停，换手率 17.27%，成交额 9867 万，第二天（2 月 13 日），镇海股份平收，换手率 9.67%，连续两日高换手，说明有主力资金关注。当时我选择同步买入。

有缘股听起来算是自下而上的选股方式，不过镇海股份也符合自上而下的选股逻辑，它属于我 2018 年年初判断的"油价上涨的机会"范畴。

2018 年 4 月份，油价上涨概念发酵，镇海股份在 4 月 10 日、4 月 11 日连续两天涨停，4 月 12 日巨量冲高未涨停。当时判断个股上极端出现，获利了结。

图 15-8-1 2018 年镇海股份日线走势图

两个月时间，镇海股份最大涨幅 60%，按照下极端买入、上极端卖出操作，获利 50% 是没有问题的。

长期关注的有缘股，是可以反复操作的，6 月份镇海股份又出现了第二次极端交易机会。

6 月 15 日、6 月 19 日镇海股份接近两连跌停，股价创出新低，判断出现短线下极端，随后股价在 12 元附近企稳，选择买入。7 月 18 日镇海股份涨停，7 月 19 日冲涨停失败，同时放出巨量，判断上极端出现，选择卖出。

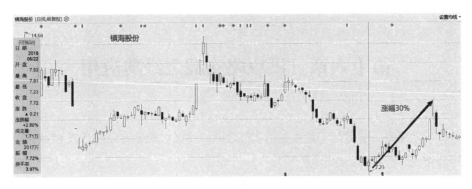

图 15-8-2 2018 年镇海股份日线走势图

这一波上下极端时间间隔较短，股价上涨幅度在 30% 左右。

第十六章　洪攻略实战之经典应用

洪攻略是一套穿越一轮牛熊的实战攻略，是已被验证可以在 A 股赚到大钱的投资思考及操盘策略。

本章在尽量真实还原当时实战战况的同时，新加了一些关键的内容，比如在当时的市况下为什么要做那些思考，为什么会提出那样的建议，为什么在那个时候要着重调心态，为什么那个时候那么关注市场情绪，以及在市况发生变化时，如何及时调整自己的思考，等等。而这些，是大家在其他地方很难读到的。

希望通过本章内容的讲解，帮助读者找到和当下类似的场景，采用相应的思考方式，找到背后的投资逻辑，然后果断地采取行动。相信洪攻略可以成为你投资中的实战指南。

极端交易的完美实战案例

2015 年牛熊轮回，极端交易史诗级经典战役

2015 年的 A 股市场宛若一部跌宕起伏、充满戏剧感的超级大片。从千股涨停到千股跌停，从牛气冲天到急速回落，清查场外配资、证券反腐、IPO 暂停又重启、注册制提上日程，一幕幕惊心动魄的鲜活画面，成为投资者难以磨灭、悲喜交织的铿锵回忆。

2015 年，在这种极端行情下，我依然对自己的股市研究及投资感到非常满意。因为在每一个重要转折阶段的策略都被市场佐证。

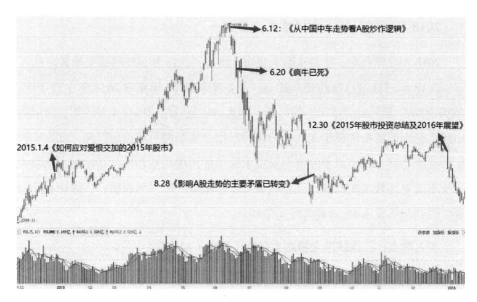

6.12:《从中国中车走势看A股炒作逻辑》

6.20《疯牛已死》

12.30《2015年股市投资总结及2016年展望》

2015.1.4《如何应对爱恨交加的2015年股市》

8.28《影响A股走势的主要矛盾已转变》

图 16-1　2015 年重要转折阶段发布文章

2015 年 6 月 15 日：发文《从微博散户情绪看 A 股运行逻辑》，通过观察散户投资情绪对行情走势进行判断，尤其是在大盘趋势、板块强度的判断上，其精准程度超过了几乎所有的基本面及技术面的分析。

2015 年 6 月 20 日：发文《疯牛已死》，第一次系统提出防止被锯齿所伤，A 股的粗放式上涨应该快接近尾声。

2015 年 8 月 28 日：发表策略《影响 A 股走势的主要矛盾已转变》，强烈提示 H007"捡皮夹子"策略，于 8 月 25 日加仓至 140%，即融资 40%。8 月 26 日再度提示暴跌之后的反抽行情可以大胆买进。目前来看，这在当时是一个无可挑剔堪称完美的操盘策略。

从投资人生的角度看，如此令人爱恨交加的一年不是那么容易遇上的，在如此惊涛骇浪面前不仅可以收获经验，还能运用 H007 策略获得实实在在的投资收益，这样的投资人生其实是可以打个高分的。那么，如何在极端行情当中赢利？H333 策略是赚钱必修课。

2018 年极端行情，大极端大交易

2018 年非常极端，按洪攻略大极端大交易，2018 年洪攻略硕果累累。

2018 年对极端行情的精准踩点，主要基于 2017 年底对 2018 年主要矛盾、"聪明的钱"及所处"季节"的判断。因为确定监管层思维是主要矛盾，所以得出强监管下价值投资只是无数个巧合的产物，资金面可能会出问题，加上监管层怕涨的心理，断定价值投资与科技未来可能出现极端转换，得出对白马股名特优不能有高预期的结论，认定极端一定会出现。所以强调耐心，强调极端交易，强调全年采用 H333 防守反击策略。

买入时点：三次踩准大极端大交易（买入）时点

全年我的微博只说过三次买入或加仓，很幸运，全年仅有的三次极端行情完美验证了这三次大极端判断，以及大交易逻辑的正确。

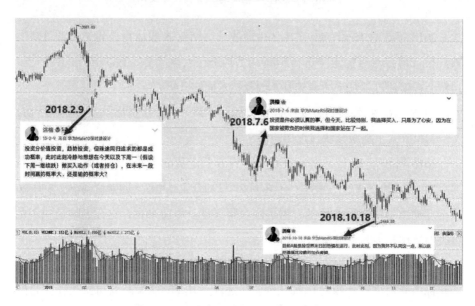

图 16-2 2018 年三次极端行情的完美判断

卖出时点：两次精准预测围猎结束时点

4 月 22 日撰文《一些人从大盈变成大亏是必然的》，主要针对芯片板块，

由于中美贸易战受到市场热炒，我在非常精准的时间点提示风险，芯片已进入赌的状态，需要尽快离场。（芯片围猎 4 月 23 日结束）

11 月 18 日撰文《说个游资惯用的围猎方法：声东击西》，讲的是市北高新打到最高点，这只个股结束，科创概念结束，救了很多人。（科创围猎 11 月 19 日结束）

2018 年洪攻略抓住了主要矛盾，也紧跟了"聪明的钱"，同时围猎"季节"判断精准。关键在于整体策略"继往开来、战略建仓、极端围猎"堪称完美。与之形成鲜明对比的是，2018 年是公募、私募全军覆没之年，因此这样的洪攻略战绩说完美并不为过。总结的目的不是为了嘚瑟，而是告诉你洪攻略背后的逻辑都是成立的。

2020 年极端事件，做个股市的"逆行者"

2020 年初我们碰到了一个非常特殊的时期，一个和时间赛跑的抗击新型冠状病毒的特殊时期。特殊时期事先谁都拿不出最优策略，疫情还在发展，投资者还处于情绪宣泄阶段，什么都可能发生。在 2 月 3 日开盘前两天，我专门撰写了《A 股开盘，戴好口罩做个股市的逆行者》一文，提出投资者必须有一个适合自己的投资策略：能帮助自己把投资的主动权牢牢抓在手上的投资策略。我给出了几条具体的策略（因人而异）：

如果你此时此刻已经感觉被动了，那 2 月 3 日盘中的任务就是重新拿回主动权，拿回淡定的好心态，坚决调整仓位让自己回到可攻可守的状态，怎么做未来心态不会坏怎么来；如果你这几天担心的是自己仓位过重，那就用 H333 交易方式（指的是交易方式，不是仓位大小）调整到后面大盘无论涨跌你心态都不会变坏的仓位大小；如果你这几天担心的是持仓股票不踏实，那就坚决第一时间调仓换股；如果你知道自己手忙脚乱打乱仗不在行，那你得让自己后面几天行情再怎么变化也不能乱，才可以等风头过去再交易。

同时也帮助投资者解决了选股问题：

选股前，先弄清楚四个问题。哪些股票会抗跌（短线不着急抛）、哪些股票反抽力度大（短线可参与机会）、哪些股票长期看没问题（可以选择持股不动）、哪些股票长期看短期看都没戏（彻底放弃）。"决胜未来"是 2020 年的四字关键词，2 月也成了决胜 2020 的关键月份。未来是由现在决定的，现在是由过去决定的。因为有 2018 年的战略建仓，才有了 2019 年逆风飞扬的勇气，有了 2019 年逆风飞扬的胜利，才会有 2020 决胜未来的豪情。所以 2 月份的选股及交易策略依然是逆风交易"15 字诀"：大时代、硬科技、软消费、强对冲、真实力。之后的行情走势与我们当时文章中的判断相符：开盘前几天都是投资者情绪的宣泄阶段，A 股延续节前跌势，且波幅不小，疫情影响较大的公司可能出现跌停潮。当时强调面对这样的行情不可盲目杀跌，但仓重的反弹时要坚决减仓，每个人都需要根据自己的情况制定相应应对策略，极端行情极端交易。也要敢于买入错杀的股票，一些股票在情绪宣泄过后会快速反弹，比如强势股会出现主力自救，超跌股会吸引短线资金，一些软消费股票（科技赋能新消费）可望率先走强。

事后再看，抓住那次的黄金坑，也成了决胜 2020 年投资的关键。洪攻略是极端投资体系，极端时期极端交易，这个极端是一个时期，不是一个点，明白这一点大胆启用 H333 滚动的"洪粉家人"也获得了超额收益。这又是一个洪攻略极端交易的经典案例！

2022 年极端频现，极端交易大年

2022 年行情走得六亲不认，但好在有惊无险，最终行稳致远。这是风险充分释放的一年，我国经历了各种极端压力测试，面对特别极端的 2022，洪攻略极端交易始终为"洪粉家人"保驾护航，当大盘指数极端下跌时，敢极端交易；当主题炒作来临时，敢参与围猎；当新能源又卷土重来时，敢与"聪明的钱"共舞；当全面压力测试通过时，敢进场做多中国……坚守洪攻略原则，可继续稳坐钓鱼船。

5 月 7 日《极端时刻的隔离总结——人在上海，钱在股市，梦在路上》

写这篇隔离总结时，上海疫情并未结束，但我认为疫情带来的困扰在我心里翻篇了，该总结了。闭关 49 天，我再问自己：经此一役，上海还会好吗？

"做多中国"还喊得响吗？

我坚信危中有机，物极必反，这段时间是我们人生中的极端时刻，出现了不少超预期的极端事件。但越是极端，我坚信反转的概率就越大，反转的时间就越近。这次上海抗疫暴露出了很多问题，在一定意义上是好事，新冠本就是对人类社会做的一次全面体检，一次全方位压力测试。前几十年快速发展的上海乃至中国，确实需要有一次全面体检或压力测试，才能浴火重生，才有可能在百年未有之大变局中拔得头筹。

人类社会在进步，办法总比困难多，面对困难，我们需要回到最底层去思考问题，面对未来，我们要思考主要矛盾。

现阶段不少人对经济越来越悲观，这点我不认同，我们国家只要肯投入资源，以国人的才智和勤奋是一定可以转化为 GDP，转化为财富的。历史数据显示，我国银行坏账增加伴随的往往是经济高速发展，互联网时代创造了很多财富，产生了不少估值千亿万亿的互联网平台公司，生产了很多好肉，很大一部分给了海外资本。说这个，是想表达一个重要观点：未来的 20 年和过去的 20 年有个本质的不同，就是同样是改革开放，同样是借外力，但分配机制完善了很多，科技大时代、国潮大时代，相比过去的时代，普通大众更有机会，也就是更容易共同富裕。

不是说未来的发展不需要外资，相反需要更多的外资，但再出现第一代互联网公司外资拿大头的可能性小。

当然，困难还有很多，但正因为未来困难重重，才更需要借力资本市场，这点会有达成共识的一天，资本市场越极端共识就能越早到来，我们唯一要考虑的就是让自己一直保有抓住机会的能力和实力。

肉正在一块块地下锅，能不能吃到，就看大家的眼力见儿和胆识了。

5 月 15 日《极端转折——新能源产业链王者归来》

2021 年年底我们对新能源板块的判断是，2022 年新能源板块将进入"内卷时代"。原因是 2020 年增量资金入场属于场外"内卷"，2021 年板块轮动属于场内"内卷"，2022 年整个板块将会进入行业"内卷"，个股差别巨大。事实确实如此，一开年市场就来了个下马威，行情经过几个月的演绎，整个新能源板块已经比较极端了。

物极必反一直是市场不变的真理，进入5月份之后，新能源板块走势是典型的"有妈的孩子"，王者归来，汽车整车成为这一轮行情的龙头板块。龙头股"中通客车""长安汽车"双双发力带动板块上涨，进而带动大盘指数向上运行一段时间。当龙头板块汽车"小季节"入"秋"调整，大盘指数"小季节"也入"秋"调整。中通客车是游资主导的龙头股，这一轮行情最大涨幅543%左右，长安汽车是机构主导的龙头股，这一轮行情最大涨幅205%左右。

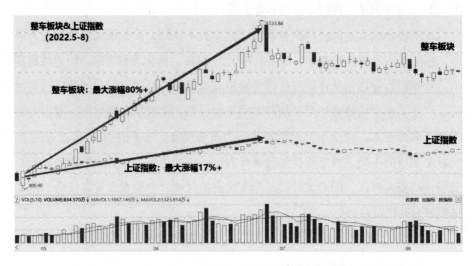

图16-3 2022年5月—8月上证指数＆整车板块日线走势对比图

这轮行情中敢于极端交易的"洪粉家人"，均获得了非常不错的收益。而我们之所以能够抓住这次极端转折行情，源于我们遵循我在5月15日《新能源产业链能否王者归来？》一文中所阐述的逻辑：

第一条逻辑，新能源赛道是我国弯道超车的历史机遇；

第二条逻辑，启动消费首选汽车产业；

第三条逻辑，汽车产业有更多的可能性。

10 月下旬《做多中国：极端时刻保卫战，坚决与祖国站一起》

在 2022 年 10 月下旬，中国资产第三大交易所港股被人恶意做空。随后香港交易所立马"关门打狗"，香港期货交易所暂停衍生产品市场的恒生指数期货产品市场波动调节机制。从港交所的动作来看，这一次算是对症下药，暂停了助跌的股指期货，2015 年 A 股股灾就是限制股指期货后才救市成功的。

稳定压倒一切，态度决定一切！"香港期货交易所暂停衍生产品市场的恒生指数期货产品市场波动调节机制。"这消息的关键点不是内容，而是一种态度，也就是说为了港股的稳定，监管层会采取一切必要手段。而这种态度正是当时港股市场最需要的，也是对空头震慑最强的。

从监管层的表态来看，官方承认了海外投资者在做空 A 股和港股。其实不担心海外投资者和内地及香港对赌，怕的是跟风的"汉奸"太多。连巴菲特都说没有人可以靠做空自己的祖国发大财，此时我们必须坚定相信，做多中国才能赚取更多财富，与国家站在一起才能行得稳走得远飞得高。

所以我在 11 月 6 日喊出这样的口号：中国已完美通过本世纪以来最大的一次全面"压力测试"，奉劝投资者不要再做空中国资产，我们一起《做多中国》，一起迎接新一轮行情。

压力测试通过后这一轮行情开启时的关键判断：

大会后下个月好行情可能开启（11 月 1 日开盘前）；

指数转折行情（11 月 1 日中午）；

不存在磨底（11 月 1 日收盘后）；

板块轮动，无大主线；

港股城门立木（11 月 2 日提出）；

我国完美通过本世纪以来最大的全面压力测试；

奉劝不要做空中国资产；

宁可做错，不可错过；

……

口气上颇有 2014 年的味道。

这轮行情是对自 2018 年开始的全面压力测试后的修正，修正后能不能超越这 5 年的高点，一看经济恢复力度，二看财富效应强度。

从 2023 年一季度板块强弱排行榜看，今年行情真不错，涨得很猛，跌得很温柔！真是大胆"做多中国"的好年份。

（原文 2023 年 7 月 1 日整理成文，请根据当时行情理解本文）

经典实战操盘策略及思考逻辑

H333 策略初出江湖——征战"红五月"

我 2015 年 4 月下旬为一个大户制定了"红五月"操盘计划，攻略具体内容是：逢低构建券商底仓（不追高）1/3-1/2，1/3 银行和保险，1/3 "捡皮夹子"（主要是券商股）。券商股构建好之后开始滚动操作，有"大皮夹子"出现时抛出 1/3 的银行和保险，"皮夹子"到手后，再逢低买入银行和保险。

这个策略的特点是：仓位配置——不满仓；交易方式——1/3 底仓滚动；板块选择——大金融。对一轮牛市而言，这是一个悲观保守的策略。适合不甘心错过牛市但更不想被锯齿（大调整）所伤的投资者。

这样的策略是基于对未来行情如下的判断：5 月份 A 股迎来这轮牛市途中的第二次大考；最坏的可能 A 股面对一次指数超过 15% 的大调整或大震荡；调整时间周期超过 3 个月。

面对这样的情况，H333 策略是我能想到的有可能带我成功穿越这次考验的一个策略。理由如下：

一轮行情总是从小板块开始，在大板块结束，大金融属于大板块；

前期大金融板块涨幅相对偏小；

行情越上涨大家就越担心政策打压，也就是说谣言及黑天鹅就越多，威力也越大，而这些黑天鹅对券商的杀伤力也极大，所以保留资金用来捡券商股的"皮夹子"。

还有一个理由是券商股业绩大增是确定性的；理由还有很多，比如降准降息，"胡萝卜加大棒"的监管方式……

滚动是这个策略的关键组成部分，既然面对大震荡，滚动就是好策略，当然滚动也是为了防止"捡皮夹子"捡成了满仓。

对于滚动确实有些人是做不了的，但如果实施 H333 策略至少应该做到：

尽量不追涨，一定要加仓也选择跌的时候加，至于跌多少加可根据自己的承受力定，尽量不杀跌，尽量不满仓；小滚不行，就考虑只在指数出现日 3%、周 6%、月 10% 以上涨跌时做滚动操作。

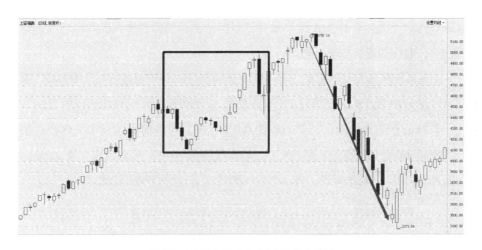

图 16-4　2015 年 5 月上证指数走势图

关于 H333 策略的适用时间及需要引起注意的地方我有过思考：

大券商，比如海通证券、中信证券创出新高，H333 策略使命完成；

大盘下跌不能快速缩量，减少低吸，仅维持 1/3 底仓直至大盘量缩到位再加大仓位。

关于 H333 策略我讲得非常细，是希望告诉大家一个完整的操盘策略的制定思路及思考逻辑，也希望将来这个可以成为互联网投资培训的经典实战案例。

（原文 2015 年 5 月 6 日首发于新浪微博，请根据当时行情理解本文）

经典事件围猎——从中国中车走势看 A 股炒作逻辑

这篇文章非常经典，及时地把一些人从神车上拉了下来。这个实战案例讲清楚了一个重组并购事件围猎的炒作路径，对参与并购重组股票炒作有非常现实的指导意义。

截至今天，中国中车从最高价已经下跌近 38%，也就是说几乎达到了牛市回调的黄金极限 0.382，但似乎还没有要趋稳的意思，在大盘屡创新高的大牛市中，如果你的账户却缩水 30%，那真是欲哭无泪，很多人说怎么会这样？当然感到奇怪的多半是新股民，因为这次中车的炒作路径非常老套，老股民套牢的应该非常少。央企合并在 A 股市场并不是第一次，前面有申万证券和宏源证券的合并，他们的走势如出一辙。

中车炒作从 6 元以下起步，第一步炒到 14 元多，停牌前连续 6 个涨停板，第二步炒到 39.47 元（改名复牌前），现在跌到 25 元以下。最大日成交量 497 亿。

宏源证券从 8 元起步，第一步炒到 13 元多，停牌前连续 6 个涨停板，第二步炒到 43 元（改名复牌第一天），最低跌到约 30 元。最大日成交量 238 亿。量缩至 20 亿以下触底反弹，将近半年时间过去了还没有收复失地。

图 16-5　2014 年 11 月—2015 年 7 月中国中车日线走势图

从以上看可以得出如下几个结论：

宏源证券炒作极限是合并更名复牌第一天，给中车炒作主力的启示是必须在更名前结束战斗；

炒合并就是炒合并，既然合并已经完成，炒作就自然结束了，至于合并后的效果那属于炒业绩范畴，这轮牛市还处于炒"长胖"阶段，还没有到炒"身体素质"阶段，所以合并后的炒作将遵从业绩炒作规律。当然如果还有更大的购并重组，那还可以继续炒"长胖"。这也是当中车公告获得百亿订单时，市场毫无反应的根本原因；

一个股票题材炒作已经结束，即风口不在时，如果还带着暴涨的心态买入，注定是不能如愿的，看中车连续放量下跌，后面的每一次反弹都会成为一些人争相逃命的机会，所以不出意外中车会有一个漫长的量缩过程，第一次进场博反弹的机会应该在日成交量达到 100 亿左右时，再次重点布局要在日成交量到 50 亿以下再考虑；

中车再次上涨需要新的题材，但外延式增长的想象空间几乎没有了，以后遵循业绩炒作的概率比较大；

按边际效益递减的原则，以后的央企合并炒作会收敛，炒作时间会提前，涨幅会下降；

"长胖"其实很容易，但要胖得健康、胖得灵敏不容易，同行业购并 1+1 大于 2 的毕竟是少数。

（原文 2015 年 6 月 12 日首发于新浪微博，请根据当时行情理解本文。本文试着以中国中车为例，解析一下重大并购股票在 A 股的常规炒作路径，不作为对个股的推荐）

经典策略——极端之后的"凤凰涅槃"

2014 年"无与伦比"，2015 年"爱恨交加"，2016 年"凤凰涅槃"。

2016 年有很多确定性大事件，其影响却是长远而不确定的；也有太多不确定的影响，但意味着有一些确定性机会。

2016 年最大的风险是金融资本市场改革开放向纵深发展对行业转型及世界金融市场带来的直接冲击后果的不确定性；最大的机会是金融资本市场改革开放红利的确定性释放。2005 年股权分置改革解决的是场内非流通股权的"流通障碍"问题，对这个问题的讨论及解决路径担忧让上证指数见了低点 998 点，其后随着方案的逐步实施，"10 送 3 的补偿机制"及"股东利益的一致"开启了中国股市最大的一次牛市，上证指数达到至今为止的最高点 6124 点。

2016 年注册制的推出解决的是场外非上市公司进入股市的"流通障碍"问题，其问题的讨论及解决路径担忧将让上证指数见到怎样的点位？其后随着注册制的逐步实施，又将开启中国股市一个怎样的时代？这次对存量投资者的补偿机制是"市值非现金配售新股"，严厉的处罚机制是大股东、中介机构和二级市场投资者利益一致的保障。

2016 年中国股市历经千难万险，终于跨过特殊的青春期，期待成人；中国投资者历经 25 年种种苦难，终于要面对一个不再特殊的市场，期待凤凰涅槃。

注册制对过去 A 股市盈率结构和区间的冲击是一把悬在投资者头上的剑，其以怎样的方式、怎样的角度怎样的速度落下，目前市场无法达成共识，但这把剑一定会落下是很多人的共识。对此，我认为的有效思考应该是：这确实还需要时间去观察，切不可简单得出一个结论并因此采取重大单边投资策略；市盈率是相对的，经济发展速度及上市企业成长现状，中国特殊的投资者结构、投资习惯及资金面在可预见的 2016 年还仍将对市盈率结构和区间起到决定性作用；有没有策略可以避开市盈率体系万一崩溃可能出现的风险？

2016 年注册制的实施，带来的是有限的 IPO 规模，如果股市走势好会相对高，走势差会相对低，但数量级是确定的，是不会超出市场可接受的范围的，这是肯定的。现在很多人都是在简单地"害怕注册制对 IPO 的放开"，却忘了真正影响市场走势的是 IPO 实际规模，只要 IPO 实际规模可承受，这其实就不应该成为一个问题。对这一点，我可以给出一个肯定的判断：2016 年 IPO 规模一定处在市场可承受范围。

2016 年最值得期待的恰恰在资金面，养老金入市是肯定的，A 股纳入 MSCI 也几乎板上钉钉。我个人更看好私募基金吸引资金进入股权市场的能力，新的基金法确定了私募基金合法地位之后，恰逢 2014 —2015 年这轮牛市，私募基金公司及从业人员得到了快速发展壮大，他们不分节假日不分昼夜的工作就是把市场高净值用户的资金源源不断地拉进资本市场，其数值不可限量。另如果股市下行，国家救市资金是不会选择退出的。

综上所述，我能得出这样一个结论：2016 年 A 股市场值得期待，如果策略得当，机会将远大于风险！基于这样的基本判断，我为自己制定了 2016 年的投资策略：在股市震荡调整过程中构建目标股票底仓，大跌见量缩则大买，若目标股票盘整或上行则在其回档量缩时逐步建仓；在底仓构建完毕后开始用 H333 策略摊低成本；在趋势略微明朗后选择阶段性癫狂；适当使用周滚动做些个股及板块轮动。

板块选择：核心板块券商股；辅助板块大消费、资源、旅游相关（客车、机场等）；机动板块互联网金融、国资重组、迪士尼、军工、次新等。

个股选择：个股抓两头（板块抓中间），有强势品牌能"长胖"是第一要素。

核心板块选择券商，其实是个综合权衡后的考虑，虽然它未必会是 2016 年走势最好的板块，但它是我眼里机会最确定的板块，也是我认为是自己最可能把握的板块（辅助 H333 策略是肯定可以跑赢大盘的板块）。如果券商股在 2016 年没有机会，那可以肯定地说，2016 年会是个熊市，在熊市中要把握其他机会就更难了。

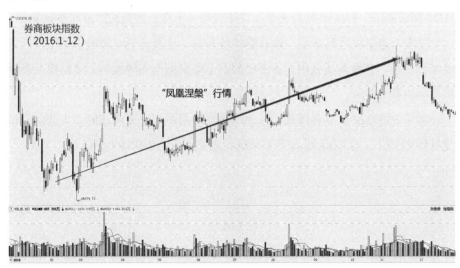

图 16-6 2016 年 1 月—12 月券商板块指数日线走势图

2016 年，期待中国股市的凤凰涅槃，也期待自己的这个策略可以再度成为
2016 年的年度经典。

（原文 2015 年 12 月首发于新浪微博，请根据当时行情理解本文）

看了以上的实战案例，大家在感受洪攻略巨大威力的同时，对洪攻略应该
也有了更深入的了解和理解，脑海里可能有了一张洪攻略地图，耳旁能跳出一
些洪攻略实战音符（1234567）：

一大交易原则——极端交易（不极端不交易）。

二大选股原则——远离平庸，拥抱龙头。

三大选股方向——龙头板块龙头股、痛无可痛的股票、熟悉的股票（和自
己有缘的股票）。

四大交易策略——H333、SH333、H110、H007。

五大交易流派——趋势情绪围猎 A，趋势事件围猎 B，趋势 "季节" 围猎
C，价值季度牧场 A，价值年度牧场 B。

六大思维——极端交易、围猎、工具、城门立木、概率、"季节" 思维
（"四季" 轮回）。

七大战法——城门立木战法，极端估值时空图，H333 建仓，H333 滚动，
H333 降级打击，H333 "捡皮夹子"，不交易（不交易是交易的最高境界）。

以上七条是洪攻略地图，洪攻略实战音符，是投资者制胜股市的法宝，需
要牢记在心。在具体实战中，务必比照这七条来调整实战策略，这是提高投资
成功率的有力保障。

如果说洪攻略实战音符是心法，那接下来第四部分要阐述的十大战法，便
是具体的一招一式，帮助投资者打通理论通往实战的最后 100 米。

第 4 部分

打通实战的最后 100 米

导　语

如果说股市是一个江湖，那交易就是"武术"，交易策略就是武术套路，笑傲"股坛"的自然就是"股林高手"了。

股市交易策略繁多，分为基本面分析、技术面分析和数量分析三大流派。但我更倾向于把股市交易分为价值型、趋势型两大流派，其他的流派都是由这两大流派演变派生而来，或多或少都有这两大流派的影子。

价值型流派：将上市公司的投资价值定位于其内在的特征，崇尚内因决定论。

趋势型流派：将投资定位于趋势跟随，是所谓的技术派主流，主要均线及其类似的指标为其参考工具，其灵感可能来自牛顿的"惯性定律"，宏观经济特征和政策变化是这一派花大力气研究的课题，大众心理行为、市场情绪也是该派的必修专业。

武林各大门派从来就是你不服我，我不服你，江湖中永远在寻找下一本"武林秘籍"。交易流派也一样，每一个流派都有其优势和致命弱点，所以股市中永远有人在说找到了新的交易秘籍。

本部分通过三章的内容，系统向读者介绍洪攻略五大交易策略和五大操盘策略（五大交易流派），不仅能帮助读者做好洪攻略的落地应用，更能帮助读者更好地了解股市投资，内外功兼修，练就属于自己的股市投资"神龙十八掌"。

第十七章　五大交易策略

股市"七亏二平一盈"，股市赢家千篇一律，股市输家各有各的难题。

市场机会那么多该买什么股票？好行情来了轻仓踏空怎么办？踩雷了怎么办？炒股总是被套如何解套？看着别人抓住主升浪赚大钱，自己只能赚个蝇头小利，甚至亏掉本金，我该如何交易？战法理论学了不少，为何依然无法扭亏为盈？

洪攻略极端交易体系的所有策略设计，均源自市场赢家智慧及个人实践，根植于人性底层，可以随市场变化而变化。针对投资者遇到的各种问题，本章给出五大解决之道，即洪攻略五大交易策略：H333 个股战法、H333 "捡皮夹子"策略战法、H333 滚动战法、城门立木战法、H007 战法。这些策略可以单列使用，很容易掌握，也比较容易执行。这五大交易策略都是洪攻略极端交易体系下的策略，对洪攻略极端交易体系、策略设计原理越了解成功率越高，使用过程务必坚守洪攻略原则（在本书第二部分第八章有详细介绍）。

相信这五大具体的交易应对策略，总有一款适合你，能够帮助你解决当下遇到的问题。

H333 个股战法

了解 H333 个股战法之前，我们再熟悉一下 H333 策略的设计原理。

H333 策略简单来说，即 1/3 底仓、1/3 滚动、1/3 "捡皮夹子"。"333"设计体现的是一种仓位及买卖时机理念，"333"的分配是个虚数，表示可以有底仓，要留有资金抓小极端，还要留资金抓大极端。H333 策略是防守反击策略，所以平时仓位低，遇小极端滚动，遇往下大极端"捡皮夹子"，遇超级往下大极端启动 H007。

H333 是洪攻略极端交易策略的核心，通过巧妙的设计去解决投资中最重要但很多投资者不容易解决的"心态及仓位管理，以及找买卖点"问题。H333 在洪攻略极端交易系列策略中有着承上启下的核心作用，熟练使用 H333 是洪攻略的入门课。

H333 个股战法之 H333 建仓

如何建仓是每一个投资者都会碰到的问题，大量事实证明用 H333 策略建仓是一个很好用的方法。假如你准备在一只心仪的股票上投入的总资金是 90 万元，那就要先建 1/3 底仓，即先买入 30 万元，具体建仓过程是这样的：

找到了心仪的股票，决定买入；

通过观察大盘，决定近期就买入；

如果通过"季节"分析，结合自己的操作习惯（即本部分第十八章所说的交易流派），认为当天就该买入，那就选择此股当天下跌至一定幅度时买入 1/3，具体下跌幅度可根据此股波动特性结合大盘"季节"决定，幅度计算从日内高点开始算，即小极端小交易；

如果通过综合分析，希望一周内建仓这只股票，若把调整幅度达到 3% 以上定义为极端，那便在此股从周内高点下跌达到 3% 时开始买入 1/3；通过观察大盘（或板块）涨跌幅度去操作相应股票胜算更大，即普通投资者尽量避免选特例股票。

以上就是用 H333 构建 1/3 底仓的方法，同理中长线月度建仓、季度建仓，甚至超短线建仓也一样。

按价值投资建仓，按趋势投资操作的 H333 策略，是长短兼顾的投资策略。

建仓不同阶段采取不同策略：调整中建底仓，大跌见量缩大买。如盘整或上行则在回档量缩建底仓。

"春季"H333 建仓一定是跌的时候买，追涨"春天"股票基本一追就套。这样的建仓方式基本决定了再好的股票也会与你无缘。

如果确定了想建仓某个股票，那也要在股价出现调整时买入，走势再好的股票都会有调整、有阴线。

H333 个股战法之贴身紧逼主力，中途介入强势股

投资者常常后知后觉，当发现一个股票时，往往已经涨了很多，此时已不敢下手，只好眼睁睁地看着这个股票继续大涨，后悔不已。

H333 是秋季策略，用在夏季属于降级打击，成功率更高。用 H333 策略壮胆，中途介入强势股是 H333 个股战法的常规应用。交易时严格遵循 H333 交易原则就可以了。具体交易可以分为三步。

第一步：用拟投入此强势股资金的 1/3 建仓。建仓后如个股走势未按自己的逻辑方向运行（参考城门立木战法），需要及时认错止损。

第二步：用 1/3 资金做滚动操作，操作原则只看幅度不看价格，不滚动就"滚蛋"。最终达到降低成本的目的。

第三步：最后 1/3 仓位资金，"捡皮夹子"策略使用。

板块整体温度正常，当突发利空，目标股出现暴跌，判断大盘主要矛盾不变，此时将捡皮夹的 1/3 仓位资金买入，在股价反弹后及时卖出上交"皮夹子"。

我常常用 H333 战法介入城门立木股，但有个原则，就是如果"安全垫"不够，就减少介入仓位，提高温度灵敏度，一旦降温，立即离场。

H333 个股战法之实战应用

实战案例一：2018 年 10 月底，贵州茅台熊市尾声年度下极端建仓。

图 17-1　2018 年 7 月—2019 年 2 月贵州茅台日线图

实战案例二：2020 年 3 月—7 月，比亚迪春季震荡中小极端建仓。

图 17-2　2020 年 3 月—2020 年 7 月比亚迪日线图

实战案例三：2019 年 2 月初，中信建投春转夏突破后盘中回落快速建仓。

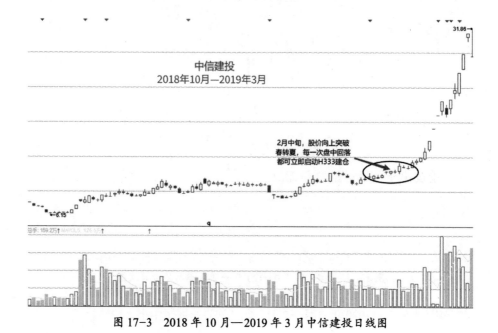

图 17-3　2018 年 10 月—2019 年 3 月中信建投日线图

H333"捡皮夹子"战法

H333 策略之 H333"捡皮夹子"

股市出现了黑天鹅是"捡皮夹子"的机会，这个时候要敢买，用剩下的 1/3 资金"捡皮夹子"。做"捡皮夹子"动作需要注意两点：第一，股价下跌一定要足够极端，确实跌得非常多，"皮夹子"跌到了地上才能去捡，不能到人家口袋里去拿；第二，捡到"皮夹子"一定要上交，物极必反，捡好"皮夹子"之后股价可能未来一两天就涨了，当反弹达到一定幅度的时候，一定要上交"皮夹子"，把仓位重新调回到 2/3 甚至 1/3 的滚动状态。

如果很不幸你捡的"皮夹子"没有反弹到你预设的幅度，那必须调整幅度，在股价出现反弹时坚决上交"皮夹子"。若大盘不幸碰到股灾式下跌，可以考虑启动 H007 救驾。

特别说明："捡皮夹子"后，"皮夹子"要及时上交，但也不要忘了达到滚动条件也必须卖出用于滚动的仓位。

H333"捡皮夹子"战法也可以单独使用，就是平时空仓，只在持续观察的板块出现极端，有"皮夹子"可捡时，启动 H333"捡皮夹子"战法进行极端交易，然后按 H333 策略交易，遵守洪攻略"四季"轮回理论，在中周期上极端出现时离场，再等待下一个极端交易机会。

"捡皮夹子"设计的特殊意义

"捡皮夹子"是 H333 策略中的关键设计（留 1/3 的资金用来"捡皮夹子"），其目的之一是确保不满仓操作，目的之二是抓大极端机会，这个策略其实也可以脱离 H333 策略单列使用；"捡皮夹子"寓意钱包已掉在地上，表示跌幅大、价格低，捡到的"皮夹子"必须及时上交，即及时降低仓位。

我一直认为 A 股市场是特别值得留点钱"捡皮夹子"的。有经验的投资者经常会发现，其实自己最终赚钱靠的就是最后买入的那些现金。市场上很多人讲抄底会死人，我认为这个理解是错误的，其实散户经常就是靠最后买入的那部分仓位赚点钱、减少损失，而其他大部分的钱一直在随风飘，碰到牛市就赚钱，碰到熊市就亏钱。他们抄底虽然不一定在最低点，但最后买入的往往是最早解套的，最后那部分灵活策略抄底的钱往往都是赚钱的。事实证明，"捡皮夹子"的胜率是比较高的。

H333"捡皮夹子"之实战应用

实战案例一：2020 年 2 月，创业板"夏季"下极端"捡皮夹子"。

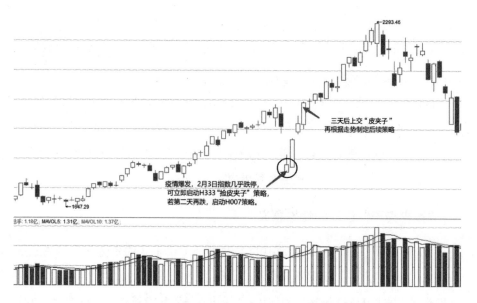

图 17-4　2019 年 3 月—2020 年 3 月创业板指日线图

实战案例二：2019 年 1 月，大盘倒春寒同花顺"春季"下极端"捡皮夹子"。

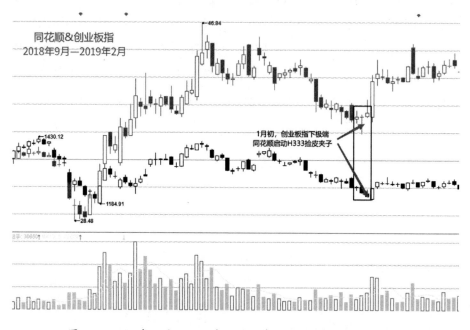

图 17-5　2018 年 9 月—2019 年 2 月同花顺＆创业板指日线图对比

H333 滚动战法

　　滚动是 H333 策略中的重要设计，目的是帮助投资者克服股市投资中最难克服的贪婪和恐惧，保持好心态。要求必须滚动，不滚动就"滚蛋"（要么滚动要么别用这个策略，你不滚动市场也会让你"滚蛋"）。滚动时要求不管价格只看幅度，至于幅度大小，由你要抓的极端机会大小决定（大极端大机会，小极端小机会），或者由时间跨度决定（日滚动、周滚动、月滚动等）。

　　H333 滚动战法用的是 H333 的设计思想，但具体使用上更灵活，我喜欢用这个战法去抓一些确定性很高的波动机会，也喜欢用这个战法来降低持仓股票的成本。

H333 滚动

　　用 H333 完成 1/3（比例可以不是 1/3）底仓构建后，股价会出现波动，如果此股继续下跌不用管它，若之后出现上涨（指数上涨，一般股票也会同步上涨）也不用管，直到上涨后再次下跌达到你预定的下跌极端幅度，比如指数跌幅达到你认为的极端 3% 你可再买入 1/3，这 1/3 的仓位就是用于后面滚动的仓位。

　　滚动开始，就必须忘记买入价，只需要看极端波动幅度，如果你想做日内滚动，就设定一个日内极端滚动幅度，比如上涨一定幅度就卖出 1/3；若你想做周滚动，就设定一个周极端幅度，当指数涨幅达到预定幅度，就卖出 1/3。

　　关于幅度设定及滚动策略制定，即如何判断走势极端，一看大盘"季节"，二看这只股票的股性，三看自己的交易习惯和抗风险能力，四根据各交易流派对极端的设定。如果你的操作习惯就是喜欢做日间交易，通常一周内就要交易两三个来回，那你制定的策略就应该是当这只股票在一周内从最高点下跌到某个幅度后，做滚入动作，但要记住，这个幅度是以一个区间行情的极端高低点来计算的，而不是以你买入的价位来计算的。

　　假如你根据这只股票同"季节"的历史股性把这个幅度极端设为 3%，你买入之后，若股价出现了某个高点，当股价自这个高点往下跌 3% 时，便要做滚入 1/3 仓位的动作；如果定的幅度是 5%，便等调整幅度达到 5% 时再做滚入，不看价格，只看幅度，只要符合滚出幅度，即使卖出价格比买入价格低也要坚决滚出。

完成滚入动作之后便不能再买入了，因为 H333 策略最后的 1/3 仓位是不能随便使用的，除非出现了突发事件、极端情况（如"黑天鹅"），股价出现暴跌了才可以用最后的 1/3 仓位去做"捡皮夹子"动作。一旦做好了滚入动作，后面便是等，因为滚入之后股价未必会立即涨上去，很可能不涨反跌。此时依然是等待，等股价出现一个低点后反弹，当反弹幅度再次达到你设定的那个幅度时（可以是 3%、5%、10%），便要滚出 1/3 仓位，这就叫滚动。

特别注意：是否做滚出动作，根据的也是自区间低点的反弹幅度，而不是自你滚入价位的反弹幅度。

H333 滚动战法之实战应用案例

实战案例一：2019 年 3 月—12 月，宁德时代"春季"周线滚动。

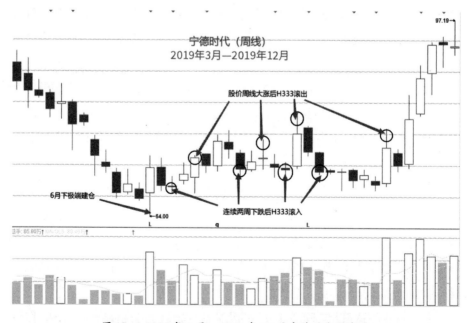

图 17-6 2019 年 3 月—2019 年 12 月宁德时代周线图

实战案例二：2021 年 6 月—10 月，隆基绿能"秋季"日线滚动。

图 17-7 2021 年 6 月—2021 年 10 月隆基绿能日线图

H333 策略派生的战法很多，比如救驾战法、降级打击战法等。为了帮助大家更好地学习洪攻略战法，大家也可以去找录制的视频课学习。

城门立木战法

城门立木战法主要内容

复盘每一轮大行情，我们都能清晰地看到有明显走势强于大盘，对大盘走势有明显牵制作用的板块，市场一般称之为主线板块或龙头板块。一轮行情如果参与龙头板块，收益率是相对高的，但如果参与的是龙头板块中最强的那个股票，那收益率很可能就是最高的。

"洪粉家人"对这段话很熟悉，是的，这就是洪攻略一直强调的要提高投资成功率，最好龙头板块龙头股。

市场上流行的各式各样的"龙头战法"，基本是参与强势股的策略。作为集百家之长的洪攻略自然也有对应的战法，为了更好地体现这套战法的精妙，更好地展现这套战法背后的逻辑精髓，我把这个战法命名为"洪攻略城门立木战法"。

城门立木战法是洪攻略思维"跟随'聪明的钱'"的经典实战应用。

城门立木战法被证明是目前 A 股市场获取超额收益成功率较高的策略之一，使用城门立木战法可以紧跟"聪明的钱"，第一时间发现主线及牛股，轻松确认牛股，找到龙头板块龙头股，敢于大仓位参与牛股，牢牢拿住牛股！

城门立木战法的核心是立信，城门立信，一诺千金！"城门立木"一词来源于"商鞅南门立木"这个典故。在周显王十三年（公元前 356 年）和十九年（公元前 350 年）商鞅先后两次实行变法，变法内容为"废井田、开阡陌，实行郡县制，奖励耕织和战斗，实行连坐之法"。开始推行革新时，为了取信于民，他派人在城中竖立一木，并告知："谁人能将之搬到城门，便赏赐十金。"秦民无人敢信，后加至五十金，于是有人扛起木头搬到城门，果然获赏五十金，从此宣示与开展秦孝公变法，史称"徙木立信"。北宋王安石，在一首称赞商鞅的诗中以"一言为重百金轻"来形容言出必行的重要。

股市投资中的城门立木和商鞅变法中的南门立木有异曲同工之妙，欲变法先立信，超预期才能立信，立信成功才能变法成功。欲围猎先立木，股市城门立木取信于股民，立木成功才能围猎成功。

从产业发展的视角看，每一个领域、每一个行业、每一个时代的发展都有其城门立木，苹果是智能手机时代的城门立木，特斯拉是新能源汽车的城门立木，华为是中国硬科技的城门立木，比特币是数字货币的城门立木，锂电、光伏是新能源时代的城门立木，ChatGPT 是人工智能时代的城门立木等。

从一轮行情的角度来看，每一轮大围猎都有其城门立木股，在传统大消费的大围猎行情中，"贵州茅台"是城门立木；在 2018 年底开启的 5G 产业大围猎行情中，"东方通信"是城门立木；在 2019 年一季度的券商板块大围猎行情中，"中信建投"是城门立木；在 2019 年底的科创板大围猎行情中，"中微公司"是城门立木；在光伏板块的大围猎行情中，"隆基绿能"是城门立木；在锂电池的大围猎行情中，"宁德时代"是城门立木；在 2021 年底的元宇宙大围猎行情中，"中青宝"是城门立木；在 2021 年底的抗原检测大围猎行情中，"九安医疗"是城门立木；在 2022 年一季度共同富裕的大围猎行情中，"浙江建投"是城门立木；在 2022 年二季度汽车产业链的大围猎行情中，"中通客车"是城门立木；在 2023 年一季度开启的人工智能产业链大围猎行情中，"海天瑞声"是城门立木……这些城门立木股都是市场上人尽皆知、耳熟能详的超级大牛股。

为什么城门立木股能够频频闪耀 A 股市场？因为城门立木是"聪明的钱"的决胜法宝，"聪明的钱"合理"操纵"城门立木让行情超预期，榜样的力量是无穷的，群众的力量也是无穷的，"聪明的钱"四两拨千斤巧用城门立木，让群众从看见到相信，进而掀起大围猎。"聪明的钱"合理"操纵"城门立木股就可以操控整个围猎进程，"聪明的钱"抓住城门立木这个牛鼻子就能够让整个围猎过程变得可控，最后获得超额收益。追求超额收益，伴随的一定会有超额风险，城门立木战法是勇敢者的游戏，是对勇者的馈赠，确切地说是对肯冒风险者的奖赏。"洪攻略城门立木战法"也是洪攻略最受欢迎的实战战法之一，每年都有大量"洪粉家人"习得战法真谛，在市场上赢得超额收益。

城门立木具有市场影响力和号召力，城门立木又称龙头板块龙头股，有引领市场运行一段时间的影响力。城门立木股可以打开市场上涨的想象空间，进而带动其他股票跟风上涨，推动行情持续上涨。城门立木股 50% 是底线，一倍起步，好行情三到五倍，大行情十倍以上。

城门立木的股票必须走到让投资者看见，而大多数情况下最后才倒下。

游资是使用城门立木战法的主力军，经常利用城门立木展开趋势围猎，喜欢炒主题、炒题材，打造市场龙头妖股。机构使用城门立木战法常常表现为"抱团"，多利用城门立木进行价值围猎，喜欢炒业绩，选择行业龙头公司抱团围猎。通过以下几个案例来领略城门立木战法的威力。

城门立木之实战应用

实战案例：汽车产业链。

核心逻辑：汽车产业链——集"投资＋消费＋出口"与"传统＋科技"于一身。2022 年二季度，经济发展压力较大，管理层思维可能出现重大转变，需要利用汽车产业链来稳经济救经济，因为汽车产业链集"投资＋消费＋出口"与"传统＋科技"于一身，推动汽车产业链发展可以拉动中国经济回暖。

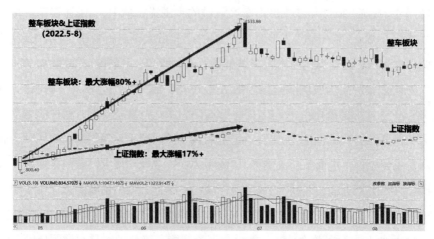

图 17-8　2022 年 5 月—2022 年 8 月汽车整车板块 & 上证指数日线对比图

汽车整车是 2022 年 5 月—8 月份行情的城门立木板块，在这一轮行情中汽车整车板块引领市场运行了将近 4 个月时间的趋势行情。在这一轮行情中汽车整车板块出现了两只涨幅巨大的城门立木股，机构主导的城门立木股长安汽车在这一轮行情中最大涨幅 220% 左右（图 17-9），游资主导的城门立木股中通客车最大涨幅 540% 左右（图 17-10）。汽车整车板块里的城门立木股带动汽车整车板块上涨，汽车整车板块指数这一轮行情最大涨幅 80% 左右（图 17-8），板块内很多个股翻倍。而汽车整车板块上涨带动了大盘指数运行一段时间的上涨行情，上证指数最大涨幅 17% 左右（图 17-8）。从上图中可以清晰看出，当城门立木板块汽车整车板块儿"小季节"入"秋"调整，大盘指数"小季节"也入"秋"调整。从中可见城门立木的威力巨大无比，通过城门立木法不仅能够轻松找到市场主线，抓住龙头板块龙头股，还能规避市场大风险，当"季节"入"秋"时降级打击，无论后市怎么走都能进可攻退可守，还能保有好心态。

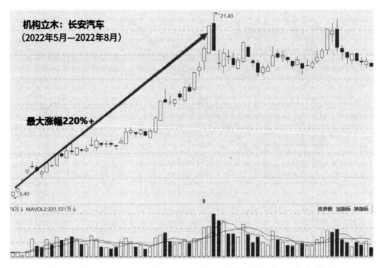

图 17-9　2022 年 5 月—2022 年 8 月长安汽车日线走势图

　　长安汽车是汽车整车行业的龙头公司之一，2022 年一季度整体销售 65 万辆，一季度财报显示一季度净利润 45.36 亿元，同比增长 431.45%。该公司具备价值属性和成长属性，符合机构资金的喜好，"聪明的钱"巧用长安汽车这个牵牛绳牵动汽车板块上涨，长安汽车这一轮行情最大涨幅 220% 左右。使用城门立木战法很容易第一时间找到这个城门立木股并第一时间上车，这个机构主导的城门立木股启动时有一个财报事件，早参与早受益，最大可获利 2 倍有余。

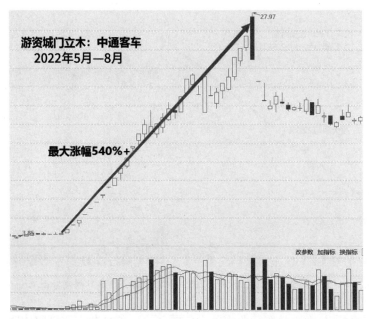

图 17-10　2022 年 5 月—2022 年 8 月中通客车日线走势图

　　中通客车是游资主导的城门立木股，启动时流通市值 24 亿，盘子小容易操控，当时启动时也有事件消息配合。游资围猎比较凶残，一鼓作气连拉了 12 个涨停板，涨幅高达 246%，随后持续拉抬，最大涨幅 540% 左右。这个游资主导的城门立木也很容易发现，中间出现了很多上车的机会，如果围猎实力高可以在第一个板 H333 打介入，赌城门立木的机会，第二日一字板涨停，后面连续 10 个涨停板，其间不猜顶不找顶，有了较厚的"安全垫"可以一路躺赢，最后获得 5 倍利润。如果不能第一时间介入，可以使用慢一拍的交易策略 H333 降级打击参与围猎，第三个涨停板介入也能有巨大的利润，后市涨幅高达 400%，"季节"转变也可以很从容地调整交易策略。

　　我们通过以上的城门立木实战案例可以更好地了解市场围猎的本质，可以更好地参与市场围猎。我们要拥有城门立木的思维，可以轻而易举确认围猎"季节"，可以轻松找到市场主线板块牛股，可以大胆参与围猎。

H007 策略

H007 策略的定义及应用场景

H007 战法即 70% 仓位 +70% 仓位（30% 仓位 + 融资 40%）= 总仓位 140%，大跌到大极端买入仓位 70%，继续暴跌再买进 70% 仓位，剩下 30% 仓位全部买入，并融资 40% 买入，此时总仓位一共 140%，强反弹 3 天后结束此策略。

启动 H007 是预计当天大跌后反弹概率大于 90%，没止跌，若第二天继续大跌则反弹概率大于 95%，若还不止跌，则第三天 99.99% 能止跌反弹。

应用场景

H007 是一个应对行情短期连续暴跌的策略（可以说是应对系统性风险可能临近或已出现时的策略），追求的是成功率，这个策略我模拟过几乎所有的暴跌（非政权更替造成的暴跌），股灾，包括 2022 年中概股危机（实战过），港股危机（实战过）……战法成功率是 100%。

H007 启动原则，大盘出现连续下跌后，投资者大都处于忍无可忍被动减仓的状态，再下跌极可能引发系统性风险，此时再大跌物极必反的概率已经大于 90%，三天内出现大幅反弹的概率无限接近 100%。

H007 只是一个应对特别行情的特别策略，使用的机会一年乃至数年才有一两次，只是这几年启动机会变多了。面对随时可能出现止跌反弹的行情，忍无可忍再忍两天。

H007 策略之实战应用

实战案例一：

上证指数在 2022 年 3 月 3 日—15 日出现了一波连续大跌，9 个交易日一共下跌了 12.06%，3 月 15 日大盘指数单日暴跌了 4.95%，此时系统性风险可能临近，需要启动 H007 策略，3 月 16 日、17 日、18 日连续 3 天强反弹，此时要结束 H007 策略，交易策略要调回到常规策略 H333。4 月份市场再一次出现启动

H007 的机会，4 月 26 日—4 月 29 日是一场 H007 的经典实战。

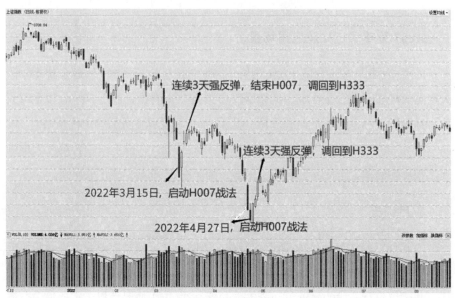

图 17-11　2022 年上证指数日线走势图

实战案例二：

上证指数在 2015 年 6 月 15 日—7 月 8 日出现了一波连续大跌，17 个交易日一共下跌了 32%，7 月 8 日大盘指数大跌 6.17%，此时系统性风险可能出现，市场进入技术性熊市，这个时候可以启动 H007 战法，7 月 9 日、10 日、13 日 3 天强反弹，此时要结束 H007 策略，交易策略要调回到常规策略 H333。同年 8 月份市场再一次出现启动 H007 的机会，8 月 26 日—28 日是一场 H007 的经典实战。2016 年 1 月 29 日也出现了 H007 的机会。

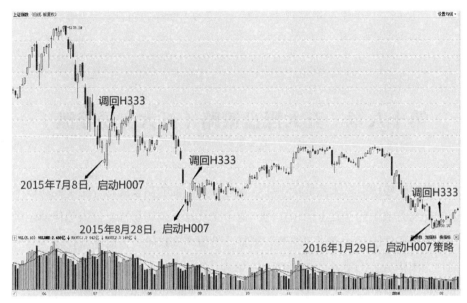

图 17-12 2015—2016 年上证指数日线走势图

第十八章　五大操盘策略（五大交易流派）

洪攻略极端交易体系是我在总结 A 股市场主要的赢家交易方法（成功概率高的交易方法）的基础上而创立的，这个交易体系按交易特点分为趋势情绪围猎、趋势事件围猎、趋势"季节"围猎、价值季度牧场、价值年度牧场（对应简称为围猎 A、围猎 B、围猎 C、牧场 A、牧场 B）五大交易流派，五大交易流派核心都是极端交易，只是交易动机、交易依据和交易时间周期长短不同。

五大流派对应的核心战法分别是：情绪龙头战法、事件龙头战法、中线龙头战法、中线价值龙头战法和长线价值龙头战法。这五大战法也将是本章重点介绍的战法。每一个战法都是一套可独立使用的交易方法，而且是被市场验证胜率比较大的交易方法，投资者根据自己的特点选定相应的交易流派战法，就是选定了一套适合自己的洪攻略极端交易实战交易方法，以后只要勤加练习，多多应用，就可大大提高股市投资成功率。

另外，市场广为人知的"龙虎榜战法"，属于洪攻略极端交易思维及策略的经典综合应用之一。"龙虎榜战法"用一句话来定义它，就是"以分析龙虎榜数据为手段，跟随'聪明的钱'，精选核心龙头品种（游资城门立木股），采用洪攻略相应交易策略，来提高投资胜算的战法"。

A 股市场最流行的交易流派

研究中外投资大师，发现他们都有其独特的投资风格，自成一派，我们经常听到的"价值投资"就是一种投资风格，也是最为投资者追捧的一个流派，其特征就是投资者开口闭口"价值"。在我国，名震江湖的"宁波涨停板敢死队"更是一种被很多投资者"奉若神灵"的交易流派，追随者众多，他们的口头禅是"趋势""打板"。

追随投资大师，学习他们的投资方法，成为大师们的信徒，最终找到适合自己的投资风格，或说投资方法，是很多投资者成长的最优路径。

研究 A 股市场的赢家投资风格，发现主要分为两大流派，一是趋势投资，二是价值投资。趋势投资注重市场情绪温度研究，着眼短期趋势，赚取股价波动的钱；价值投资注重个股价值研究，着眼长期投资，赚取企业成长的钱。

为了帮助大家更直观地理解这两种投资风格，在洪攻略极端交易体系中，我们把趋势投资模式定义为围猎模式，价值投资模式定义为牧场模式。其中围猎模式、牧场模式下面均有不同的交易流派。

围猎模式的三大交易流派

"围猎"这个词很残忍，但却更符合事实，因为围猎模式交易的目的就是一部分投资者赚另一部分投资者的钱，就像猎人围猎猎物。猎人利用极端天气，或者制造极端情况，打破猎物预期，激发猎物的贪婪，助长猎物的恐惧，从而达到猎杀猎物的目的。每一轮炒作之后市场均是一片狼藉，和围猎场太像了。

利用猎物及监管层情绪，借助事件或"季节"变化进行围猎是围猎模式的三种主要形式，对应的是三种交易方式或说三大交易流派。

趋势情绪围猎：围猎 A 流派（情绪化）（流派核心战法：情绪龙头战法）。

猎人利用猎物的情绪变化围猎是最常见的，操盘方法很简单，就是在投资者贪婪时恐惧卖出，在投资者恐惧时贪婪买入。不太考虑机会大小，不提前建仓不潜伏。一轮行情，一个板块，一个股票上涨途中，在市场情绪还没有达到疯狂时果断持续交易，在情绪开始退却时坚决退出，彻底离场。

选股上不太考虑价值投资标准，主要看短期股票弹性，因为不做长期投资，一旦情绪变化，坚决抛出，不留底仓。

此流派高手常常在强势股退潮前通过 H333 降级打击获取暴利，甚至有人专门用 H333 策略做强势股，甚至操作价值投资者喜欢的龙头股。

经典案例：次新股炒作、可转债炒作、科创板阶段性炒作等。

趋势事件围猎：围猎 B 流派（稳准狠）（流派核心战法：事件龙头战法）。

主要是利用大的事件、主题或消息，在出现重大事件时果断介入相关龙头股票，观察城门立木股票走势，关注市场温度，在事件炒作冷却前果断离场。

在选股上不作长线考虑，事件温度退潮坚决清仓。

经典案例：免税概念、雄安新区设立等。

趋势"季节"围猎：围猎 C 流派（稳）（流派核心战法：中线龙头战法）。

这个流派比较重视大盘研究，主张放弃相对小的或者不易把控的结构性机会，专抓"季节"明显机会较大的机会，即做"季节"行情。

在选股上会考虑一定的持续性，会借用一点价值投资的选股方式，但主要还是考虑股票的上升空间，希望守正出奇，不过早进场，一般温度极冷后进场，一旦市场整体温度转冷则坚决离场，不留底仓。

经典案例：苹果产业链、特斯拉产业链、华为产业链、券商等。

牧场模式的两大交易流派

牧场模式顾名思义是基于长远考虑，养的是"奶牛"，希望定期收获"牛奶"，不希望发生杀鸡取卵的事。

牧场模式根据周期长短分为两大交易流派。

价值季度牧场：牧场 A 流派（流派核心战法：中线价值龙头战法）。

注重价值投资选股，基于长远考虑，但也注重股票弹性，希望守正出奇，基本以季度周期滚动交易，一旦出现极端上涨必须坚决减仓，甚至离场，出现极端下跌才会进场，对选中的股票会长期跟踪，持续阶段交易，有些交易者甚至长期会持有一些底仓。

经典案例：细分行业龙头股、新能源、智能汽车、新基建、券商等。

价值年度牧场：牧场 B 流派（流派核心战法：长线价值龙头战法）。

这个模式最接近人们常说的巴菲特价值投资模式，深度研究精选个股，左侧交易，属于拉长滚动周期的牧场 A 流派，一般出现年度极端才考虑适当滚动，有可能几年才滚动一次。适合交易一些长期大白马股、有独角兽潜力的股票或独角兽股票。

经典案例：名特优战役、大消费抱团等。

市场上的其他流派

其实，市场上还有两大流派没有被纳入洪攻略极端交易体系，一个是超短技术派，这个流派交易频繁，需要有一定天赋，交易成本高，普通投资者采用这种方式基本难赚到大钱，加上周期过短，极端情况不明显，判断成功的概率低，不符合极端交易的追求，所以这个流派被排除在洪攻略极端交易五大流派之外。

另一个是右侧交易技术派，这个流派主张见到明确上涨（技术金叉）或下跌（死亡交叉）信号后再进行交易，这个方法不太适合频繁波动的 A 股市场，做不好会频繁打脸，普通投资者用这个方式交易时，心态特别容易崩。这个交易方式也不属于极端交易，所以，在创建洪攻略极端交易体系时，被排除在五大流派之外。

洪攻略极端交易体系，是在总结 A 股市场赢家交易方法（成功概率高的交易方法）的基础上发展而来的。这个交易体系按交易特点分为趋势情绪围猎、趋势事件围猎、趋势"季节"季围猎、价值季度牧场、价值年度牧场五大流派，五大流派的核心都是极端交易、左侧交易，只是交易动机和时间周期长短不同。围猎流派基本没有潜伏一说，考验的是敏感性和行动力；牧场流派在一定程度上考验的是价值投资选股能力，更考验耐心和定力。

"涨停板敢死队""打板一族"属于趋势情绪围猎和趋势事件围猎流派，他们只做确定性趋势机会，我一直说他们其实是"胆小鬼"，平时手上是现金，机会来了就迅速切入，稳准狠。他们从不提前埋伏，极端买入时也是认为马上有机会。任何提前埋伏等别人"抬轿"的都不是这两个流派。

当然，有些股票在不同的阶段可能被不同的交易流派选中，因为股票特征是会变化的，每个流派交易的股票选择不是一成不变的，比如券商及券商服务股，就常常被趋势"季节"围猎和价值季度牧场两个流派同时选中。

要想使自己的投资水平上一个台阶，必须先找到符合自己的投资风格、投资方法，也就是要找到符合自己的交易流派。确定了交易流派，就解决了最难的选股问题，因为每个流派都有自己的选股方向、选股条件、选股喜好。同时，也解决了重要的交易时机问题和持仓时间问题。

区分了交易流派，更容易看懂行情，选定了交易流派还可以帮助大多数人解决交易混乱问题、交易节奏问题、心态呵护问题，很多投资者在交易过程中常常忘记交易的初心，本想主动做个短线最后却被动做成了长线，想要做长线却鬼使神差做成了短线，这其实都是没有自己的交易流派造成的。

另外，一旦选定了交易流派，平时学习的方向就更明确了，熟能生巧，通过勤学苦练，投资的成功率会快速提高。一些已经选定交易流派的人，在看到行情之后是知道该怎么去做交易的，不会如无头苍蝇般乱窜，一惊一乍手忙脚乱。

（特别建议：请各位读者看看自己的持仓，对照五大流派看看这样的股票会被哪个交易流派选中，再看这个流派的交易风格是怎样的，最后想办法调到与这个流派相同的节奏，这样你的心就踏实了）

情绪龙头战法（趋势情绪围猎）

趋势情绪围猎（围猎A）流派简介

趋势情绪围猎，简称围猎A，洪攻略五大交易流派之一。流派核心战法是：情绪龙头战法。

趋势情绪围猎流派，是洪攻略思维及策略的经典综合应用之一。用一句话来定义它，就是"在小四季时空观下，通过观察个股炒作中情绪的波动变化来进行交易（趋势围猎）"。

趋势情绪围猎流派，是我们长期跟踪游资，尤其是"宁波敢死队""打板一族"而总结归纳出来的，是A股市场独有的涨跌停板及T+1交易制度下成长起来的一种赢家操盘模式。

因为这个盈利模式的长期存在，A股市场一直流行着暴富的神话，也让价值投资在A股市场常常陷入尴尬的境地，人们把"股神"称号给了游资的总舵主。

为什么游资成了 A 股市场永不灭的神话？因为他们接地气，认清了最真实的 A 股市场，感受到了 A 股市场独特的脉搏，明白这个市场是以趋势投资为主，而盈利模式也是以"割韭菜"为主。虽然游资操盘手法各异，但核心都是遵循 A 股市场的生存法则和规律，这非常符合洪攻略思维。为了让"洪粉家人"更好地理解和应用游资的这个盈利模式，我们把其中精华用洪攻略来诠释，洪攻略趋势情绪围猎流派应运而生。

情绪为主，逻辑为辅——围猎 A 的核心是情绪

情绪为主

情绪是指伴随着认知意识过程产生的外界事物的态度，也可以说是人对周围产生的刺激所作出的一种反应，不同的情绪会导致不同的行为，反映在股市上就是不同的买卖行为，市场上所有参与者通过情绪影响下的买卖行为就构成了市场情绪，然后通过市场走势的趋势，涨跌速度、涨跌幅度、涨跌和涨跌停板家数甚至 K 线图形和分时图走势等外在形式反映出来。趋势和情绪是共存的，也可以理解为趋势是情绪的外在表现形式，所以情绪才会对趋势产生加速或抑制作用。例如上涨趋势，情绪继续高涨便会强化趋势，情绪走弱趋势便开始减弱变得不稳定，下跌趋势亦然。

逻辑为辅

趋势的产生是需要催化剂的，如同一辆停在平地的车子想要产生运动趋势必然要借助外力刺激，这是一个道理。短期趋势的产生可能是事件的刺激，中期趋势产生是由改变行业、个股内在价值和估值的逻辑催化而产生。一旦趋势形成，顺水推舟就很容易。

洪攻略"战上海"投资思维——围猎 A "道"层面的基础

抓主要矛盾

抓主要矛盾是趋势情绪围猎非常重要的一个底层环节，通过分析影响市场

的主要矛盾来判断市场上哪些方向有逻辑支撑，进而判断哪些板块可能成为主流热点板块，热点是市场情绪的体现，主流热点板块也是市场情绪最热和最聚集的地方。

A股市场资金盈利以"割韭菜模式"为主，"聪明的钱"会利用非主要矛盾制造恐慌，达到筹码交换的目的，它的外在表现就是高波动，经常出现极端行情。在非主要矛盾造成的恐慌下跌中进行极端交易，赚钱是大概率。

跟随"聪明的钱"

趋势情绪围猎流派跟随的主流"聪明的钱"是游资，但是随着市场的不断发展，机构资金也是我们不能够忽略的，因为机构投资者引领的行情持续性更好更稳定，机构的牧场在猎人的眼中是完美的猎场。

通过分析当前阶段市场上占主导地位的"聪明的钱"的性质，可以很好地了解当前市场风格及偏好，从而采取成功概率高的投资方式。例如，如果当前占据市场主导的是价值投资资金，那选择行业和个股的类型就要根据价值投资资金的喜好来选取，当然也可以选取价值投资者喜好的行业中有弹性的标的，因为没有系统性风险游资是耐不住寂寞的，游资的喜好是盘小可控有群众基础的标的。

通过分析板块的类型（价值逻辑驱动还是事件驱动）、板块的运行状态（牧场走势还是围猎走势）以及板块中个股的表现（看清是机构喜好的标的走得强，还是游资喜好的标的走得强，或是两种都强）来辅助判断板块行情的性质及持续性。

通过分析个股中有无"聪明的钱"，帮助我们甄别哪些是"有妈的孩子"，达到远离平庸股的目的。运用围猎思维像赢家一样思考，与"聪明的钱"同频，市场上很多难以解释的现象就可以解释得通了，你会对市场情况看得相当通透。当市场上其他参与者一头雾水的时候，你便可以先人一步掌握主动权，进而赚取大概率的钱。

做预期可控的投资

趋势情绪围猎流派的预期可控体现在四个方面：

第一个方面是对大盘的选时。趋势情绪围猎是站在"小四季"的时空观下操作，以"小四季"时空观为主。对"中大四季"并不是一点不看了，相反"中大四季"对趋势情绪围猎而言也是非常重要的，因为我们是情绪为主、趋势为辅、逻辑加持，"小四季"看情绪、"中四季"看趋势、"大四季"看价值，情绪主"小四季"、趋势主"中四季"、逻辑（即价值）主"大四季"，所以都要看。还有一点就是大级别决定小级别，这在"四季"中是一样的。

当市场"大四季""中四季"处于"夏季"的时候，"小四季"的"夏季"会更热，"冬季"相对也不会太冷，此时相对容易出现上极端，下极端相对不好判断；当市场"大四季""中四季"处于"冬季"的时候，"小四季"的"冬季"会更冷，"夏季"的热度也可能不及预期，此时相对容易发现下极端，上极端相对不容易判断。

第二个方面是对板块的选择。选对主流的方向便可以规避掉踩错板块节奏的风险，通过分析板块的行业逻辑、确定性（业绩改善的确定性或政策红利释放的确定性）、介入的资金性质（是机构主导、游资主导还是机构和游资的结合）来判断板块的持续性，一般来说机构对有中长线行业逻辑的板块会有较多的介入，故持续性相对较好，而单纯游资炒作的热点和事件持续性相对较差。

除此之外，选择板块还有三个需要注意的地方：第一，选择的板块最好要处于"夏季"，"春末"和"秋初"相对差一些；第二，选择的板块必须有比较良好的向上趋势；第三，选择的板块要有比较好的板块效应。

第三个方面是对个股的选择。首选的个股肯定是龙头板块龙头股，龙头板块龙头股是市场情绪最热最聚集的地方，是最好的猎场，龙头板块龙头股要比跟风的小弟更加安全。其次要从个股的逻辑方面进行考量，思考个股的估值逻辑有没有被重塑、有没有业绩确定性的逻辑、有没有享受到业绩红利，同时看能否被量化（能不能量化对持续性影响很大）。

第四个方面是对仓位的控制。坚持用1/3仓位（相对低仓位操作，船小好掉头）。

围猎 A 六大关键点

勤复盘：时刻复盘强势股票（主要是涨停股票）。

做减法：学会放弃机会，拼耐心。

不埋伏：只做确定性机会，不预测机会大小，不提前埋伏。

选最强：只做最强的那个股票，能做龙一不碰龙二。

断臂求生：错了坚决认错。

温度：温度在，情绪在，温度不高坚决不碰。

围猎 A 流派对投资者的要求

因为趋势情绪围猎是以情绪为切入点，观察整个市场的情绪，而情绪来得快去得也快，导致盘面变化的速度也非常快，如果不能做到每天都认认真真看盘和复盘，要想赚钱，是小概率事件。同时在没有机会的时候能不能忍住手不去乱动？未来可能会炒什么题材？能有多大的想象空间？讲不讲政治？这些心里都要有数。在所有的准备工作完成后，交易信号出现时能不能果断出手？出手发现错了能不能做到果断砍仓认错？这些特质都是非常重要的，做这个流派的人所需要具备的特质就是僧人的忍耐力、诗人的想象力和军人的执行力，简称"稳准狠"。

猎人是非常有耐心的，知道什么时候该打猎、什么时候该磨枪，其自身的交易欲望是较低的，能够耐心等待最佳的出手机会。

围猎 A 流派的回报非常丰厚，但却是普通投资者最难掌握的流派，这个流派是一把对内功要求极高的快刀，如果不经历系统性的学习和长期的积累，非常容易伤到自己，市场上有很多做类似模式但不得要领而倾家荡产的投资者，如果决心选择这个流派，一定要静下心来认真学习。

特别提示：希望详细了解并熟练掌握围猎 A 流派，最优路径是上一堂围猎 A 流派课，再加入"围猎 A 强化训练营"在实战中学习。

实战应用案例

案例一：九安医疗

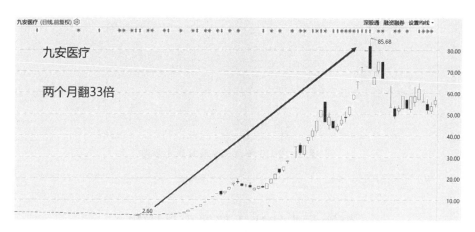

图 18-1　2021 年九安医疗日线走势图

创业板指数在 2021 年 10 月底走出向上的趋势，市场的"聪明的钱"是机构和游资，机构主导了汽车零部件板块，而游资则借用美国疫情再次爆发的事件，主导了这一次的事件围猎。

当时美国疫情再次爆发，检测试剂供不应求，需要从中国进口，而主要供应商就是九安医疗，在上涨的过程中，不断地有大数额的订单进来，这些都可以计算出九安医疗获得的利润，在这个背景下，市场情绪持续高涨，九安医疗走出了 2 个月翻 33 倍的行情。

案例二：顺控发展

2020 年 2 月份，价值股达到了上极端状态，进入 2 月中旬，指数开始连续暴跌，在暴跌的途中，国家出了碳中和的政策，当时只有游资在进行碳中和相关的事件炒作，随着指数在 3 月中旬探底成功，市场进入到安全状态，机构和游资共同发力将碳中和炒作推到高潮状态，顺控发展应运而生，16 个交易日股价翻了 5 倍。这期间，最好观察的就是市场情绪。情绪不冷，涨势不止。

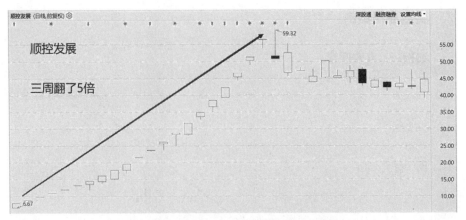

图 18-2　2020 年顺控发展日线走势图

事件龙头战法（趋势事件围猎）

趋势事件围猎（围猎 B）流派简介

趋势事件围猎，简称围猎 B，是洪攻略五大交易流派之一。流派核心战法是：事件龙头战法。

顾名思义，趋势事件围猎流派的观察点及交易动机是事件，事件是行情运行的主要矛盾，事件催生主题，事件影响情绪，事件改变价值，事件有完整"季节"，事件也能影响股市的运行节奏，围猎 B 从事件角度洞察时代趋势，发掘投资机遇，抓住主线行情。

事件蕴含的是故事，而"人性不变，故事永恒"，拥有快乐童年的原因之一是有童话故事相伴；一个成功的人一定是一个有故事的人；一个好股票一定是有故事的股票。

研究中外投资大师，很多投资大师都把"故事因子"纳入他们的投资框架之内。股市是故事，因为故事会让人靠近、让资源聚集，有资源就可以把故事实现，有人人皆知的故事价值最大，比如特斯拉。

A 股市场是事件围猎的游乐园，"聪明的钱"善于抓住热点新闻、主题、公告、政策等事件，借力打力制造出市场热点板块或个股，即先利用事件开启围猎制造热点，然后利用"季节"、温度和情绪来延续围猎，以此来完成收割。投资者若想获得财富，做法就是第一时间感知值得围猎的故事，紧跟"聪明的钱"第一时间参与其中，其间通过观察事件的发展，用相应"季节"策略守住牛股，然后在"季节"转换后彻底离场出戏。

从事件入手，可以清晰感知行情运行的脉络，洞察分析事态的发展可以准确感知行情运行所处的"季节"。有了事件这个观察点，投资者可以从纷繁复杂的行情中找到行情运行的规律，从而提高自己对行情演变的预测力。最为重要的是，事件都会有清晰完整的运行节点，尤其是事件都会有落地点，而落地点往往是极端点。

围猎 B——事件第一，因事制宜，相"季"行事

围猎 B 主抓由重大事件所催生的趋势围猎机会，事件是第一导火索，必须时刻关注重大事件、主题或消息，出现重大事件时果断介入相关龙头股票，观察城门立木股票的走势，关注市场围猎温度，认清板块"季节"温度，根据不同"季节"采用不同策略，不猜顶不找顶，在事件炒作冷却前果断离场。

抓主要矛盾：通过主要矛盾分析找到值得围猎的事件

事件一定要符合四大原则：讲政治、符合道德标准、有想象空间、有实质价值。参与事件围猎一定要遵循原则，一个事件符合的原则越多越好，无论哪个事件围猎，都至少要具备讲政治、符合道德标准和有想象空间这三个原则。任何事情都必须讲政治、符合道德标准，否则都会还回去的。想象空间越大越好，否则不太好玩。

事件围猎的八大方向：参与事件围猎，务必要找准事件围猎的方向，即哪些领域最容易出现事件围猎的大机遇。经常出现趋势事件围猎大机会的八大方向：

第一，金融改革。金融资本市场的重大制度性改革（科创板试点注册制）。

第二，国家战略。规划国家建设与发展的总体性战略（双循环）。

第三，产业政策。引导国家产业健康发展的各种政策。

第四，技术革新。技术的重大突破、发展与革新（5G、新能源）。

第五，地缘政治。国与国之间的政治行为。

第六，自然事件。客观现象引起的客观事实。

第七，常规事件。信披公告所透露的公司相关事宜（业绩报告、重组并购、合作等）。

第八，舆论事件。引起社会关注并引发热议的舆情（宝万事件）。

如果"八大方向"出现了重大事件便会催生相关趋势围猎大机遇，都是大围猎、高成功率的大机会，市场上的"聪明的钱"都在盯着，都会毫不犹豫地参与其中，尤其是游资。

紧跟"聪明的钱"：A股市场上参与事件围猎的有两大"聪明的钱"——游资和机构

游资：炒主题，操盘快准狠。

选股策略：盘子可控、高弹性、有群众基础、有市场号召力、有想象空间、有实质价值。

游资喜欢借助重大事件来炒主题，市场上所有的主题炒作、热点炒作基本上都是事件所引发的，比如上海自贸区、"一带一路"、雄安新区、科创板试点注册制、免税概念、北交所成立，等等，这些都是游资的杰作。游资相当于"风投"，是一群勇敢的冒险家，通过围猎未来故事的方式提前把"未来的现实"带到现在，可以让全社会的投资者都能够第一时间发现那些有未来的产业方向，越来越多的社会资本就会进入这个产业并把这个故事实现。

机构：炒业绩，操作慢稳长。

选股策略：行业代表、核心受益、有实质价值、有真业绩增长、有想象空间。

机构喜欢炒业绩的故事，事件改变价值。一些事件能给公司带来业绩增长、价值增长，机构喜欢参与，但机构比较注重这个事件的长远影响。有一些重大事件会对行业发展产生重大影响，可以打开行业增长的天花板，可以给一些公司带来巨大的利润，有一些中小公司会借助这个事件迅速发展壮大，甚至会成长为独角兽。

投资者可以根据自己的初心选择所跟随的"聪明的钱"，游资"炒主题"，机构"炒业绩"，如果初心想要炒主题，就按照炒主题的方式来，选股要考虑游资的喜好，交易的时候要快准狠；如果初心想要炒业绩，就严格遵循炒业绩的方式，选股主要考虑机构的喜好，股票走得也会慢稳长一些。无论跟的是哪一路"聪明的钱"，都必须做预期可控的投资，这样赚钱会赚得更加幸福。

预期可控的投资：相"季"行事

"一个事件"是有完整生命周期的，通过观察事件的演变，可以判断事件引发的相应行情所处的"季节"。

参与事件围猎务必要关注"季节"变化，重视市场围猎温度，相机行事认清板块"季节"温度，根据不同"季节"采用不同策略，不猜顶不找顶，在"季节"大转换后彻底离场出戏。

"春季"：观察介入——H333。

"夏季"：重手出击——SH333。

"秋季"：降级打击——H333。

"冬季"：果断离场——H110。

顺应"季节"是守住繁华的唯一法则："春播夏长秋收冬藏"，这个中国的农耕法则，人人都耳熟能详，通俗易懂，这也透露出了主力的战略意图，主力"春季"的战略是播种（建仓），"夏季"的战略是拉升，"秋季"的战略是收割（出货），收割完后就休息（冬藏）了。我们要紧跟"聪明的钱"，一定要弄懂主力的战略目标是什么，主力都按照"季节"来，那我们也要跟随"聪明的钱"按照"季节"执行相应的交易策略，做"季节"的朋友。

根据不同"季节"采用不同策略，是为了保有投资好心态，但若想要参与好一轮事件围猎，还必须牢记事件围猎六步曲，不仅要提前制定好参与策略，同时还要制定好认错策略。提前思考，提前准备，这样才能先人一步抓到属于自己的机会。

参与事件围猎的六步曲（踩准事件围猎的节奏）分别为：发掘机会、制定策略、严格执行、享受趋势、调整策略、及时出戏。

围猎 B 主张做重大事件的趋势围猎机会，以事件入戏，观"季节"出戏。一定要对重大事件保持敏锐度，对盘面保持敏锐度，第一时间发掘机会，第一时间上车。参与事件围猎的时候要懂取舍，有好的介入点就参与，有较大的把握就可以参与，如果把握不大，就放弃等下一个事件围猎机会。必须有耐心，耐心等待事件围猎的机会，持股的时候也要有一定的耐心，一旦板块温度冷却，务必及时出戏。

特别提示：希望详细了解并熟练掌握围猎 B 流派，最优路径是上一堂围猎 B 流派课，再加入"围猎 B 强化训练营"在实战中学习。

实战应用案例

案例一：碳中和

事件背景：2020 年 9 月 22 日，我国首次提出"3060"双碳目标。2021 年 2 月 1 日，《碳排放权交易管理办法（试行）》正式施行。

碳中和是国家战略，管理层给碳中和战略制定了一个目标"二氧化碳排放力争于 2030 年前达到峰值，努力争取 2060 年前实现碳中和"。从事件围猎的角度看，这属于洪攻略八大事件围猎之一的"国家战略"，这种战略可以给市场带来更长久的确定性事件围猎的机会。碳中和的主要矛盾：节能减排，零碳排放，绿色发展。2021 年 2 月 28 日，李晓猛一发布了一篇《掘金碳中和》的策略报告，从事件围猎的角度去挖掘碳中和的围猎机会，参与碳中和的围猎机会。

碳中和产业链的机会如下：

可再生能源，如光伏、风电、水电、核电、生物质电等；

电动汽车，如锂电池、氢能源、燃料电池等；

输配电系统，如特高压、智能电网、储能等；

上游材料，如能源金属等；

工厂制造业，如供给侧改革等；

环保企业，如废气处理等；

碳交易，如碳交易所、碳资产管理、碳捕集、碳吸收等。

以上仅抛砖引玉，还有更多的机会可以不断挖掘。

2021 年 3 月 1 日—2021 年 12 月 31 日碳中和产业链大涨，成为贯穿 2021 年的年度主线。事件围猎引领"聪明的钱"群雄逐鹿，游资"炒主题"，机构"炒业绩"，碳中和产业链围猎如火如荼，多个板块大涨，城门立木大放异彩，龙头牛股一个接一个。2021 年，碳中和概念板块最大涨幅 60%，光伏最大涨幅 88%（2021 年 3 月 1 日—2021 年 8 月 30 日），风电最大涨幅 120%（2021 年 5 月），锂电池最大涨幅 90%（2021 年 3 月—2021 年 9 月），储能最大涨幅 90%（2021 年 5 月—2021 年 11 月），等等。龙头牛股如中材节能大涨了 130%，长源电力大涨了 300%，上能电气大涨了 500%，宁德时代大涨了 120%，等等。

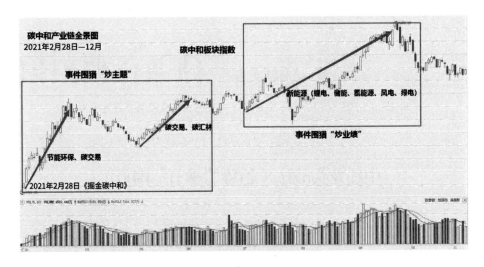

图 18-3　2021 年碳中和产业链行情全景图

案例二：元宇宙

事件背景：2021 年 10 月 28 日扎克伯格宣布 Facebook 将改名 Meta（"元宇宙" metaverse 前缀），扎克伯格大力押注元宇宙。元宇宙是互联网平台新的竞技场，互联网时代将耗尽流量红利，遭遇流量瓶颈。元宇宙可打开互联网平台公司的发展想象空间，元宇宙是构建在互联网上的，不是互联网时代的终结者，而是互联网时代的新开拓者、颠覆者，是互联网企业的拯救者。元宇宙让突破现实世界成了可能。互联网平台通过打造一个新的虚拟世界去复制曾经的成功就成了他们的必然选项。

元宇宙的投资机遇：元宇宙产业链相关的内容、终端、平台、基础等板块。

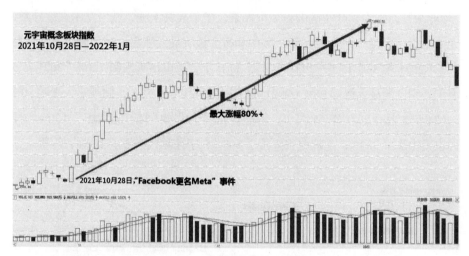

图 18-4　2021 年 10 月—2022 年 1 月元宇宙板块指数日线走势图

中线龙头战法（趋势"季节"围猎）

趋势"季节"围猎（围猎 C）流派简介

趋势"季节"围猎，简称围猎 C，是洪攻略五大交易流派之一。流派核心战法是：中线龙头战法。

趋势"季节"围猎流派，是一个对"战上海"投资哲学、洪攻略时空观和H333 系列操盘策略的综合应用体系。用一句话来定义，就是"在'中四季'时空观下，以极端交易的方式做趋势围猎"。

趋势"季节"围猎并不是我们凭空创造的，而是市场上早已存在的一套成熟的交易体系，是应用最广泛的策略之一，很多牛人甚至机构投资者都在使用，是一套基于"价值投机"的盈利模式。我们以洪攻略理论框架和洪攻略语言重新拆解、定义了这套体系，方便"洪粉家人"理解和应用它。

这里面有三个关键词：趋势、"季节"、围猎。趋势，顾名思义是做趋势交易；围猎，表示以在股价周期波动中赚折线的钱为主要交易目的。很明显这是一个侧重择时，强调顺势而为，寄希望于低买高卖获取差价来盈利的交易流派。

"季节（中四季）"时空观

时空观是洪攻略体系中道术衔接、承上启下的关键部分，也是围猎 C 流派的核心。

趋势围猎本身其实是一个非常宽泛的交易理念，在具体落地过程中最重要的是确定所交易的趋势级别，区分出哪些是这一级别的趋势，哪些是低一级别的波动，然后才是挖掘并分析影响这一级别趋势的主要矛盾，并进一步观察那些对这一级别趋势有方向指引性的盘面特征，最终做出交易决定。

洪攻略定义的"中四季"是区别于牛熊大周期、经济大周期，又区别于短期炒作的小周期的一个折中定义，是一个"季节"比较完整清晰、时间跨度适中、多数以季度为单位的行情周期，有比较明显的"春夏秋冬"温度变化。

"中四季"就是围猎 C 流派对周期级别的关键限定。简单来说，既然要做中等级别的趋势围猎行情，就要活在洪攻略"中四季"时空观下，以"中四季春夏秋冬"来有效地切割大盘、板块运行阶段，并制定与"季节"相适应的交易策略，以达到预期可控和提高胜率的目的。

在实际交易中我们首先考虑的是大盘"中四季"，主要指数一轮季度级别的涨跌轮回，我们称为一轮大盘"中四季"。以具体的创业板指数走势为例，明显呈现出四轮"中四季"行情，每一轮跨越两到三个季度，如果我们依此顺势交易与指数共振的"中四季"主线板块，成功率将会大幅提升。

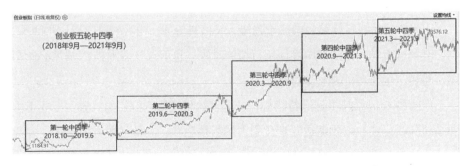

图 18-5　2018 年 9 月—2021 年 9 月创业板五轮"中四季"

但是随着 A 股市场参与者结构的逐步变化，机构占比提升，很多时候受整体性情绪、流动性影响的大盘"中四季"周期轮回变得"模糊"，既无系统性风险又无系统性机会的"春秋"状态延长，市场走出板块轮动的结构性行情。这种情况下，指数"中季节"指导意义下降，板块中"季节"识别变得更为重要。

需要强调的是，两三个季度只能作为一个"中四季"时长的区间参考，在全面熊市行情中，"冬季"周期会拉长，而在全面牛市行情中，"夏季"周期会拉长。

"季节"及对应策略

当我们的思考逻辑和交易行为都置于洪攻略"中四季"时空背景中时，就能明白自己身在何处，也知道自己将要去往何方。趋势"季节"围猎整体策略：

大盘"春季"采用 H333 策略建仓潜在中期主线板块，滚动降成本；

大盘"夏季"采用 SH333 策略或激进型 H333 策略，跟住主线板块行情，不轻易下车；

大盘"秋季"采用 H333 策略，既要防大盘入"冬"风险，也要避免猜顶带来的踏空风险；

大盘"冬季"采用 H110 策略，规避大盘系统性风险，同时把握可能的极端交易机会。

实际交易中，极端相对容易判断具体时点，但"季节"的转换是一个过程，转换前无法准确预判，转换中最多权衡概率，转换后才可彻底确认。所以我们在策略选择、升级、降级的过程中要以概率思维应对，眼见为实。

趋势为主，价值为辅

市场常说短线看情绪，中线看趋势，长线看价值，当我们决定以"中四季"时空观审视市场，专注抓中等级别行情的时候，也就意味着围猎 C 流派必然会以"趋势"作为交易的主要依据。

但围猎 C 流派并不是只看趋势，它追求的是趋势和价值的共振，专注于由业绩边际变化或业绩预期边际变化引发的板块趋势，具体选股方面依据"好股票（好趋势）里找好公司（好价值）"的原则，只做细分产业龙头个股。

趋势确定性和价值确定性的共振，即趋势"季节"围猎成功大概率的底层逻辑。趋势判断是本流派的关键，遵循洪攻略思维，判断中期趋势延续性有这样六个观察点：

第一，抓主要矛盾（价值逻辑）。中期趋势背后往往有一个至少中期难以证伪的逻辑作为支撑，一般的短期消息、题材炒作逻辑不足以支撑中长期的趋势，只有与行情周期、行业、个股内在价值和估值变化相关的逻辑才能发动相对大的行情。

第二，跟随"聪明的钱"（判断主导资金性质）。主导资金实力越强，趋势延续性越好。价值变动引发的趋势行情，背后往往站着机构投资者的身影，所以一个短期趋势有没有得到机构投资者的认可，是趋势"中四季"围猎关注的重点。

第三，整体性。板块趋势整体性好，说明资金对逻辑的认可度高，介入程度深，那么延续性自然更好。

第四，稳定性。板块、个股趋势的稳定性越好，不上蹿下跳，不极端，则潜在延续性越好。

第五，强度（龙头板块龙头股）。龙头板块龙头股市场关注度高，主导资金是"聪明的钱"，成交量大，流动性好，趋势延续性更好。

第六，大盘环境（"中四季"）。市场整体温度越高，主线板块和个股的估值上限越高，整体趋势延续性越好。

以上六条符合得越多，围猎 C 参与的成功率越高。

"中四季"趋势行情交易心法

理想化的趋势交易是在趋势确认后买入，即"春"转"夏"进场，在趋势结束后卖出，即"夏"转"秋"离场。但在实际交易过程中，趋势确定性和逻辑确定性的验证都是一个过程，抓"中四季"趋势行情，基本需要经历从混沌到确定，从套利到暴利。

如果一个有"中四季"上涨潜力的板块，我们在"春季"就开始关注并尝试以 H333 建仓强势股，我们就能够在场内感知板块温度的变化和"季节"的转换，"春夏"过渡阶段就能快人一步升级策略。如果一个板块我们到了"夏季"才开始关注，其实已经失去了先手优势，最好先采用 H333 降级打击方式介入。

围猎 C 的三种离场策略

第一，可以在板块、个股的上极端离场；

第二，当上极端不很明显时，可以选择右侧慢半拍离场；

第三，如果你是一个厌恶回撤的交易者，也可以选择在左侧小极端降级打击，锁定利润，保护好心态。

特别提示：希望详细了解并熟练掌握围猎 C 流派，最优路径是上一堂围猎 C 流派课，再加入"围猎 C 强化训练营"在实战中学习。

实战应用案例

中线龙头战法，是趋势"季节"围猎的核心盈利模式。

案例一：消费电子 —— 蓝思科技

2020 年 3 月到 2021 年 3 月，消费电子板块走完了一轮标准的"中四季"行情，"春、夏、秋、冬"四季分明。其中 2020 年 6 月到 2020 年 7 月，消费电子行业业绩成长逻辑硬，机构资金主导行情，板块整体性特别好，趋势稳定性也

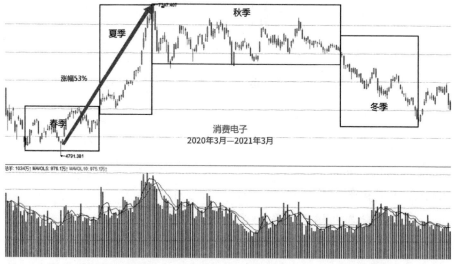

图 18-6　2020 年 3 月—2021 年 3 月消费电子板块日线走势图

不错，位次靠前，且当时大盘环境也从"春季"走出"夏季"，而消费电子正是推动大盘上涨的中线龙头板块之一，整体涨幅超过 50%。

所有条件都符合围猎 C 中线龙头战法的原则，我们可以从中寻找捕捉细分龙头个股的中线趋势性机会——蓝思科技（见图 18-7）。

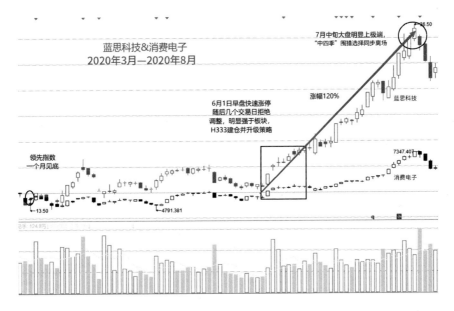

图 18-7　2020 年 3 月—2020 年 8 月蓝思科技 & 消费电子板块日线走势对比图

案例二：风电 —— 大金重工

2021 年 5 月到 2022 年 4 月，风电板块走完了一轮标准的"中四季"行情，"春、夏、秋、冬"四季分明。其中 2021 年 8 月到 2021 年 11 月，风电业绩成长逻辑硬，机构资金和游资共同主导行情，板块整体性特别好，趋势稳定性也不错，位次靠前，且当时大盘环境处于"夏秋"季，温度不低，风电是领涨龙头板块。

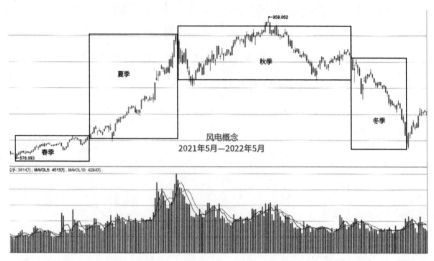

图 18-8　2021 年 5 月—2022 年 5 月风电概念板块日线走势图

同理，我们可以从中寻找捕捉细分龙头个股的中线趋势性机会——大金重工。

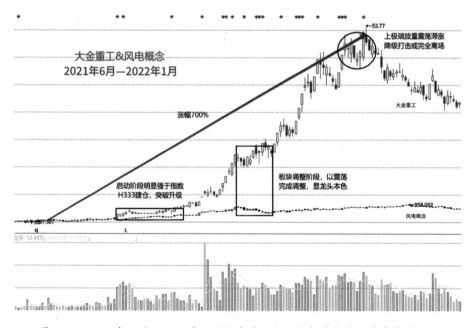

图 18-9　2021 年 6 月—2022 年 1 月大金重工 & 风电概念板块日线走势对比图

中线价值龙头战法（价值季度牧场）

价值季度牧场（牧场 A）流派简介

A 股市场存在大量的趋势投资者，让 A 股市场定价常常出现严重偏离价值的情况，按理说这样的市场更适合做价值投资。但由于 A 股市场持续大扩容，场内资金多数时间处于入不敷出状态，加上炒作盛行，致使流动性结构性失衡，让很多股票因为流动性缺失长期处于严重低估位置，这大大降低了价值投资的效率和成功率。

为了提高投资成功率，必须解决价值投资在 A 股市场阶段性水土不服的问题。研究发现，在 A 股市场价值投资标的常常成为趋势围猎（割韭菜）的工具，也就是说一个价投标的一旦被选中成为围猎工具，便能吸引资金操作，从而不缺流动性，流动性会溢价，此时价格才有可能反映其真实价值。所以，我们且把目前的 A 股市场定义为价值投资初级阶段，需要采取和初级阶段相匹配的操盘策略来应对。

A 股市场初级阶段"聪明的钱"最常用的策略是利用极端行情"割韭菜"，研究表明，在 A 股市场做价值投资时，引入极端交易策略可以大大提高投资成功率。

我把遵循极端交易的价值投资称为价值季度牧场，简称牧场 A，属洪攻略极端交易五大流派之一。其核心操盘策略是中线价值龙头战法，这个策略可以很好地践行巴菲特说的有关"贪婪"和"恐惧"的策略。

洪攻略极端交易体系下的牧场 A 流派和传统的价值投资并不一样，传统的价值投资通常是精选公司，然后以一个相对估值合适的价格买入，长期持有，赚取企业成长的钱，直到公司本质上发生改变才会卖出。

传统的价值投资要深度研究公司的本质，这需要具备非常专业的金融知识，而且如果只考虑公司的情况，不考虑市场整体环境，很容易对股价的走势做出错误的判断，经常不是买早了就是卖早了。

股票的价格波动是由人的交易行为而产生的，所以股票估值的极限边界并非由公司基本面决定，而是由投资者决定的。人往往是非理性的，所以股价容易走极端，涨的时候涨过头，跌的时候跌过头。2021 年年初，白酒、消费、医药等传统价值投资者偏爱的股票涨得令人目瞪口呆，春节后又跌得让人瞠目结舌，比如茅台跌幅超过 40%，海天味业一度腰斩，等等。如果按照传统的价值投资模式长期持有不动，不仅可能会陷入反复坐过山车的困境中，甚至会因调整时间过长而怀疑人生，彻底摧毁对价值投资的信心。

洪攻略极端交易体系根据中国股市的特点，从股民人性的角度思考，利用极端思维，加入"季节"元素，把股价的走势分解为"春夏秋冬""四季轮回"，再结合传统的价值投资，提出价值季度牧场流派，即牧场 A 流派，应该说牧场 A 流派是更适合普通投资者的"价值投资"。

抓主要矛盾：正确理解"价值"的含义

想要做好价值季度牧场投资，正确理解"价值"的含义是第一步。价值通常体现在企业的成长上，而业绩增长是衡量企业成长最直接的指标，所以判断公司有没有价值，要先判断公司的业绩未来能不能持续增长。

很多人以为公司有没有价值就是看业绩报告，这是对价值的错误理解。业绩报告反映的是公司过去的经营情况，不代表未来，所以我们经常会看到有些公司业绩报告很好，结果股价反而大跌，有些公司业绩报告很差，结果股价反而大涨，于是很多人得出结论：价值投资是骗人的。这完全是没有正确理解价值含义的体现，判断公司价值的核心是判断公司未来的业绩增长，不是看现在，更不是看过去。

看到公司的业绩报告净利润增速好，就认为公司股价会涨，这是用过去控制现在，是典型的受峰终定律所控制，这是第一层思维。

看到公司的业绩报告净利润增速好，而且是超预期的好，这是用现在影响现在，属于天桥看热闹，打打游击可以，但是不能决定公司股价未来长期的走势，这是第二层思维。

看到公司的业绩报告净利润增速超预期地好，而且未来还能保持持续高增长。看到公司的业绩现在不好，但是未来会变好，而且能持续变好。这是站在未来看现在，是第三层思维，是决胜未来的关键，也是洪攻略极端交易思维的体现。

什么样的公司未来业绩能够持续保持高增长？这就是要抓的主要矛盾。经济好坏有四季轮回的周期规律，货币政策有四季轮回的周期规律。当经济好的时候，跟经济关联密切的顺周期行业容易业绩好，容易受主力资金追捧，股价占优势；当经济不好的时候，跟政策关联密切的逆周期行业未来更有业绩变好的预期，容易受主力资金追捧，股价占优势。

因此，符合时代发展机遇、有国家战略支持、有重大产业政策利好、符合产业发展周期规律、行业进入高景气周期的公司，未来业绩能够持续变好，或者业绩能够持续保持高增长。这些方面的股票是我们的首选。

跟随"聪明的钱"：理解牧场 A 的四季轮回

正确地理解了价值的含义后，接下来就是根据市场的"季节"温度进行投资交易了。

一个产业通常都有"春夏秋冬"四季轮回，当产业处于高景气度阶段，大盘环境又不错的时候对应的就是"春季"和"夏季"，当产业处于低景气度阶段，大盘环境又不好的时候对应的就是"秋季"和"冬季"，股票股价的走势也会随着产业的"四季"轮回以及大盘环境的变化上涨和下跌。

我们跟随"聪明的钱"，观察产业和股价的"四季"轮回。如果一个产业被政策大力支持，就会吸引大量资本进入，进而推升产业进入高景气度阶段，而产业高景气度会带来相关公司的业绩大爆发，公司业绩爆发会引起场内"聪明的钱"的关注，一旦场内"聪明的钱"大量买入，就会带来趋势性行情。

场内资金又分为牧场资金和围猎资金，牧场资金通常是机构资金为主，围猎资金通常是游资和小机构为主。当机构资金主导行情的时候，股价走势通常表现得相对平稳，趋势缓慢向上，不会大起大落，而随着行情的不断向上，形成趋势后，会逐渐吸引围猎资金关注。

当围猎资金冲进牧场后，行情会在短时间内加速，趋势斜率明显变得陡峭，而一旦围猎资金离去，行情短时间内又会快速回落，重新回到机构主导的节奏中。围猎资金通常是做一波就撤离了，而牧场资金一般不会轻易离开，除非公司业绩增速开始下滑，行业逻辑发生改变，所以做牧场 A 投资，我们会跟随"聪明的钱"的动作做滚动，但会长期持有一些底仓，对选中的股票会长期跟踪，持续阶段交易。

价值季度牧场顾名思义也是基于长远考虑，养的是"奶牛"，希望定期收获"牛奶"，不希望杀鸡取卵。同时，牧场 A 也注重股票的"季节"以及股价的弹性，希望守正出奇，以季度周期滚动交易，一旦出现极端上涨坚决减仓，甚至离场，出现极端下跌才会进场，对选中的股票会长期跟踪，持续阶段交易，甚至长期会持有一些底仓。

做预期可控的投资：牧场 A 的整体策略

"春季"：H333 策略，底仓持续跟踪，慢一拍右侧滚入，不在下跌途中滚入，逢大涨滚出。

"夏季"：SH333 策略，享受牧场资金和围猎资金的共振行情，不轻易做滚动，快一拍左侧滚入，慢一拍滚出。

"秋季"：降级打击，H333 策略，慢一拍右侧滚入，不在下跌途中滚入，快一拍见滞涨就滚出。

"冬季"：出现大极端才交易，只做"捡皮夹子"的机会。

"春季"，由于产业周期刚刚复苏，大盘大环境也刚刚变好，市场信心还不高，容易看到风吹草动就心神不定，但是行情大趋势又是向好的，所以行情走势震荡向上为主，故而采取 H333 策略。"夏季"，由于产业周期高景气度，大盘大环境也比较好，市场信心足，人们都非常乐观，对利空也不会太在意，所以行情向上的趋势强，故而采取 SH333 策略。"秋季"，由于产业周期景气度开始回落，大盘大环境也开始变得不稳定，市场信心逐渐下降，行情开始重新变得波折，故而降级打击，采取 H333 策略。"冬季"，产业低景气度，大盘大环境也不好，市场信心很差，行情大趋势向下，交易难度大，所以只能在出现大极端时才交易，采取"捡皮夹子"的策略。

牧场 A 模式对投资者的要求

价值季度牧场流派需要有真耐心，不能被情绪控制，要真正懂得"价值"的含义，抓住主要矛盾，运用第三层思维思考公司未来业绩，不能只看表面。要懂得"聪明的钱"的喜好，场外"聪明的钱"和场内"聪明的钱"之间的关系，明辨主导当下行情的"聪明的钱"是谁。当机构资金主导行情时，我们和他们一起携手向前，当围猎资金冲进牧场时，我们先享受泡沫，然后做好极端交易、降级打击的准备，灵活运用 H333 策略。

特别提示：希望详细了解并熟练掌握牧场 A 流派，最优路径是上一堂牧场 A 流派课，再加入"牧场 A 强化训练营"在实战中学习。

实战应用案例

案例一：贵州茅台

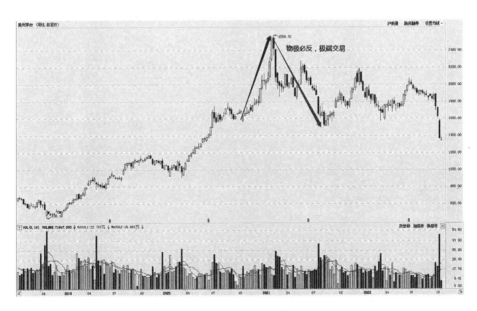

图 18-10　2018 年 10 月—2022 年 10 月贵州茅台周线走势图，极端上涨后伴随着极端下跌

经历 2018 年中美贸易摩擦，大盘下跌以及业绩下滑的影响，贵州茅台股价走势出现下极端，之后开始一路上涨。伴随着白酒价格上涨，公司业绩回升以

及消费升级等逻辑的推动，贵州茅台股价持续上涨，从 2018 年底的 436.49 元的价格一路上涨到最高 2586.91 元，估值从 20 倍一路涨到 70 倍，估值走向上极端，股价也走向上极端。

又伴随着经济的回落，货币政策的收紧，市场流动性的减少，以及中美关系重新变得紧张，市场大环境和产业逻辑都出现了不好的变化，茅台股价又一次物极必反，一路下跌，甚至腰斩。

贵州茅台公司估值从 20 倍涨到 70 倍，这合理吗？显然不合理！但是人性不变，故事永恒。人是非理性的，所以股价容易走极端，涨的时候涨过头，跌的时候跌过头。如果从纯粹的传统价值投资的理念去理解茅台股价的走势很难，但是从洪攻略极端交易去理解，就能够理解背后的逻辑，不过是物极必反、四季轮回罢了。

案例二：宁德时代

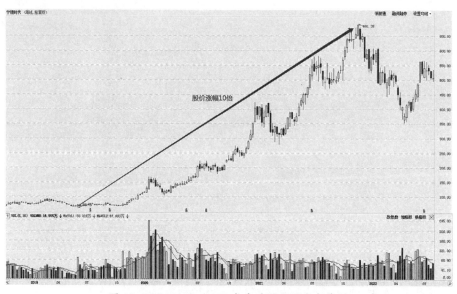

图 18-11　2019—2022 年宁德时代周线走势图

2019 年，特斯拉上海工厂正式开始生产，国家政策大力支持新能源汽车发展，自此开启了新能源汽车长达数年的行情。伴随着特斯拉汽车销量的爆发，国内特斯拉产业链持续受益，国内新能源汽车市场也全面复苏。随着产业政策的持续加码，进一步加速了行业的发展，产业进入高景气度阶段，行业全面向好，行业内的公司业绩集体爆发，大量资金涌入新能源汽车产业链，相关股票持续大涨。

以宁德时代为代表的锂电池相关公司股价持续大涨，宁德时代股价从2019年一路上涨，最高到691.35元，涨幅超10倍！虽然这期间股价经历过好几次回落，但是在行业高景气度以及产业政策的加持下，股价一次又一次地爆发，不断创出新高，直到行业景气度开始回落，市场大环境发生了变化，股价上涨趋势才开始真正结束。

案例三：药明康德

图18-12　2019—2022年药明康德日线走势图

2018年药明康德在A股上市，之后经历了长达1年多的震荡期，一直到2019年，伴随着大盘的见底回升，公司经营上的逐渐好转，公司股价开始逐渐走好，走出"春季"行情。之后行业进入高景气度，公司业绩也开始爆发，公司股价加速上涨，此时吸引了大量投机资金进场，牧场和围猎资金共振，行情进入"夏季"。伴随着行业景气度的回落，投机资金逐渐离开，牧场和围猎资金各奔东西，行情进入"秋季"。再往后，随着抱团的瓦解，行业景气度的持续回落，以及大盘走差等因素，行情进入"冬季"，完成了一轮"四季"轮回的行情。

长线价值龙头战法（价值年度牧场）

做时间的朋友，这是做价值投资的人经常会说的一句话。买入优质的股票，耐心持有，相信"只输时间不输钱"，这是巴菲特价值投资模式的信念。

洪攻略极端交易体系中的价值年度牧场（牧场 B），最接近这种投资的模式，核心战法是长线价值龙头战法。深度研究精选个股，左侧交易，属于拉长滚动周期的牧场 A，一般出现年度极端才考虑适当滚动，有可能几年才滚动一次。适合交易一些长期大白马股，一些有独角兽潜力的股票或独角兽股票。经典案例：名特优战役、大消费抱团等。

需要说明的是，这个模式就是经典的价值投资，其定义和应用市场上有很多专著可查，这里不再赘述。

坚持读到这里的读者朋友，相信你已经了解了洪攻略中的五大交易策略和五大操盘策略（五大交易流派），打通了洪攻略从理论到实战的最后 100 米。这个时候回归洪攻略基础本原，再来和大家聊聊有关五大流派划分的核心问题，不仅更有意义，也利于大家理解和掌握以上内容。

趋势情绪围猎（围猎 A），给了大家一个相对容易分辨行情的方法，也是比较容易观察的点，让你不用考虑太多，只要考虑市场情绪便能够判断出行情性质。因为在这个市场没有情绪是炒作不起来的，通过观察情绪很容易观察那些被炒作得很厉害的股票。即使整个市场情绪不够，但某个板块情绪够了，也是可以炒作起来的。这个时候最好的观察指标就是情绪。情绪温度降下来了，就要思考围猎是否结束了，一旦结束便要及时撤离。这其实是给普通投资者一个投机取巧的方法，即使是对投资一无所知的小白，也可以通过观察情绪指标做出一定的判断，普通人通过看朋友圈、看股评、看媒体报道，也能够感受到情绪的变化。再者，外在的情绪不好观察，但自己的情绪总是相对比较容易观察的，所以这是一个相对比较简单的方法。

如果你观察情绪的能力有限，但对事件的看法比较独特，对事件的演变过程有自己一套比较独特的方法，也是可以做好投资的，这就是趋势事件围猎（围猎 B）。A 股市场事件很多，各种性质各异、大小不同的事件每天都在上演，这就为我们提供了一个相对简单的观察点。因为事件的发展有其自身的特点，事件有"开端—发展—高潮—结尾"。比如分析导致事件发生的原因是什么，判断什么时候到达高潮，分析事件落地之后市场会有怎样的反应，判断事件何时会结束，等等。一定意义上来说，这是一种降维思考。当你无法对行情走势做出精准判断时，不清楚主题炒作到达哪个阶段了，可以通过分析事件演变的过程，做间接的判断。即不管行情怎么走，我们只盯着事件演变进程，再根据事件的演变，用相应的洪攻略策略去应对，这是比较容易把握的。

第三大流派趋势"季节"围猎（围猎 C），充分考虑了 A 股市场的炒作周期，这也是最容易被市场忽视的一点。当我们考虑炒作周期时，便能从更宏观的角度看待整个市场或某个板块，看到"四季"分明的特点。这不仅能让我们看清整个行情，同时也能规避一些不必要的风险，跳出某种情绪，更加理性地思考问题，找到市场炒作的股票，或买到自己想买的股票。当然，这个流派需要对股票本身有一定的了解和理解，而这一点也让投资者心里有了护栏，一定时间内，符合"季节"的炒作，可以让它偏离正常价格。围猎 C 始终把"季节"放在第一位，这与牧场不一样，牧场永远把价值放在第一位。所以，有时候围猎 C 的"季节"会高于其价值，若弄反了结果就会损失惨重，这是忘记初心的代价。围猎 C 也会出现情绪特别高的阶段，也可能会出现事件，而这些对股价会带来怎样的影响，需要结合"季节"，结合板块周期做具体的判断。

为什么要分牧场 A 和牧场 B 两个流派？其实是想让一些价值投资者具备一定的择时能力。牧场 B 是传统的价值投资理念，它模糊了时间概念。只选股不选时，只输时间不输钱。只要股票达到了安全边际，即使价格偏离了价值也没关系，不会动摇其持股决心。但我认为这个逻辑存在一定的问题，因为时间就是金钱，资金的使用效率也需要考量，尤其是在 A 股市场。

如果说谁一定能看清楚三年之后的事，这是自欺欺人。哪怕一个行业一个公司，都不能说三年之后一定怎么样。无论当下多牛的公司，它的"护城河"在公司的眼里是"护城河"，但在监管部门眼里就不存在"护城河"的概念。所谓的"护城河"是很市场化、国际化的思维。

这就是 A 股的特点，所以我们强调择时概念。牧场 A 相当于借用了围猎 C "季节"的考虑，而它与围猎 C 最大的不同点是，始终把价值放在第一位。但对于择时问题，很多基金经理都不屑一顾，好像择时了做的就不是价值投资了一样。

A 股市场选股比择时要难。选股其实是个黑匣子，因为你很难知道这家公司究竟怎样，哪怕你天天和公司的董事长在一起，都未必能摸清楚。但择时反而是非常容易做到的，而且物极必反是不会改变的真理，极端才交易，一定能提高成功率。

股市投资一直给人一种感觉：需要高学历，需要认真研究上市公司，需要看懂分析财务报表，但洪攻略却能让普通投资者也能做那些看起来高大上的股票。整个洪攻略极端交易体系，进一步划分为五大流派，这把市场解析得非常清楚，逻辑无懈可击。用"围猎"和"牧场"这两个词语，只是让投资者更容易理解，事实证明这也特别贴切，把一些基础的思考想透彻了之后，后面的机会投资者自己就可以寻找了。

洪攻略思维经典的三句话：抓主要矛盾，跟随"聪明的钱"，做预期可控的投资。其中，"跟随'聪明的钱'"有一个非常重要的思考，就是承认自己不够聪明。很多投资者做投资失败的主要原因，是总认为自己可以找到顶部，可以抄到底，认为自己比市场聪明。洪攻略极端交易体系的设计，是从人性层面出发去思考的，是一套不会骄傲的体系，因为当你严格按照洪攻略原则来执行的时候是骄傲不起来的。认认真真地钻研，把最基础的原理想清楚，脑海里有一张洪攻略地图，耳旁跳动的是美妙的洪攻略实战音符，看市场的时候就会看得特别清晰。这也是洪攻略无数次精准预判股市的原因，精准到会让别人感到诧异。但其实底层逻辑很简单，就是人性层面的思考。我不相信专家，但我相信逻辑。因为逻辑是建立在人性上面的，而我相信人性。

虽然洪攻略有很好的预测成绩，但我必须强调的是洪攻略最强的能力是应对未来的能力，洪攻略设计初心是追求投资成功率，分析预测未来追求的只是成功率，不是绝对精准。提前做好有价值的思考，在市场验证时实现快速反应，是洪攻略追求的现实目标。

股市投资，基本功（洪攻略是内功）必须扎实，否则一有成绩人容易"飘起来"，进而偏离洪攻略，重新陷入低成功率的怪圈。

为了帮助投资者更直观高效地学习，我们录制了各个流派的视频课，同时设置了流派训练营，提供陪伴式学习环境。

书读到这里，你应该喜欢上了洪攻略，但你担心的可能是洪攻略能不能为你所用，也就是你能不能拥有它，或如何快速拥有它。在本书接下来的部分内容中，我们会着重介绍学习洪攻略的最优路径，希望通过这些内容，帮助你找到一条快速拥有洪攻略的好方法。

第十九章　洪攻略学习的最优路径

传播洪攻略，让更多投资者因此而受益，是我一直以来的坚持。开始时只通过微博及微信公众号传播，内容、形式、渠道都很单一。2018 年，洪大教育成立，确定以提升投资者获得感为第一目标，几年下来，洪攻略从内容到表现形式，再到传播渠道都有了质的提升，可以匹配不同投资阶段、不同需求、不同场景及不同习惯投资者的需求。

本章内容重点介绍学习洪攻略的最优路径，帮助各位读者找到适合自己学习洪攻略的最优路径。

根据洪攻略特点找到适合自己的学习路径

股市中不赚钱的人，如果自己不肯努力改变，仅希望靠他人指导交易是很难赚到钱的，即使有神仙指导也很难。

想在股市赚钱，必须提高自己的认知和投资能力，别无他法。因为不在一个频道的人，说得再坚决、清楚，也都是没用的板块反复说，适用交易方法一再强调，作用都不大。这也是我一直力推洪攻略极端交易体系的原因，希望用洪攻略帮助大家提高认知及投资能力，从根上助力大家解决股市投资成功率低的问题。

好在洪攻略并不高深，从人性出发的设计，也让学习有法可循。本节重点介绍洪攻略的学习路径，帮助各位读者快速找到适合自己的投资成长路径。

投资中万事不决问洪攻略，连我碰到投资问题都是在洪攻略中找答案！

洪攻略传播的特点

投资需要紧跟市场，传播洪攻略也需要与时俱进，为适应时代发展需要，触达更多投资者，我们始终坚持走群众路线，本着"从投资日常中的微小点切入，聚焦解决投资实践中问题"的初心，用广泛的渠道、多样的形式和丰富的内容，与你相见。

多渠道覆盖

微博、公众号、今日头条、视频号、抖音、B站、小红书、百家号、喜马拉雅、新浪财经、财联社、第一财经、腾讯视频、爱奇艺等，洪攻略在常见的渠道平台基本全覆盖，可根据自己对各平台的使用习惯，搜索关键词（"洪榕""洪攻略""极端交易""洪榕谈投资"）即可找到相关内容。

形式多样

线上线下相结合：线上课堂系列班，包括洪攻略系列课程，以及针对解决现实问题的专题课班级。线下课程，如年度私享会、内训营（城门立木等）等。不同形式的内容，可满足不同习惯、不同场景及不同需求的投资者的学习要求。

图文音视频各有千秋：微博公众号长文章，关键时刻重大逻辑帮你看清市场；喜马拉雅系列音频课，如"洪榕的股市实战课""洪榕的投资笔记""洪校长的投资课"，讲解全面、清晰；抖音短视频"洪榕谈投资"、视频号"洪榕""洪校长的投资课"，三分钟帮你解决一个投资难题。

各类直播总不停：洪榕微博、视频号、公众号、小鹅通直播，如"校长有约"、各类主题直播，关键行情时总是习惯直播，尤其是极端行情下的直播，有分析、有策略，让投资者不恐慌、不贪心，保持好心态稳住收益不回撤。四大研究员直播，如"极端交易课堂"，每个交易日都会有研究员为你保驾护航，每个周末都会有研究员和你一起总结上周行情，展望下周行情。

内容丰富

洪攻略课程包括免费公开课程（"股市公开课""投资课""投资真相系列课"）、基础必修课程（"洪攻略新人卡""洪攻略经典课""A股围猎模式的真相"）、进阶大师课程（"洪攻略流派课""流派强化营""H333 战法""救驾战法""降级打击战法""极端交易"等系列战法）、一站式学习课程（"洪攻略一站式实战班"）、独具特色课程［"年度私享会""内训营（城门立木）"、线下讲座］等。一个课程解决一个问题，你遇到的大多数问题都能通过一套课程来解决，如果不行就两套，因为这些课程已经被众多投资者验证过了，简单易学可操作性强，关键是能够解决投资"只赚指数不赚钱""一买就跌一卖就涨""只赔钱不赚钱"等问题。

除此之外，我还写了四本书：

《战上海：决胜股市未来 30 年》，这是我写的第一本书，结合中国未来经济大势，通过对实战案例的解析，深刻分析了未来 A 股市场投资主线和龙头——上海本地股。读者不仅可以从中了解受益板块和个股的投资价值，还可以学习证券投资的制胜哲学和策略方法，从趋势、投资、实战三个层面成为股市中赚钱的少数。

《A 股赚钱必修课》，本书是一部征战 A 股，胜利穿越一轮牛熊的实战攻略，是已被验证可以在 A 股赚到大钱的投资思考及操盘策略。强调思维方式及投资逻辑是本书与众不同的地方，对 A 股特点及投资者心态的分析是本书的独到之处。

《财富自由新思维》，本书是一本面向中国广大普通投资者，用以克服人性、战胜市场、达成赢利，甚至实现财富自由的实用攻略。是我在中国资本市场近 30 年实战得出的投资逻辑精华。

《做多中国：中国未来的财富机遇与投资逻辑》，这本书是从投资的视野，帮助普通投资者看清百年未有之大变局，认清资本、科技和文化的力量，从而坚定"做多中国"的原理及路径。

而你正在阅读的是我的第五本书，期待对你有所帮助。

寻找适合自己的最优路径

洪攻略学习的最优路径对于不同的投资者来说，是不尽相同的。只有结合自身实际情况，熟知洪攻略的已有路径，才能找到适合自己的那条最优路径。这里抛砖引玉，说几条，大家可以思考自己的问题，尽快找到适合自己的最优路径。

不同阶段路径不同

如果你是第一次接触我的读者，对洪攻略完全不了解，建议你先从"洪攻略新人卡"开始，30天带你畅游洪攻略世界；然后认认真真上一堂视频课"洪攻略经典课"，这能让你快速了解整个洪攻略体系的全貌；如果你想系统学习洪攻略体系，建议学习"洪攻略一站式实战班"（包含经典课、流派课及强化训练营），让你系统快速地掌握一套适合自己的交易体系；如果你对A股市场真相不了解，建议你听听"投资的真相"系列直播内容，以及"A股围猎模式的真相"课程，能让你快速了解真相。

如果你已经成为校友了（上过《洪攻略经典课》），想要对洪攻略进一步了解，建议你根据自己的操盘习惯和性格特点，选择一门流派（围猎A、围猎B、围猎C及牧场A、牧场B），然后认真学完流派课程内容；之后可加入对应的"流派强化营"，在实践中继续加深对流派要点的理解和掌握。

如果在学习过程中有任何的疑问，都可以通过班级群求助，因为这里有一批优秀的班长和班委，他们是一批优秀的"洪粉家人"，他们因受益于洪攻略，并且愿意无私地传播洪攻略，所以他们走过一遍"从零到一，从无到有"的阶段，他们知道如何才能正确快速地学习洪攻略。

如果你对洪攻略已经有了一定的基础，想要拓展更多洪攻略应用，学习更多实用战法，建议你学习"H333战法""救驾战法""降级打击战法""极端交易"等系列战法课程。

如果你正处于学习洪攻略的瓶颈期，建议你来线下活动寻找突破，如线下私享会、内训营、流派现场课，甚至投资俱乐部，通过线下见面深入沟通了解，建立信任感，很多问题都会迎刃而解。

不同需求路径不同

如果你想随时随地知道我最新的投资观点，最优路径是关注微博"洪榕"，这是我的投资生活日记，展现的是我的洪攻略思考过程及思考结果，是对洪攻略系统而全面的投资生活"实战"应用。

　　如果你想了解与交易相关的内容，最优路径是关注微博"极端交易者"，这个账号会侧重"交易"，内容偏重交易价值。

　　如果你想系统学习洪攻略极端交易体系，最优路径是关注微博"洪攻略投资"，这个账号会侧重"教学"，内容偏重学习价值。

　　如果你想第一时间知道我的一些重要观点，最优路径是阅读公众号"洪榕谈投资"和"洪榕新号"上发布的大文章。

　　如果你想看每天紧贴市场的最实用的股市洪攻略分析及应对策略，最优路径是阅读公众号"洪校长的投资课"上发布的系列文章。

不同场景、学习习惯路径不同

　　如果你想要在上下班路上，或做家务时了解洪攻略，可听一段音频，简单、轻松的同时又有所收获。

　　如果你有一段较长的沉浸时间可用来学习，可通过看几篇长文章（公众号长文章），观看几条长视频（投资课系列视频），学习一套课程（"洪攻略一站式实战班"等），或静心阅读我的书籍，更加深入地了解并信任洪攻略。

　　洪大教育一直致力于探索出一条让投资者快速成长的路径，为此我们做了很多努力，以上提到了很多方法和学习途径，各位读者可结合自身情况，找到自己的最优路径。

通过"洪榕"微博动态学习洪攻略

　　我的微博不会去迎合散户（因为迎合散户其实就是在害散户），我说的内容散户虽然不一定喜欢，也不容易接受，但我认为这些恰恰是最能帮助到他们的。为了帮助"洪粉家人"追求投资成功的大概率，我的微博主要在以下十点上下功夫：

　　抓住主要矛盾、感知行情"季节"、培养有效思维、降低投资门槛、缩小思考范围、找到交易节奏、指出选股方向（部分板块，阶段重点）、抵制伤人诱惑、提高判断效率、坚持极端交易。

洪攻略是据此而设计的，我的微博每天说的都是和这十点相关的内容，如果真看进去了，大机会跑不了，而且只要在我已经缩小的范围思考或选择，也会比较轻松。

为了让读者更好地理解我的微博，通过我的微博动态地学习洪攻略，这里罗列一下我的微博特点：

我的微博是我的实战思考记录，思维是连续性的，系统看参考价值更大。

我习惯第三层次思维，万事讲逻辑，喜欢做人性层面的思考，相信人性不变，故事永恒。

思考追求的是成功概率，不是绝对正确，有些话不说死是因为预测行情本就没有绝对的事情，用绝对的语句表决心可以，骗自己没必要。

我会尽量思考主要矛盾，思考清楚了就会写出来，尽量帮助大家缩小思考及选股的范围。但我的思考并不涵盖所有未来走强的板块或股票，也不是我缩小的范围内就一定有大牛股，我追求的只是概率，不是绝对，更不是全部。

当我说一个选股方向时，这属于指明方向缩小范围，但有人感觉不过瘾，认为范围还是太大，希望可以缩小到个股，这种想法无可厚非。但千万不要因此忽视我给出的选股方向，因为懂洪攻略的人，可以用洪攻略在我说的方向上找到个股、找龙头股、找城门立木股，在不同"季节"采用不同策略就好了。

发现陷阱我会尽量写出来，但陷阱是无法穷尽的，我只能发现自己能力范围内所能发现的陷阱，发现陷阱就尽量回避，哪怕事后发现不是陷阱。

如果发现自认为成功概率特别高的机会，我会反复思考，反复说，会很"祥林嫂"，会想方设法让更多的人接收到这个信息。

一般我越重复思考的观点价值越大，越多的人视而不见的判断价值越大。

千万不要用我前面的一个观点去否定我的新观点，市场在变化，莫活在不远的过去。

相信我思考的逻辑，不要迷信我。

平时的微博绝大多数都是写给场内投资者看的，前提是已经选择参与股市的人，因为我自己就在参与，我的思考就是如何让已经选择参与股市的人更好地参与股市，分清"季节"，选择成功率较大的策略应对。

有些微博是针对性地回答一些"洪粉家人"的问题，有时用词比较"狠"，如果你没有我说的毛病，就不要对号入座。

有些微博是给管理层提建议，建议一般都会有些理想化，不要认为这个建议中描述的事情就一定会发生，更不要用来指导自己的投资。

有些关键观点，我会尽量描述得清楚明白，至少让在一个频道的人，或说熟读洪攻略的人看上去清楚明白。对你无法分辨的观点，你可以忽略，千万不要去猜，不要总是接受自己肯接受的信息。

我追求的是整体成功概率，喜欢提前思考，不喜欢做短期的预测，但在行情极端时段会盯盘，也会写些盯盘感受，但这和每天猜大盘涨跌的人不同，我不是为猜指数涨跌而说的，所以也建议不要因为对了就认为我牛。

我其实是比较喜欢开玩笑的，但因为投资是件必须严肃认真的事，所以尽量不发和投资人生无关的内容，但请"洪粉家人"还是要保有一定的幽默感，对我的偶尔调侃性的微博可以做到一笑了之。

看我的微博最好用洪攻略思维，抓住我微博的主要矛盾，跟随赢家思维（"聪明的钱"），在预期可控的前提下果断行动；所有的判断都必须放到相应的"季节"去看，不要在"春天"去断章取义寻找"秋天"的故事，不要不问"季节"在某个股票硬套相关策略。

对股市没有一定认识，对我的思维没有一定了解，没有静下心认真去读洪攻略的人，是不容易理解洪攻略的精髓的。给各位读者一个办法，把你手中的这本书多读几遍，正所谓"书读百遍，其义自见"。

以上均为我微博的特点，这个特点源于我特殊的实战经历。这些实战经历让我对中国股市从上到下、从里到外都有了非常深刻的了解，对散户输在哪儿更是了如指掌。

特别的经历写出的特别微博，自然也只适合于特别的一些人，但我认为这个"特别"是有另一层含义的：就是特别希望通过自己的努力可以在股市赚到钱的人。

第 **5** 部分

投资好人生

导　语

　　活到老学到老是人生的常态。人的一辈子就是一本书，每个章节会有不一样的风景和内容。庆幸的是，我们自己就是这本书的作者，有权决定书中的风景和内容的意义。同时，人生也是一场投资，不断地投资自己，丰富自己，让书中的风景更加美丽，让书中的内容更加充实、有意义，最终我们人生的这本书才会更有价值。

　　人性不变，故事永恒。洪攻略是以人性为出发点得出来的一套交易系统。这部分选录的文章多是我从洪攻略角度思考的那些人生中相对比较重要的事，比如高考，比如买房；站在时代的角度，用洪攻略思维思考时代趋势，结合时代思考人生规划等。我眼里的投资好人生，不单单是一种期待、一种状态，更是一种对待投资和生活的现实态度。

第二十章　洪攻略思考人生

用洪攻略规划人生

股市是一个直接与金钱相关的地方，也是最能暴露人性贪婪和恐惧的地方，尤其在上涨和下跌时，会将这两种人性不断地放大，如何保持冷静，控制住自己的欲望，是成为成熟投资者的必修课。

每个成熟的投资者都有一套铁一般的纪律，这是在经历了股市大涨大跌后用血汗钱换来的，可以说这是投资者这么多年应对股市的攻略。股市中的一些道理，对于这些成熟投资者来说早已了然于胸，不仅股市中能用到，现实生活中其实都能用到，比如最常说的"二八定律"，当有的投资者抱怨为什么自己总亏钱时，就可以好好思考一下这个定律，毕竟股市中是 20% 的人在赚钱，80% 的人在亏损。

世间的道理往往是越简单明了越实用，股票只有低买高卖才有利润，跟经商的道理一样。这样浅显的道理谁都懂，但要做到很难。

股市里还有句行话叫"壮士断腕"，就是行情不好时及时止损，纠正前面的判断失误，保住本钱，以利再战。生活中也一样，人人都有犯错的时候，关键是要能正视错误，勇于纠正错误，才能步入正途。那么，该如何用洪攻略规划人生呢？

洪攻略中讲主要矛盾，讲投资时空观，最后才是策略。抓主要矛盾我们能够理解，就是在做任何决定之前，都要抓住主要矛盾。投资时空观即"四季轮回"，这是一个生命周期。从人生的角度来说，人生也同样有"四季"。从出

生到青少年，到青年，到中年，再到老年。当一个人处于青年时，就像处于
"春夏秋冬"中的春天。处于春天和处于秋天的做法肯定是不一样的，人生的重
点也不一样。

厘清人生的存量和增量

把人生分成两个阶段，即年轻阶段和年长阶段。

如何定义"年轻"？所谓的年轻阶段其实是人生不断积累的阶段，这个阶
段资产和资源的积累非常有限，依然处于生产阶段，人生的财富和资源还属于
成长积累阶段。

如何定义"年长"？年长可以简单理解为到了一定年龄，到达了人生新的
阶段。理想的年长阶段，应该是拥有了一定的资金、人脉关系、人生经验等存
量的积累，当这些存量积累到一定阶段的时候，便能发挥作用，为你扩大人生
增量。这个阶段如何把存量用好以获取更多增量，是需要思考的关键问题。

年轻时努力增加增量

年轻的时候应该合理利用所有的资源，努力增加增量。如果年轻的时候保
守，甚至吝啬，反而可能会错失一些机会。年轻的时候，多花点时间和资金投
资自己，让自己的能力变强，扩大能力圈，人生的机会也会变得更多。

年轻时候的存量是有限的，需要在较短的时间内，通过有限的资源存量，
尽可能地扩大人生的增量。假如你是一个职员，应该想办法提高自己的能力，
建立自己的交际圈，这样机会会更多，或者提高自己的品位跟能力，让你的交
际圈更上一层。你的目的就一个，增加自己赚钱和获得未来财富的能力。用那
些钱提升自己，这是最关键的。

年长时尽力利用存量

当一个人能力很强、赚了很多钱的时候，往往年龄也上去了，此时就应该
更重视存量。如果存量基数比较大，只需要把存量打理好就能赚很多钱。梳理
自己的存量资源，有什么样的朋友、人际关系，都要把它利用上，在整个存量
中寻找可以在未来赚更多钱、获得更多资源的机会。

这个阶段最忌讳的是忽视自己拥有的资源，去不熟悉的领域（行业）重新开始。当别人已经在用自己的积累和杠杆获取更多资金时，你却放下武器，赤手空拳与人拼搏，结果不言而喻，会输得很惨。

年轻的时候，可能没有财富，但有时间和精力，还能毫无牵挂，富有胆识。年纪大了，可能拥有经验、资源和人脉，也就拥有很多机会，当然也会拥有抓住机会的能力。

从拓宽人生路径宽度谈高考志愿填报

高考（包括选择大学、专业，选择所在城市）是人生的重大事件，是人生承上启下的一次关键选择，很多人是因为这个选择基本决定了之后所走的人生路径，包括找什么样的工作，甚至决定其找什么样的人完成下一个人生重大选择——婚姻（选择另一半）。但有件事是可以修正这两件大事的结果的，那就是投资，投资对人生的影响会越来越多，我定义为：投资，好人生！

接下来，我试着用洪攻略思维换个角度谈谈高考志愿填报如何抓住“主要矛盾”。

高考，是多数人必须经历的一个人生关口，即使选择出国念书，也必须经历一个“高考式”选择，我这里说的高考选择是广义的，高考的背后是多数人的成人选择、职业选择、工作生活环境选择——是人生路上最关键的一次选择。

人的一生都在选择，也都在为拥有更大的选择权而努力。

可喜的是大多数人的选择权受制于“高考成绩”，高考相对公平。所以，对大多数人而言，如何争取并用好这次选择的机会就至关重要。

高考的分数决定了考生争取到的人生第一次选择权力的大小，分数高可选范围广，反之亦然。拿到同样的分数，如何选择一个更理想的未来，是每位考生及其家长都必须高度重视的问题。

“选择能力”是一个人重要的能力之一，我们每时每刻都要做判断做选择，重要关口的重要选择可以决定人生的成与败。洪攻略是股市投资策略，但其内核其实就是一套"选择攻略"，核心是希望帮助投资者做出"大成功概率的选择"，比如：

抓主要矛盾本质是一种选择方法和技巧；

极端交易可以降低判断难度提高选择成功率；

H333交易策略是为了保有好心态，让投资者可以从容理性去做出交易选择；

提倡主动交易是为了让投资者的选择路径变宽，不要陷入被动无奈。

顺着这个思路，我们来说说高考志愿填报如何做出相对正确的选择。

选择不仅是为了当下，更是为了拥有更好的未来，好的未来意味着选择权力更大，选择范围更广。

所以，一个让未来的路变宽的选择是相对较好的选择。如此思考，第一个建议就出来了，志愿填报应以让考生未来的路变宽（选择权力变大）为第一目标。另外，和哪些人在一起，很大程度决定一个人的成功概率，而和哪些人在一起主要由所在环境、圈子决定。

所以，第二个建议就是志愿填报最好以让考生在未来更有机会接触到更优秀的人和环境为第一原则。

怎样的选择可以让考生未来的路变宽，并接触到更优秀的人呢？这个因人而异，但从共性看，思考角度有这么几个：

第一，大学选择。

好的学校自然可以让学生拥有更多的选择，接触到的人也相对优秀，再次选择也应该更方便，这个很容易理解。

第二，专业选择。

专业也很重要，如果这个学生已经锁定未来的职业，那专业可以提升他的"定向职业选择权力"。

从就业前景、行业未来发展选择专业，其实就是为了让未来的选择路径变宽。

第三，大学所在的城市选择。

这个选择非常重要，我认为其重要性甚至高于大学及专业的选择。很多考生要离开生养自己的地方到一个陌生的城市，这是一次人生重新出发的机会，选择去什么样的城市，对自己后面的人生路影响深远。记得我当年高考志愿填报时，我首选的就是城市，然后是专业，最后是学校。当时我第一选择是上海。我当时只想去中国的大城市，这个选择我现在依然认为是我人生截至目前做出的最正确的选择之一，因为符合前面说的第一目标和第一原则。而关于专业和学校的选择我认为不够理想，在大学毕业两年后才转入金融行业，如果我当时选择进入与金融、财经相关的大学，我的人脉会大不相同，也许可以做得更好，至少可以少走很多弯路。好在我选择了上海的大学，这让我可以有转换行业进入金融证券领域的思维、环境及条件。

第四，为个性目标而选择。

一个高中毕业的学生其人生目标一般还不是太清晰，但一些父母喜欢为自己的孩子框定一个未来，而这个框定范围基本由父母本身的"选择能力"决定。比如希望孩子从事和自己相同的职业，生活在相同的城市，认为自己可以帮得上忙，这个看似合理且没什么风险的选择是违反前面提到的第一目标及第一原则的，这其实过早地限定了孩子的人生路径。聪明的父母应该把"回家"这个选择作为兜底选择，先让孩子去其他可以拓宽未来路径的城市，专业可以选择与父母类似的专业。

有些孩子有特长，也喜欢自己这个特长，那就可以确定个性目标，在满足个性目标的前提下选择城市和学校，即主要考虑专业未来。

第五，留学选择。

有人问到该不该去国外念大学，这个其实从比例讲还是小众，如果孩子优秀，从第一目标和第一原则思考选择出国念名校是一个好选择。当然，也可以选择国内本科毕业后出国去读研究生。

第六，再次选择的方便性。

社会在进步，调整选择越来越方便，本科是一次选择，对有些人而言研究生是一次修正选择的机会，可以重新选择学校、专业、城市（甚至其他国家城市）。所以，在高考志愿填报时就该把"再次选择的方便性"考虑进去。

所以，专业的选择需要考虑其转换其他专业的便利性，对可能堵住考生未来路径、妨碍未来选择的专业甚至学校要尽量回避。

第七，考虑 AI 对职业的冲击。

人工智能的突破发展，我们必须考虑机器人对未来岗位的改变和冲击。专业选择必须考虑这一点，尽量避免容易被人工智能替代的专业，尽量选择可以在人工智能时代更有作为的专业。比如，选择和人工智能发展息息相关的专业。

篇幅的关系，没有就一些具体选择展开说，再给大家一个思考技巧，就是正向思考想不明白，就对照以上"第一目标"和"第一原则"去排除。

马太效应不是绝对，一招教你实现圈层跃迁

人们常说的"马太效应"，即"富人越富，穷人越穷"。王健林曾提过"小目标"这个词，一个亿对他来说只是一个小目标。有人认为这是因为富人赚钱容易，一定程度上这也算是马太效应。这背后的逻辑，并不是富人就一定能赚到更多的钱，而是钱只有在会赚钱的人手上才会越来越多。有些人白手起家，逐步赚了很多钱，因为他自己会赚钱；有些所谓的富二代，继承很多财产，但因为不会赚钱却越来越穷。

穷人也好，富人也罢，要改变的是赚钱能力。赚钱能力不提升，富人可能会变穷；赚钱能力变强，穷人也可能变富。所以阶层是可以穿越的，马太效应也是可以打破的。

其实，中国有一个非常古老的小故事，叫"孟母三迁"，讲了一个打破圈层最好的方法。

孟子小时候，他们家居住在离墓地很近的地方，孟子就学了一些祭拜之类的事，玩起了办理丧事的游戏。他的母亲认为这里不适合居住，于是就把家搬到了集市旁，然后孟子又学会了做买卖的一些东西。他的母亲认为这里也不适合他的孩子居住，便再次搬家，搬到了学校旁边。这一次孟子很快学会了礼仪，孟母认为这才是孩子该待的地方，他们就在这里定居了。最终孟子成为和孔子齐名的圣人。

"孟母三迁"这个故事，告诉我们应该接近好的人和事，这样才能够养成好

的习惯，才能够改变人的命运。

其实现在的社会也一样，很多家长忍受特别高的价格买学区房上名校。我曾给大家讲过一个思维。家长们总会讨论孩子考大学问题，到底是选学校重要还是选专业重要。我认为如果从打破阶层固化的思维来思考这个问题，你的思考就会不一样，可能会认为选择和谁在一起学习很重要。大家都喜欢考名校，我一直认为考名校并不是因为名校能力有多强，而是你的同学都很厉害，你的眼界会不一样，学习动力也不一样，未来的资源也不一样。

另外我认为选一个什么样的城市读书很重要，这有种"孟母三迁"的感觉。找一个更有视野的城市，更能发挥你想象力的城市，肯定有利于将来变得更好。

所以选择和谁一起、去什么地方，是让你打破圈层的好方法。我们人生中做重大选择、决策的时候可以遵循这个思维，为的是让自己的人生、事业变得越来越开阔。我们用"孟母三迁"的思维和行动方式，才有可能打破"穷人越穷，富人越富"的马太效应。

努力成为那个笑到最后的人

我清楚地记得，在 2011 年的最后一天，看到了一条彻底改变我人生态度的一则新闻：

"104 岁的邵逸夫卸任 TVB 董事局主席、非执行董事及董事局下辖行政委员会成员的职务，由副行政主席梁乃鹏接任主席一职，任期两年，邵逸夫妻子 83 岁的方逸华继续留任副主席兼董事总经理，自 2012 年 1 月 1 日起生效。邵逸夫为荣誉主席。"

因为在浙江宁波镇海生活过十年，对出生于镇海的邵逸夫先生比较关注，看到这则新闻后，我非常好奇邵逸夫先生是如何可以工作到 104 岁的，先生的妻子又是如何可以在 83 岁高龄继续工作的。

邵逸夫不是最有钱的成功人士，但应该是工作时间相当长的成功人士。

社会的进步、科技的发展让人类平均寿命越来越长了，我国人口平均预期寿命 1949 年 35 岁，1957 年 57 岁，1981 年 68 岁，2005 年 72.1 岁。2011 年中国人的平均寿命已经达到 76 岁。

这样看，活得越长就有机会活得更长。

所以，无论从哪个角度看，身体是革命的本钱，我们最应该知道的完美人生秘密应该是长寿的秘密。

为此，我查找了大量的资料，去探寻长寿的秘密。探寻的结果让我兴奋不已，原来长寿的秘密是我一直推崇的好心态，我一直认为好心态是一辈子的，好心态是成功投资的因，也是成功投资的果。巴菲特和芒格的完美投资人生就是最好的佐证。

知道了这个长寿秘密，还必须明白怎么样才可以拥有并保持长寿需要的好心态。研究表明，必须做到如下七点：

第一点，有良好的人际关系。

人际关系对一个人心态的影响超乎想象。

一个乐观的人会拥有更好的人际关系，好的人际关系可帮助人们很好地化解影响心态及健康的各种压力。如果人整天焦躁不安，令压力水平长时间居高不下，人体的免疫系统将受到抑制和摧毁。

第二点，有积极的性格。

有好心态的人生活态度积极、责任心强、正确看待生死，他们更长寿。

中国首席健康教育专家洪昭光认为，"心理平衡的作用超过了一切保健措施和保健品的总和"，谁能保持心态平衡，谁就掌握了身体健康的金钥匙。

如果人是快乐的，大脑就会分泌多巴胺等激素，让人心绪放松，使人体各项机能互相协调、平衡，促进健康。

第三点，生活有目标。

研究发现生活有明确目标及计划的老人，死亡率比其他老人低一半。没有明确生活目标的比有明确生活目标的，病死或自杀的人数足足高了一倍，患心脑血管疾病的人数也多了一倍。医学上也早有发现，有些人退休后，因人生目标突然消失，身体健康和精神健康状况均会急剧下降。

无论是远大目标，还是旅游或读书等近期目标，只要生活拥有目标，生存优势就更大。

如果有目标，就会有积极的心态，努力去寻找实现目标的途径，就会勤于用脑。

科学家发现：勤于思考的人的脑血管经常处于舒展状态，从而保养了脑细胞，使大脑不过早衰老。要注意的是："目标"一定要切实可行，否则会起副作用。目标不一定要大，学习唱歌、组织旅游等都可以是目标。

第四点，从事喜欢的职业。

做不喜欢的工作，或从事不能得到满意回报的工作，不仅损害健康，也很容易让人坏了心态。

第五点，生活和谐。

保证足够睡眠和美满和谐的生活，与人为善，多点宽容，容易保持年轻的心态。

第六点，没有不良生活习惯。

不良习惯不仅直接影响身体健康也会影响和身边人的关系，进而影响心态。

第七点，健康交友。

亲朋好友的生活习惯会直接影响你的生活习惯。要想身体健康、心态好，就应该经常和生活方式健康的人交往。

以上七点，要做到难不难？如果可以让自己赚到好心态、好身体，还有什么不能克服呢？对照自己的生活，当时我认为最难的是第四点，我虽然从事自己喜欢的行业，但并不喜欢当时的工作内容，可我认为自己拥有好心态，我决心先从其他六个方面着手规划自己的人生，再设法把自己的人生目标和工作合而为一，这样就可以做到自己总结的这七点了，让自己拥有并保持完美人生必备的好心态。

这一节和投资股市无关，但希望给目前感觉陷入生活或投资困境的人一个思考人生的新角度，社会在进步，未来会越来越好，相信活得长一般就会活得更好，投资也一样。要活得长其实并不难，对照以上七点，开始行动吧，你会是那个笑到最后的人。

开启主动人生，做回时间的主人

主动不仅关乎投资的得失，更关乎人生的成败，被动的人生，其实做的是时间的奴隶，只有开启主动的人生，才能做回时间的主人。而做回时间的主人，首先必须做到行事不可太短视，不要被短期的得失所牵绊，要有时间在手一切尽在掌握的豪迈。

对投资而言，时间是最重要的变量之一，你对时间的态度基本决定着你投资的成绩。那些业绩不佳的基金经理的失败各有各的原因，但基本有个共同的原因，就是被短视的投资者所伤，股市的高流通性放大了人性的恐惧和贪婪，有些人频繁交易，每年手续费就交了不下 10%。

时间就是年轻的读者的优势，但现实中不少投资者把自己陷入短视短线交易中，这属于典型的避长扬短。

我们常听到 PE 获得多少倍的回报，但 PE 投资锁定期 5 年甚至 7 年，这是时间的价值。

十多年来一线城市房价持续上涨，有些房子涨了 10 倍甚至 20 倍，试想一下如果房子的买卖也如股票买卖一样方便，又有多少人可以完整赚到 10 倍房价上涨的钱。交易的不方便阻挡了很多人短线交易的冲动，才有了投资房子这样 10 倍收益的投资成果。

好的投资输的只是时间，年轻的投资者有的恰恰是时间，何不扬长避短做回时间的主人，用时间的长度去提升人生成功的概率，主动规划自己的未来，而不是总把自己逼入绝境，被动做出选择。

从现在起，开启主动的人生，先收起总希望一夜暴富的心，不再幻想天上可以掉馅饼，也别指望自己总有好运气，把自己从平庸的忙碌中解放出来，明白磨刀不误砍柴工，学会耐心等待，等待容易判别的极端机会出现，有准备有心力去与别人竞争，这样大胜的概率更高，人生这样的大胜不需要很多，但仅有的几次大胜就完全可以让你拥有不一样的成功人生。

这个源于洪攻略的思维用于股市投资更有奇效，若投资者按洪攻略给自己订一个为期 5 年的股市投资成长计划，并坚决执行，可能会有意想不到的收获。

上班族股市投资方法

我说的上班族主要指白领，即每天需要上班赚钱养家糊口、没有时间盯盘、钱也不是多到可以去股市随便玩玩，又没有金领那么多消息来源，被专业人士统称为"股市小白"的人。

白领一般对"撑死胆大的，饿死胆小的"的 A 股市场都很不适应。

每一轮牛市顶峰时期市场总会给人全民炒股的感觉，但如果一些白领无心工作，准备辞职专业炒股，市场就会用熊市来堵住小白们的离职之路。

残酷的现实告诉我们白领们如果不能处理好炒股和工作的关系，一定两头受损。

互联网的快速发展，看行情、下单交易变得越来越方便，这其实是把白领们推向了两头受损的深渊，让白领成了一些股市炒家们眼中可爱的"股市小白"。

炒股最忌去"天桥看热闹"，最忌三心二意、一心两用地盯盘。一边工作，一边盯盘，一边下单……如果这样炒股也能赚到钱，这显然不科学。这样炒股赚不赚钱不说，这样能工作好吗？哪个老板喜欢这样的员工？工作不好心情能好吗？心情不好能炒好股吗？简直就是一个必输的循环。

那是不是白领就不适合炒股呢？我的答案是，一些白领完全适合炒股，但要找到适合自己的方法。

首先，白领要对自己的优劣势有个清醒的认识。然后，要学会赚自己能赚的钱。具体来说：

自己不能每天盯盘，也不是专业短线高手，那就没必要去关注盘中短线赚钱的方法，关注这些只会坏了自己的心态，毫无益处。也没必要采用需要通过盘中观察才能作出决策的交易策略。

多采用一些中线交易，即只参与中线行情，学会借助一些软件晚间复盘的方法，制定第二天的交易策略，严格执行。

短线只参与极端行情，这就像守株待兔，当市场出现极端情况时，积极关注，制定相关策略，大胆左侧交易，短线参与一把，一个来回几天就能完成，也不会太影响工作。当然，不是每一个有极端机会都参与，这样的机会一年参与两三次就够了。

只参与牛市。

长线建仓要么参与痛无可痛的痛点板块股票，要么参与创历史新高的股票。

盯着感觉顺手的某一个股票做，高抛低吸，做它几年。

盯着某一个你认同的分析师，向他学，像分析一个股票一样把他分析透，然后决定自己什么时候听他的，听他的什么。

股市投资最重要的是心态，如果发现心态坏了，那投资就没有了胜算，也失去了意义。尤其对白领而言，如果让股市投资影响了自己的工作，那一定得不偿失。

对于股市投资，我们每一个人其实都是股市小白，唯一不同的是一部分人知道自己是小白，另一部分人不知道。知道的人就会知行合一，强迫自己采用股市小白投资法；不知道的人只能随风飘，心情也跟着行情起起伏伏，与投资好人生渐行渐远。

镜像机器人：让那个你更喜欢的自己"永生"

人类追求的永生分三种，生物学上的长生不老，哲学上的永垂不朽，以及科学（人工智能）上的永远存在。

哲学上人们一直在探讨生存和死亡的问题，而人工智能的飞速发展，则从科学上开启了一条更真实更现实的人类"永生"之路。

柏拉图认为每一个人都是被劈成两半的不完整的个体，终其一生在寻找另一半。更确切地说每一个人出生之后都是不完整的，人们终其一生都在努力让自己变得完整，变得完美。人工智能的发展，最伟大的地方恰恰就在这里，它不仅可以让人变得完整完美，而且可以"让那个自己最喜欢的最完整最完美的自己永生"。

我们可以想象，在不久的将来，一对夫妻从决定要孩子开始，他们就要准备同时抚养两个"孩子"，在妻子怀孕的同时要去"人工智能"工厂订购一个具备深度学习等能力的"机器人孩子"（另一个自己，以下简称镜像机器人，学习能力比阿尔法狗厉害得多），让两个孩子在一起长大，共同学习共同进步，待孩子十八岁独立后，这个机器人孩子就归孩子自己独立抚养。

　　你如果是这个孩子你会怎么做？让你的镜像机器人克服你克服不了的毛病，他会比你更勤奋，读更多的书，有更好的脾气……你会让他比你更完美，他有你的思考方式、待人处事方式、你的世界观、和你一样的音容笑貌……但做得可以比你好（因为他背后还有强大的联网专家及技术支持），他会是你心中的那个你更喜欢的自己。

　　他和你最大的不同是，他可以永生，当你百年之后他可以继续陪伴在爱你的人身边，了却亲朋好友的思念之苦，甚至可以在科技足够发达的未来让他和你的再造肉身合二为一，让你真正"重生"。

　　看到这，请闭目冥想几秒钟，想象一下30年后阿尔法狗是什么智商，你身边的镜像机器人会和你聊点什么……

第二十一章　洪攻略与房地产投资

买股还是买房？

买股还是买房？这是足以改变人生的大问题，所以必须清楚。但既然是大问题，如果不从格局上思考，就一定无法弄清楚。

总结自己过去对房产及股市的投资，所有的成功都源于"格局"。盘点个人的房地产投资，有幸踩对了三个点，一个点是踩对了 2002 年上海房地产的启动，第二个点是在 2003 年非典之后加了仓，第三个是 2015 年 5 月份继续加了仓，在 2008 年末也去看过几处房产，但最终还是决定全部投资股市，即参与了股市"战上海"。

我曾对自己对股市和房产的投资作过系统化的总结和思考，是的，一切成功都源于格局。

从小到大，对大问题我喜欢做一些终极思考：先找到其中的决定性因素，再配上时间轴，然后放到历史及世界层面去解析，最后用人性去佐证，一遍又一遍，直到找到能说服自己相信的逻辑。再用自己信服的逻辑去指导自己的投资。

我对"新三十年"的思考一直没有停止过，而且正是因为这些思考让自己收益颇丰。

过去的 30 年是中国经济恢复性、粗放式增长的 30 年，中国人完成中国制造走向全球的壮举。新的三十年会是怎样一个景象？最终的结果可能是什么样子？影响新三十年的主要矛盾又是什么？

很显然，这里涉及技术、时间层面的问题。当然，恢复性增长之后面临的国内外环境已经截然不同，尤其新技术的出现已经改变或正在改变世界的格局，基于这个思考，我把影响新三十年的三大决定性因素依次确定为：

第一，政府意图及行事方式。要对这个作出判断，首先要看这一届政府的作为，这里含短期、中期和长期判断，基于这些判断，我把它应用到股市投资、方向选择、行业选择及时机选择。

第二，互联网对经济生态的影响。互联网的普及，可能彻底改变了人流、物流、资金流的流动方式及方向，可能逐步限制过去人们基于人流、物流、资金流的节点而构建的商业模式。最终将可能在现行的国家行业组织之下构建出跨国家、跨行业的独立生态圈，当然，这可能需要运作 30 年。

第三，新技术对世界政治经济格局的影响。互联网也是门技术，但因为影响力不仅大而且深远，所以我做了单列处理。这条说的是除互联网技术之外的改变世界格局的新技术，因为互联网的出现，新技术的影响不再是专属或局部的，而是世界性的，即可以改变世界格局。

找到了决定性因素只是第一步，要坚信它就是起到决定性作用的。我一直认为要看透我国股市和房市必须承认并对我国的特点烂熟于心，而这个只有土生土长的中国人才可以做到，这也是目前国内最好的基金经理都是非"海归"的原因。

在中国 ToC 的业务很有前途，所以互联网有市场、稳定很重要，家才是中国人最信赖的港湾。

我们再来看看基于以上认识下的投资机会判断：

我喜欢"马前炮"思考，而且是思考结果的行动派，我在 2010 年出版的《战上海》一书中对上述思考做了初步的描述，其中提到了新三十年的改革、转型，提到了金融中心、资本市场及互联网，虽然写得很粗略，但我还是给此书取了一个不知天高地厚的副标题——决胜中国股市未来 30 年。

在基于确定三大决定性因素的前提下，上海房产、上海板块、新技术代表板块创业板股票成了我当时最看好的投资标的；基于对新三十年必须还原中国资本价值、让中国资本走向世界的认识，我觉得股市投资必须站在资本市场改革开放的历史大风口，并身体力行把券商、券商服务作为核心资产配置。直到 2015 年 6 月，股市乃至政治经济层面的很多大事都可以用以上大逻辑尝试解析。

以上逻辑本就是要管 30 年的大逻辑，前途光明、道路曲折才是合逻辑的。基于这个大逻辑，密切关注三大决定性因素的影响，但必须把时间拉长，不盲动不乱赌，顺着方向狠抓几次大机会就够了。

关于股市过去说过很多，但战术上有一条有必要在这里重点说一说，那就是 A 股目前还是大多数人只有靠上涨才能赚钱的单边市场，如果长期单边下跌，那市场参与者不是"亏死"就是"饿死"。所以，为了活命，为了不饿肚子，打不了大战役就会打游击战，碰到大风险就深挖洞广积粮，给点阳光就灿烂，只要明白这一点，就会认为 A 股真的好可爱，也才会真的体会 H333 策略的妙处。

很多人对房产目前市场的认识和现实状况显然存在着巨大偏差，我们的房产市场和当年日本市场是不太有可比性的，我们一线城市的房地产多年处于严格的调控之中，但结果却超出了大多数人的想象，这背后一定有其存在的合理逻辑，只是我们没有找到。

股灾的教训也是在此。假如现在让市场的融资马上离开市场，你看会不会继续发生暴跌，如果现在是 3000 点，就一定会跌到 2000 点以下。所以千万不要以为房价不高、股指不高就没有大风险，所谓高低本来就是人为的判断。房地产会不会有大风险，我只关心一旦房地产出现下跌我们的防护措施是否有效（比如银行体系会不会有大问题），而不去关心价格是否合理。

房产，是人一生最大的奢侈品，以国人对待奢侈品的态度可以解释为什么一线城市房地产价格似乎高得离谱。同样一件衣服、一个包包若从实用功能讲相差无几，但价格可以相差十倍百倍，没人会去指责它不合理。奢侈品已经走进了一线城市寻常百姓家，衣服、包包卖出了奢侈品的价格，三四线城市的人因为财力的问题，衣服、包包还是实用的价格，用这个思维来看房价，似乎就通了。所以，建议对一二线城市的经济适用房价格做个统计，看看其平均价是不是很离谱，是不是价格高得睡不着觉？对房地产投资而言，如果你认为自己是在投资奢侈品，那决策是不是就容易得多了。

很庆幸，30 年来楼市没崩盘

我看过这样一个让人哭笑不得的段子，说有一个男人十年前毅然以 60 多万元卖掉了自己的房子，然后拿着这笔钱去创业，经过十年努力打拼，公司走上了正轨，赚到 400 万纯利润，然后他用全部利润再加上部分银行贷款，把自己当初卖掉的那套房子又买回来了……毕竟小孩要上学……对买了房子的人来说，希望房价继续涨，房子继续盈利；对尚未买房的人来说，希望房价早点降下来，最好崩了，就有机会上车了。站在普通人的角度，我认为我们很幸运，因为 30 年来楼市没崩盘！如果很不幸，楼市崩盘了会怎么样？楼市会不会有崩盘的一天？

我为什么说这 30 年来楼市没崩盘非常幸运？

2020 年 4 月一组央行调查的数据，还是很让人吃惊的。第一，中国城镇家庭净资产每户平均 290 万，这个看上去挺高的数字，其实很大一部分是房子；第二，我国有 96% 的城镇家庭拥有自有住房，这远高于美国，美国虽然是个发达国家，但真正有房子的人，也只占了 63.7%；第三，有 31% 的家庭拥有两套住房，10.5% 的家庭至少有三套住房。

"横看成岭侧成峰，远近高低各不同。"我们换个角度看房子的问题，不妨来作个假设：假设在中国不是 96% 的人有房子，或者只有 30% 的人买了房子，拥有两套或者三套以上房子的人也很少。那我们的社会会是什么样的？是贫富差距缩小，还是人们普遍更有钱？

先来思考这个问题：如果你没有买房子或者将来不准备买房子（不用考虑存钱买房子的事），请问你现在究竟能留下多少钱？

毫无疑问，你的家庭财产肯定会比现在少！因为财富是人们辛辛苦苦积累下来的，总归要有个归属，要么投资，要么放银行。投资的话有很多选择，如果没有房地产，股市肯定会比现在更热闹，一些像 P2P、原油宝、数字货币、大宗商品这些所谓的投机品种也会比现在更畅销。结果可能是，亏钱的人会更多，亏掉的资金数量也会更庞大。

首先，在 A 股，因为我们一直没有等到像美股那样的十年慢牛，也没有出现过房地产这样持续上涨的情况，总是在上下波动中来回折腾，所以才会出现"七亏二平一盈"。这些年股市与楼市相比，一个是暴涨，一个是步履蹒跚牛熊交替。那些在牛市赚到钱的投资者，可能一波熊市就"一朝回到解放前"，而早些年买了房的人，这些年躺着就赚翻了。

其次，很多投资品种风险较大。比如 2018 年 P2P 平台集中暴雷，成千上万的投资人卷入其中，很多投资者血本无归。这样的案例也不断验证那句经典的话："你惦记别人的利息，别人惦记你的本金。"市场的风险防不胜防，在利益的驱动下，一切皆有可能。

适合普通投资者的投资渠道非常有限，这也导致很多资金都涌入了楼市。如果不投资房产，资金的安全确实是个问题。并且房子的流动性可不比股票，一买一卖都不是很快就能实现的。买了房子之后，看着房价不断上涨，面对这看得见的收益，房主不会轻易地抛掉。也正因为这样的一些行为，才让他的财富保留了下来，否则他就可能失去那些财富，甚至在货币贬值的情况下，一直改善不了自己的财富状态。

所以从这个角度讲，正因为房地产市场一直没有崩盘，走的是一个比较好的长期慢牛，帮老百姓锁定了财富，锁定了自己的劳动成果。如果没有房子这样靠谱的财富归属地，那家庭的财产数量一定会大幅度减少。

如果房地产市场崩盘了，会怎样？

如果房地产崩盘了，便如同股市股灾、币市爆仓、理财产品暴雷一样，那冰冷的绞肉机，吞噬的是人们的财富，摧残的是人们的身体和意志，碾碎的是那残存的希望。

20 世纪 90 年代，日本楼市崩盘，随之而来的是经济的萧条，失业率大幅提升，老百姓财富大幅缩水，人们的消费欲望下降，生活品质严重降级，陷入

"低欲望闭环"。社会的自杀率爆炸式增加，失踪率上升，流浪汉数量剧增，而年轻一代宅文化盛行，不愿谈恋爱，更不愿意组建家庭，丁克主义大行其道，最可怕的是人口老龄化和人口流失。之前有报道说，日本东京非中心地区，一些二手房竟然白送都没人要！因为年轻人都跑到市中心区上班，宁可租房子也不愿意贷款买。这些空置的房子该如何处置，政府也很头疼。

楼市崩盘后，人们的日子变得异常艰辛，即使公众人物也不例外。比如有位日本明星，用当模特出道时赚到的第一桶金，在1987年投资了公寓，未曾想到泡沫破裂后，直接导致他欠下了数亿日元的债务。在泡沫经济时代，当模特赚钱很快，因为奢侈品好卖。但泡沫之后，奢侈品根本卖不出去，他基本也就失业了。之后转行当演员，但因太高不好搭戏、面相又过于有特点，三年找不到工作。三年里，他甚至靠赌运气、玩弹珠机过日子，有一次一口气输掉了25万日元。即使在之后靠着话剧和电影重新成名，他仍然过着表面上是大明星私下却穷困潦倒的生活。直到2007年，他才在公开场合向媒体开心地宣布："终于把债务都还完了。"苦熬了20年才终于还完欠债。

1991年之后，日本房价一直跳水，一直跌到2002年才回暖。2001年最低谷时，东京平均房价已经从1991年的272万日元每平方米（人民币约15万）跌到了61万日元每平方米（人民币约3万）。2017年，即使是过去五年一直看涨，东京的平均房价也就94万日元每平方米（人民币约5万），还不到泡沫时代的一个零头。

当年中国香港楼市也大跌过，亚洲金融危机、投机、炒作、跟风，使香港楼市泡沫于1997年破灭，房价一度下跌70%。当时香港兴起了一个特殊的"阶级"，要求香港政府使楼价恢复到最高位。

据说，那时候如果你有房子，可能你每天晚上都睡不好觉。因为你每天都会思考这三个问题："吃早饭的时候房价会不会下跌"，"吃午饭的时候房价会不会下跌"，"吃晚饭的时候房价会不会下跌"。经过漫长挣扎，香港房价终于在2012年恢复了1997年的高位，并继续疯涨至今。

房价崩盘，很多人会认为那个时候就能以很低的价格买到心仪的房子。然而事实证明，对那些没买房的人来说，他可能更买不起房，因为可能面临着失业，失去了经济来源后基本的生活保障可能都是问题，哪还有钱去买房？关键是没房子的人抗风险的能力其实很弱，因为连房子都没得住，如果失业了，连房租都可能缴不起。不像那些有两三套房子的人，即使失业了，还能靠房租维持生活。

另外还有那些买在高位的人，可能因为他本来购房的能力就不强，在房价刚往下走低一点的时候，鼓足勇气借了大量的款后上车了，但随之而来的是房价断崖式下跌，房价崩了，他的世界可能也就塌了。

所以，如果房地产真的崩了，无论是对谁，也不管是站在哪个角度，都是非常可怕的。没有谁会是真正的受益者。而且一旦崩盘，往往是没有十年、二十年都回不过来的。而二十年的时间，足以让一个年轻人变成中年人，中年人变成老年人，生命中最美好的年华也不过二十年的时间。况且我们的人生也不过八九个十年，三四个二十年。所以千万不要想楼市崩盘了就能低价买到房子，好像你会是受益者一样，其实不然。

楼市会不会有崩盘的一天？

虽说楼市没崩盘是好事，但问题是，如果房价一直上涨，最后会不会崩？毕竟我国的一些城市楼盘也曾崩过，比如1993年的海南、1994年的上海、2012年的温州、2011年的鄂尔多斯。但这只是个例，并且也是有特殊背景的。那么未来中国楼市会不会崩盘？我认为不会有那么一天，主要有三点来支撑。

第一点，政府通过城镇化改革，扩大城市的范围，增加低价房的供应量，可以在一定程度上抑制房价上涨。改革开放40年，中国城镇化经历了从高速度到高质量的重大转变，这对抑制房价的上涨起到了重要的作用。

第二点，政府对房子的控制力非常强，这是我们的制度优势。对于房价的调控，可采用的方法（工具）很多。比如，当2016年房市过热时，政府会通过大规模限购政策＋限售、去杠杆等系列政策来调控市场，达到降温的目的；2020年楼市不景气时，一些地方的政府便相应地放开限购政策，降低购房门槛来刺激楼市。

第三点，维持房价不大幅下跌（当然盘整小幅调整都没问题），是符合广大民众利益的。正如上面我们说的，96% 的家庭都有自己的房子，从一定程度上来说，算是达到了相对的公平状态。维持楼市的稳定，其实就保住了大部分民众的财富，保证了他们资产的安全。同时也保证了经济的稳定，维护了社会的稳定。从这个角度来说，国家做的这件事，是一件符合广大民众利益的事情，自然就有了群众基础。

房市还能继续投资吗？

既然楼市不会崩，顶多只是小幅度地震荡，那是不是意味着房市可以继续投资？并非如此。

首先，房住不炒是主基调，稳定地价、稳定房价、稳定预期是目标。

其次，收益和风险是不对称的。因为做多房地产时可以申请贷款，而做空时，只能在高点把房子卖掉，等价格下跌再买回来，只能赚点差价，并且收益是有限的。但同时风险是未知的，比如卖掉房子后房价继续涨买不回来了，再比如孩子上学的问题如何解决，租房住会不会让生活质量直线下降，家庭关系会不会变得紧张……这些都是潜在的风险，稍有不慎，人生可能就输了。何况房子的流动性低，买卖都不是一朝一夕能完成的，而市场又是多变的，如何保证自己能够踏准节奏，在高位成功卖出，低位又顺利买回？这很难。这也与洪攻略中强调的做预期可控的投资相违背，所以不要轻易尝试。

最后，无论是从人口结构来看，还是从负债结构来看，除了少数一线城市和强二线城市，中国房地产市场的投资性价比，已经不高甚至很低了，至少从长期看，是远远低于证券市场的。未来十年，一定是股票跑赢房子的时代。

当然，对刚需来说，买房就无须考虑时间的问题了。有能力的话就尽早买，没有房子的时候压力会更大，因为要攒钱买房，所以在消费上会受到限制。

第二十二章　洪攻略与投资大时代

赚一个亿需要多久？

赚一个亿需要多久？因人而异，要看你是谁；因时而异，要看你所处的时代。在当今这个时代，赚到一个亿每个人需要的时间不尽相同，但基本遵循如下规律：

炒股水平高的基本需要二到三个牛市；

创业有天赋的基本需要十年以上；

打工有水平的基本需要两辈子；

出国肯吃苦的需要三辈子；

已经有十个亿以上的人需要一个好项目。

咱们先定个小目标，五年赚一千万。这究竟是靠多少钱赚到？怎么样才能赚到？你觉得自己做不到，那就真的做不到。只有具备赚钱思维，你才有可能成功。眼大生财，牛眼看市，赚钱的关键是思维模式！有时候，你把一个机会适当放大才会有动力。

要想五年赚到一千万，首先要把自己的思维转到赚钱的频道上来。只有具备一种很好的赚钱思维，你才有可能成功。

具体来说，赚钱思维包括以下七个方面：

第一个思维方式，叫眼大生财法。我们都喜欢牛市，可华尔街也只有一只牛。牛有个特别显著的特征，就是牛眼很大。牛眼会把看到的东西放大，所以牛经常不敢碰人，因为它觉得人很大。将这个逻辑放在股市也一样，当碰到一个机会时，你得把它适当地放大才会有动力。

眼大生财法，这个牛市是牛眼看事情，有时候对于财富的管理办法其实是蛮重要的。

第二个思维方式，叫规则生财法，这是一个赚钱的方法。很多人看到一些不合理的地方，骂一骂、说一说就不管了，但是有投资思维的人，却不这么想。

试想，如果连普通人都认为不合理，那么改变的可能性是非常之大的。只不过条件还没到，或者其他的时机还不成熟，但终究会改变的。对规则改变的准确预期是真正的生财之道。如果你能顺着这样的思维方式走，就可以赚很多钱。

第三个思维方式，叫书中采金法。就是站在别人的肩膀上，你可以学到很多。其实你不需要通过自己去实践，通过别人的一些总结，直接拿过来用，可以大大提高你的判断力。其实人生就是考验我们的判断力，股市也一样，买跟卖，如果我们能判断准确，那我们不就赚钱了吗？

所以，判断力很重要，而且判断还要有效率。如果你判断力准确、效率又高，赚钱对你来讲就是特别简单的一件事。古语有云："书中自有颜如玉，书中自有黄金屋。"读书可以提高你的效率，提高你的判断能力。

第四个思维方式，叫乱世佳人法。美国有部特别有名的电影《乱世佳人》，里面有一段场景是这样的：主人公郝思嘉为了见自己的情人白瑞德，就把窗帘弄下来做了一条裙子。因为当时正值战乱时期，家里除了一个比较像样的绿色窗帘，其他的什么都没了。但是她又想打扮得漂漂亮亮地去见人，于是出此下策。

这只是电影中的一个很小的桥段，但我觉得这是女性舍得为自己投资的一个很好的例子。因为郝思嘉知道自己要什么，就是说她知道把最关键的资源用在最关键的地方，这相当于一种投资理念。

然而现实生活中，很多人根本没有梳理过自己有什么资源，就说自己什么都没有，其实大错特错。每个人生活在社会中，都有自己的资源，年轻是资源，毫无牵挂也是一种资源。乱世佳人法就是让你善用自己的资源，并把它投入到最有价值的地方去。

第五个思维方式，叫宏观生财法。众所周知，宏观是相对于微观而言的，很多人觉得宏观太虚了，其实不然，深度思考一般都是宏观的，只有进行了这种宏观思考，你才能赚到钱。毕竟宏观决定了时代潮流，我们必须站在长江上顺流，而不要逆流，否则很容易失败。也只有顺着时代的洪流往前走，才能享受时代的成果，这就是宏观。

在国家大的宏观政策背景之下，我们可以用宏观生财法把握股市脉络，甚至把握整个投资的脉络，然后给自己带来财富。其他各方面的投资都一样。

第六个思维方式，叫买贵生财法。"只买贵"，就是让大家千万不要占小便宜，这个方法适合很多投资者。

看到喜欢的"投资品"，在自己可以接受的价格上加价至少30%买入，即强迫让自己买入比自己能接受的价格高30%的东西。买股票、买房子，都应该如此。对待生活也要敢于做到这一点，你的生活品质会大大提高。超出他人预想的30%，这叫超预期，超预期可以给人很大的愉悦感。如果你可以给朋友、生意伙伴、亲人超预期的感受，你的成功就是必然的。比如同一个小区分别有一套价值200万的房子和价值260万的房子，你的购房预算是200万，但是你更喜欢价值260万的那套房子。在我看来，正确的做法是在自己的预算基础上再加60万，买你更心仪的260万的房子，未来你会住得很舒服。做生意、做投资也一样，你要考虑到社会是前进的，你要在这个阶段敢于进入那个阶段，如果你懂得适时加价，你就有可能会赚到自己想不到的钱。

所以，当市场上出现了一种好机会时，你要把超预期加上去，超预期投资是很容易成功的。

第七个思维方式，叫故事永恒。很多投资者说股市里总是炒故事、炒概念，但是这很重要。

不管是一个好的上市公司，还是一个好的企业老板，都特别会讲故事。而一个人的人生精不精彩，有时也取决于这个人会不会讲故事。只要你能讲好自己人生的故事，让你的故事吸引人，那你的人生故事就一定精彩。最好的思维方式，就是从现在开始，去梳理你的故事。

只有把好的东西提炼出来，让自己变成一个特别精彩的故事，才会聚集到资源。这既是一种赚钱思维，也是我们应有的投资思维。

因此，改变自己的思维方式，是让我们真正能够具备赚钱思维的一个关键地方。

用童心炒 A 股

2015 年"六一"儿童节，竟然收到了朋友们的祝福，这是最开心的祝福了，我愉快地回复："谢谢，希望我们永远都保有孩童般的纯真。"

这段时间其实自己本应该很开心的，可因为碰到"事与愿违"的事情太多，倍感"无能为力"，几乎破坏了我一直保有的"孩童般的好心态"。

在微博中我很多次提到：好心情是一时的，好心态是一辈子的。这其实是我时刻鞭策自己的话。

抓住一个板块，赢得一轮行情，会带来一时的好心情，如果这份好心情不能给自己带来好心态，那这份所谓的成功很可能会成为以后惨败的伏笔，所谓"成也萧何，败也萧何"。

对我而言，券商板块似乎就是那个"萧何"，虽然我不想承认，但没有用，因为无法辩驳的事实太多。比如：我对券商说得最多，我在 2014 年券商板块大涨前及期间写过十多篇券商研究文章，为了迎合一些买了券商股的"洪粉家人"，以及为了自己对券商无法割舍的情怀，虽然我屡次表明不再谈论券商，但事后又食言时不时地提及券商。有个"洪粉家人"说得好，他说六小龄童永远摆脱不了孙悟空的形象，无论六小龄童怎么做怎么努力，在观众的眼里他还是"孙悟空"。太对了，我有九集解码财商电视节目，但一些人只看到也只认第一集（即《券商板块，你值得拥有》）；我用长微博专门说了我选股的八大板块，但一些人也只认第一个板块（券商）；从 2014 年 12 月开始到 2015 年 6 月从来没让大家重仓过券商，也很坚定地说买错了券商股可能跑不过大盘，甚至给出了一套散户应对牛市的策略……我一度真不明白究竟错在哪里，后来我明白了，"选择性接收信息"是无法改变的人性，很多人只接受他愿意接受的信息，有段时间我不说券商一些人就不高兴，我只要说券商，哪怕是特别中立的话他们就特别高兴。

我有个崇尚完美的优点，但也有个过于崇尚完美的缺点，说白了这也是"太贪"。而孩童的快乐，恰恰来自容易满足，不贪。一颗糖、一个玩具、一句赞美就可以兴高采烈。

近期对"主动和被动"这一点，我有所顿悟。对个体而言，要想成功必须顺势而为，对一个股市投资者而言要想成功也是顺势而为。但这些都是个人意义上的成功，真正的大成功是什么？对个人生活而言，最高境界是拥有生活的主动；对股市投资者而言，最高境界是做一个主动的投资者（主动思维、主动行动）。

想到这里，我顿悟了。我2014年对券商的思考是非常主动的行为，2015年对券商板块的思考是非常被动的选择，必须做一次清空，回到主动思考、主动行动上来。对券商的思考，当时已经进入"被动放弃"阶段，那如果选择继续思考就属于主动选择、主动思考。所以我决定选择继续思考。没有童心是无法做出这样的选择的。

因为很多来我微博的人都是来看券商观点的，看到的文字也都往券商扯，哪怕我注明不要往券商扯，对只关心券商的人而言他会认为是此地无银三百两……所以，对待这些有私心的大人们，只能用童心应对，真实一点，至少保持好心态。

其实，我们一直追求的好心态，正是我们在长大过程中逐步丢失的童真，返璞归真，是人生的境界，更是投资的境界。

股市赢利需要"童心"。童心是什么？是无条件的信任，是无忧无虑的生活，是没有任何束缚地看世界。

我希望自己用一颗童心来看股市，也希望用一颗童心去写微博。想写就写，想不写就不写，该哭就哭该笑就笑，不担心被人说不担心被人笑。

股市里的故事

以下为 2016 年 4 月同学会上发言的部分内容回忆整理：

同学会就是愉悦地重复讲述我们曾经的故事，并不遗余力地为我们的未来续写更多精彩的故事。每一个同学的名字都是精彩故事的提纲，每一张合影都是一个动人故事的索引。

看到同学们的生活各有各的精彩，证明"文凭可以改变命运"这句话是真的。我们班的同学都是典型的老实人，至今没有谁给我们展现过让我们倍感惊讶的故事，在学校时我们班一看就是好学生集体，从不给老师添麻烦，"无偿献血"却最积极。

我算是同学中比较不安分的，不是说我会给老师添麻烦，而是说我很早就放弃了大学所学的专业，转而加入了证券投资行业。

这里我想换一个角度来说说人生和投资的核心共性——"故事"的故事。

上个月去欧洲深度游，最大的收获是八个字：人性不变，故事永恒。

从伦敦现代艺术馆的展品，到巴黎卢浮宫的藏品，再到布拉格的"电影"……看到如织的人群与其说是在追逐艺术，不如说是好奇其中的故事。欧洲是有故事的地方，欧洲各地教堂大同小异，但因为故事不同依然体现出其各自的巨大价值。他们把历史故事讲得非常精彩，完美呈现了其历史价值。而美国，因为无法讲太多的历史故事，于是更喜欢讲未来的故事，从华尔街到硅谷讲述的都是未来的故事。

古老的中国原本就是故事最多的地方，我们都在故事中长大。

其实，故事真假并不重要，重要的是能让人真真切切感受到美和温暖，能打动人，重要的是故事的结局一定要美好。

人们最容易把"生与死"同"真与假"混淆，有些东西它其实只是死了，但它一直是真的。生死易判，真假难辨。真作假时假亦真，假作真时真亦假。

在一些五星级酒店的大堂常常能看见栩栩如生的椰子树，我不止一次和朋友打赌，问这椰子树是真的还是假的，朋友上去研究之后无一例外说是假的，我赌是真的。最后我赌赢了，因为这些椰子树是真的椰子树，只是它们不是活的，而是标本。

说这么多哲学层面的东西，其实只是想说 A 股市场就是一个永恒的故事，在去欧洲之前我对此还是有些怀疑的，原以为一直在 A 股市场流行的题材炒作之风是 A 股市场特殊阶段的特殊产物，回来之后我写了一篇文章叫《A 股没有新故事》。

娱乐圈演故事是主业，资本市场讲故事是主业，有故事就有价值，就可以把故事实现，人人皆知的故事价值最大。

故事的价值是永恒的，炒股就是炒"故事"，这点永远不会变，价值也只是故事之一，讲价值故事的时候才有价值！故事分两类：历史故事和未来故事。

要学会听故事，在秋天不要相信春天的故事，比如有人说："这块田一定能高产，你看他们用了最好的种子，施了最好的肥。"我说："好是好，就是季节不对，如果是春天可以这样判断。"

故事越新越好，同样的故事，只要爆炒过，其价值一定遵循逐步递减的规律，但好故事会演绎，会循环。

虚拟现实，让人感受故事的真实，这个故事里的故事注定要循环往复讲下去。

一个趋势投资者为主的市场，一旦趋势形成就很难逆转，但一旦真正逆转就难再回头。所以，风在时莫名其妙的故事也能让股票暴涨，风不在时再好的故事也只是抛出股票的良机。

隔行如隔山，股市的故事终归是别人的故事，我们只能听，却无法拥有。

所以，站在人生的角度，最好的投资是投资自己，让自己的故事更悠长、更精彩。

股市分析的三层次思维

市场上充斥着大量的股市分析，公说公有理，婆说婆有理，要从中找到真正有用的观点是需要火眼金睛的。

我看股市分析，首先看他的逻辑通不通，再看这些分析属于思维的第几个层次，如果属于第一层次基本可以无视，如果属于思维的第二层次需要注意，但真正应该重视的是第三层次思维。

市场上一般把思维分为第一、第二两个层次。

霍华德·马克斯在《投资最重要的事》一书中提出了"第二层次思维"，他认为投资者应该考虑问题的许多不同结果，学习反常规的思维方式，因为投资者的决策不可避免地影响着市场走势，市场反馈反过来又作用于投资者的心理和预期——这是一个不断循环、不断相互作用的过程。

书中对什么是第二层次思维做了举例说明。

第一层次思维说："这是一家好公司，让我们买进股票吧。"第二层次思维说："这是一家好公司，但是人人都认为它是一家好公司，导致它的股票的估价和定价都过高，让我们卖出股票吧。"

第一层次思维说："会出现增长低迷、通货膨胀加重的前景，让我们抛掉股票吧。"第二层次思维说："前景糟糕透顶，但所有人都在恐慌中抛售股票。买进！"

第一层次思维说："我认为这家公司的利润会下跌，卖出。"第二层次思维说："我认为这家公司利润下跌的会比人们预期的少，会有意想不到的惊喜拉升股票，买进。"

从上面的第一层次思维和第二层次思维的对比，可以看出第一层次思维单纯而肤浅，几乎人人都能做到。

在实际应用中，我认为把思维分为三个层次更有效。

我发现第一层次思维考虑的因素，往往在过去的股市中已经反映，这样的思考毫无意义；第二层次思维考虑的因素影响的就是现在的市场（现在的股价）；而只有第三层次思维考虑的因素才会影响未来的市场（未来的股价）。

比如：在2015年8月下旬，投资者对市场资金面及未来经济的预期非常悲观，上证指数被打压至2850点，9月份一些人继续选择卖出，这在当时，8月份产生的2850点就属于第一层次思维作用的结果，9月份指数在3000点一线盘整属第二层次思维作用的结果，但当时的第三层次思维是：未来一段时间投资者对资金面和经济的悲观程度不可能超越指数创 2850 点时人们的悲观绝望程度，所以第三层思维者在 9 月份选择了逢低买入。现在看第三层次思维才是有价值的。

这个例子仅是为了让大家更容易理解什么是思维的三个层次，希望大家不要陷入例子中的思维内容本身。

第三层思维——投资背后的逻辑

2016 年 5 月 10 日，由复旦管理学院、海通期货证券主办的"中金所杯"系列讲座在复旦大学李达三楼举行。受复旦大学邀请，我作为此次讲座特邀嘉宾，发表了"第三层思维：投资背后的逻辑"主题演讲。现把此次演讲的主要内容记录如下：

我一直比较重视在学校的演讲，因为学生还是可以塑造的，越早地把我人生中撞墙撞来的一些经验，用我特殊的方式来穿透你们的心灵，可能会对你们一生有用。我的每一次演讲后都会有听众跟我联系说："原来怎么就没有想到这一点！"是的，我自认为自己的思维方式比较独特，这一点我一直非常自豪。

今天主办方给我这个题目，让我讲讲第三层思维，我感觉很有意思，我今天就系统地讲讲我眼里的投资思维及投资逻辑。我会举很多例子来告诉你，推翻你们现在想的很多东西——也许你们考虑的很多东西你们觉得有道理，但我要告诉你，有道理，但没价值。

我们做投资的人一直在寻找一种思维——有效思维。有些思维对你来讲是有意义的，有些思考你想得越多越没价值，甚至会把你带到沟里去。我以前也是如此，后来我发现：其实我曾经认为特别有价值的东西，并没多大价值；我曾经认为不是很有价值的东西，却很有价值。打个比方：很多人只在乎学习，但可能不太在乎与寝室室友、同桌之间的关系。其实，这些人可能都是你人生中最重要的人。如果将来你的同学需要寻找合作伙伴第一时间想到你，你就是成功的！如果他一想到你，就想到你不行——这个人除了会搞小动作没有大聪明，这个人自私无比，这个人做人没有底线，那你就完蛋了！如果他认为找你肯定行，你是可以长期合作的，那你就成功了！大学里学到的学习及思考方法，做人及待人的方式，才是决定你未来是否能成功的关键。所以我想从思维的角度和思考的方法，和大家讲讲对未来意义重大的观点。

首先讲讲思维的三层次。第一层思维：见山是山，见水是水；第二层思维：见山不是山，见水不是水；第三层思维：见山只是山，见水只是水。还有一个是马斯克讲的第一性原理思维：思维直达事物的底层。

我们每天早上一起来就会开始思考，但如果思考的出发点不对，那么你的效率会下降，很多东西会变得没有价值。所以我希望我们的学生第一个就要解决思维的方式和角度问题。这太重要了！那么目前我们处在这个时代，你认为最重要的思维是什么？从个人来讲，一个人永远逃不开这个时代。用我们的话，江湖人必须思考江湖事，你不能说这个江湖和你无关。

在我们的投资层面，有一个终极思维：我们人生投资的本源是什么？很多人忘记了一点，人生最重要的投资是什么？就是投资自己！各位现在在大学念书，其实就是在投资自己，只不过用的是父母的钱。你花这个时间精力为的是以后有产出，效果就看最后产出值不值。有的人觉得不值，认为有更重要的事要做，所以离开了大学。所有的投资，其实就是让自己的人生更悠长。悠长主要体现在两点：一是生命更长，二是生命故事更精彩（有生命力）。

下面的八个字是我上个月在欧洲时最大的体会：人性不变，故事永恒。去年的股灾让我们很痛苦，我一直在想我们究竟错在哪里，因为我一直以来主张投资故事、投资题材、投资趋势，我认为这是这些年我股市赚到大钱的根本原因。投资有故事的股票，这是我永远的做法。但在经历了这些之后，我又开始怀疑这个思维是否有问题。人家都说巴菲特是价值投资，你这个是不是有问题？所以我就想投资题材和故事的本源究竟在哪里，所以我选择了去欧洲，因为其他地方太闹了。我去了一些小镇，静下来，最后总结出这八个字。为什么说故事永恒？因为我们发现：欧洲是一个很会说故事的地方，你能记住的欧洲都是有故事的地方。比如说到维也纳，你会想到茜茜公主。历史能留下的就是故事，但真正美丽的故事有时不是真的。所以你不要追求炒的股票是不是真的，这个没有任何意义。因为我们记住的美好童话都是故事。迪士尼里面讲所有的故事都不是真的，但是它不美好吗？没价值吗？

故事会让人靠近、让资源接近。把故事讲好了，资源就会向你汇聚。有了这个资源，这个故事就更可能成功。其实人生的投资就这么简单。

成功投资的第一步，找到你时代的坐标。1979—2008年这是一个改革开放的时代，是你们父母的时代。前30年，中国把中国制造用一阵风吹向了全球。这件事非常伟大，特别是当我们还吃不饱穿不暖的时候，尤其是在1979年春天很难想象。我们花了30年，终于把它理顺了。理顺之后突然发现，又有一个问题。我们最应该有价格的东西，它没价格，甚至价格是混乱的、扭曲的，如钱、资产。银行的利息与民间利息的巨大差价就是一个证明。这个就像改革开放前，产品找不到它的价格，人民币的定价是没人知道的，所以很多人跑到国外买东西。前30年深圳的成功，是因为深圳站到了产品时代的风口。"要致富先修路"，把工厂建到高速公路旁边就容易成功。既然是产品时代，土地就很有用，因为要建在土地上，做贸易建工厂最赚钱。

新三十年，同样是"要致富先修路"，这次修的是资本市场的高速公路。"一带一路"是资本打头阵，如亚投行，钱先出去，再把产品带出去。产品都是受资本控制的。如果不能控制资本，就没有真正的未来。生产产品交给市场就好。只要把资本市场领域打通，价格合理，有合理利润，自然有人会选择把产品做好。P2P为什么这么乱？因为不知道价格在哪里。未来最赚钱的方式，就是在资本的高速公路上建一个收费站。

未来是怎样的时代？是一个转型的时代、一个财富重新分配的时代，历史的机遇其实就是富翁生产线。故事为什么值钱？因为它吸引眼球（互联网是眼球经济）！

历史大机遇其实就那么几个，都和流动相关——商品的流动：贸易；人的流动：房地产行业；信息的流动：互联网；钱的流动：资本市场。前面的没赶上，就抓住钱的流动。哪里有流动，哪里就是你赚钱的地方！所有的东西都是一样的。

以下内容为回答同学提问的摘要。

中国散户炒股有个特点：股市没什么人的时候，就没人去；股市人多的时候，大家都去了，但往往这个时候已经是红灯了！目前这一点正在一点点发生变化，因为国家不希望股市过多地投机。

说到投资机会选择，必须回到人性层面去思考，人性层面高于生命和爱情的东西是什么？是自由。能够给人类带来更多自由的东西，其实就是投资方向。从当年的汽车到现在的互联网莫不如此。其实你赚钱的目标，也是追求财务自由。最终人都是希望跑得更远，还想去外星球看看呢。这都是向往更多的自由。为了自由，人们可以很投入地做一件事，并且可以投入很多东西。所以按照这个思路想就非常简单了。

科技发展的目的其实主要是满足人类向往自由发展的心。这里我举例和大家说两个投资思维。

一个是"丈母娘理论"，找女朋友要看丈母娘，就如同前些年看汽车产业值不值得投资就要看汽车的"妈妈"是谁？汽车的"妈妈"是自行车！用这种思维，就可以想象最开始骑自行车的初衷和目的就是为了代步，那么汽车也是代步工具，就能说明未来汽车行业的发展是朝着这个丈母娘思维方式发展的，就可以判断汽车公司会如当年自行车公司一样辉煌。千万别把"丈母娘"找错了。

另一个是"重建收费站"的思维方式。过去的收费站已经没有人了。很多企业花很多时间，就是为了建一个收费站。比如上海南京路的第一百货，就是一个收费站，只不过现在在那儿逛的人不买东西，都在网上下单了，这样收费站就被摧毁了。再如手机，就是移动公司的收费站。但是突然有一天，出现了微信，流动产生收益。如果你有本事建一个收费站让人天天带在身边，这是最厉害的，当时中国移动就是干这个活的。收费站的例子还有很多。

人们对金融向往的原因是什么？是因为有些银行造了很多收费站，在各个地方，家门口到处都是银行网点。但是将来当金融更发达的时候，银行网点还不够自由，还不够便利，还要排号，很多业务在手机上操作都可以方便完成。互联网解决的就是这个问题，给你足够的自由。

讲到这儿得说说特斯拉，其最有价值的，从投资的角度看就是锂电池。千万不要小看电池，一旦到能源能够收放自如的时候，世界会变成什么样子？将一个飞行器安装在鞋子上就可以想去哪里就去哪里。锂电池是新的故事，新的梦！

最后再聊聊关于成功的秘密。男怕入错行，女怕嫁错郎。如果你嫁了一个入错行的男人，那你就完蛋了！一个无法给他成功的行业会摧毁一个男人所有的自信，而一个没有了自信的男人是很可恶的，无论他以前有多么优秀。成功的秘密，其实就藏在下面这三句话中：

第一句，吸引力法则太重要了。你千万不要指望，你现在把一只猫扔出去，它能带回来一只老虎，它带回来的一定是一群野猫。你放出去的是什么，带回来的就一定是什么。物以类聚，人以群分。人生汇聚不同的人，是因为你在不同的阶段，气场不一样，所以吸引的人不一样。成功的秘密就是吸引力法则。只有修正自己，把自己的气场改变了，才能吸引不一样的人。

第二句，坚持到底就是胜利。不是正确就是胜利。正确不一定胜，但坚持到底一定胜。哪怕你每天在地上写一个"大"字，坚持四十年，你可能就是世界上写"大"写得最好的人。

第三句，态度决定一切，而不是能力决定一切。特别是现在的大学生，一定要明白这一点。

实在想不通的时候，就想想人性。这是换位思考，但是人很难做到真正的换位思考，因为很难感同身受。没有相同的经历，心情和感受很难达到同频。如果不能从人性思考问题，很多事情都会成为问题。人是向往自由的、人是懒惰的、人是自私的、人是好面子的。再回过来想这个问题，人是有理想的，这是最底线的。这就是很多人会停住的地方：理想！不想成为一个将来被别人看不起的人，就保持底线，一旦走顺了就会走得很好，因为人其实最终还是希望成为一个晚上睡得着的人。

妙用数学逻辑思维炒股

数学这门课是我们学生时期的必修课，它是我们工作与生活的基础。逻辑思维是一个人工作能力的体现，能干者肯定逻辑思维能力强。其实许多人的逻辑思维是从数学思维中提炼的。股市分析最重要的是讲逻辑，股价涨跌都有其内在逻辑，长期看，逻辑思维能力好的人股市分析相对精准。

先确定存在性、可行性，再求解

数学家经常研究解的存在性、求解的可行性。这种思维方式影响很大。建立数学模型的时候，很多人的想法都是：如果精度足够高，则如何如何。我们的思维：先设法研究一下精度的极限能有多高；如果精度就是这么高，该如何？很多人没有这样思考，去做了做不成的事，花了大量冤枉时间。只有知道什么做不成，才能做什么成什么。

很多投资者一直在忙那些成功率不高的事，比如总想抓牛股，牛股的概率本来就低，一个散户抓到牛股的概率怎么可能高？还有猜顶猜底问题，猜中概率是非常低的。一些投资者每天猜主力庄家怎么想，这如何能猜得到？其实自己怎么想更重要，也根本不用猜，想做好投资，扬长避短就可以，不要总做缘木求鱼的事。洪攻略设计原理就是追求成功概率，概率低的事利益再大都不干，大极端做的是物极必反，概率高。

注重发展

学过微积分的人都知道导数。在一个局部，导数对函数值的影响不大，是一阶无穷小。但是一旦离开这个局部的空间，向外扩张，"无穷小"就变成了"无穷大"。如果知道这个道理，人就很少计较眼前的得失，而更关心一件事对未来发展的影响。找工作、选项目都是这样。活在不远的过去，活在仇恨中，踏空、套牢、心态变坏，这些都属于计较眼前得失……牺牲的是更大的未来。

线性与非线性

线性关系往往意味着局部成立的关系，或者说局部函数关系往往可以近似为线性。知道这个道理，做研究的时候就会有的放矢。很多人用复杂的非线性模型建立局部模型，做了很多无用功，但这却是不值得的事情。"凡事有度，过犹不及"。局部是线性的，大范围内就是非线性的，要发展就要突破认知的边界。

局部线性，短线看趋势，长线看边界，看极端。看事情要学会跳出去看，线性有长度，空间看广度，不可混为一谈。

追求简单

学数学以后，对问题的复杂性有了很深的认识，知道复杂的东西想不清容易出错。所以，干事必须强调复杂问题简单化。追求简单的一个方面是追求抽象、探求事物的本质，进而关注结论的可靠性。

从事物本质出发，抓影响事物发展的主要矛盾，大道至简是洪攻略思维的核心。

变化中的不变性

"变化中的不变性"是数学家特别喜欢的东西。要发现规律，其实就是要发现"变化中的不变性"。数据分析时，常常故意让有些要素变化，看看某些特征是不是依然存在。用这种做法，可以发现很多规律。

股市千变万化，但我一直强调"人性不变，故事永恒，逻辑无价"，以及强调抓不确定性中的确定性机会，都是源于这个思维逻辑。

严密与自洽

学过数学，思考问题的严密程度会增加。这是毋庸置疑的。搞数学的人，喜欢刨根问底，把道理想清楚。这个习惯应该一直保留。如果用这个标准，就很容易把"砖家"挑出来。

股市中很多专家的观点经不起推敲，他们的思维毫无逻辑，前后矛盾，对的分析逻辑不通，错的分析逻辑全无，显然是"砖家"，但很多投资者喜欢。

分类与变换

从某种意义上说，数学就是分类。通过分类，可以借鉴过去的知识和经验。分类的手段之一是变换：能变换到一起的就是一类。研究技术创新、智能制造，发现人类的大量创新，其实就是对前人工作的借鉴和变换。

"洪粉家人"是思维能变换到一起的一类人，俗称同一频道，我的文字是洪攻略思维及策略的展现，学习洪攻略的"洪粉家人"的思维常常能同频共振。

虚实穿越

实数空间解决不了的问题，在复数空间往往能解决，并可以把结果返回实数空间，解决实数空间的问题。人生中就有许多这种虚实变换。比如，现实的利益是"实"的，而人的信誉、能力和公信力是"虚"的。我们可以不太在乎"实"的得失，因为在"实"的空间失去的东西，会在"虚"的空间中体现出来，再返回现实世界。这就是所谓"吃亏是福"。

股市投资中散户多输在自己只顾眼前利益的短视行为上，散户对提升投资能力，保有好的投资心态往往认知不足，重视不够。

互为因果、反馈增强

世界的发展往往不是单向的因果关系推动的，而是在互为因果的反馈中实现的。伟大的目标不是一下子就能达到的，更应该重视培养一个环境，促进良性发展的过程。

散户总希望一夜暴富，所以总是选择简单省心的"赌"，对系统提高自己的投资分析及操盘能力，让自己进入投资的良性循环没有兴趣，这样很难看到更好的投资方案。

确定性与不确定性

有些人喜欢钻牛角尖、追求确定性、绝对正确。做创新的人，没有100%的确定性。过度追求确定性就没有创新，必须学会用概率思考。同时，要想逼近确定性，需要花费大量的时间去获得信息，而实践的过程，本质上就是获得信息的过程。认识了概率，在行动上就不会过度追求完美。我们往往需要在信息不完整的前提下做出决策，而犹豫不决会贻误战机。从概率的意义上讲，在关键时刻，做决策本身就比不做决策正确。

股市投资中那些所谓明确的确定性判断其实是不符合逻辑的，但很多人喜欢，这是数学没学好的缘故，洪攻略强调追求成功大概率。

构造条件

一个数学结论能否成立，关键是给了什么前提条件。现实中，很多理想没法实现，其实不是你的能力不够，而是前提条件不满足。这个时候，聪明人不会硬来。善于创新的人，会把很多的精力放在构造条件上。这就叫"退一步海阔天空"。

未来股市行情判断一定是有前提条件的，那些不设条件便肯定未来行情一定怎么走，哪些股一定有机会的判断，其实和算命没有两样。先预设条件，提醒自己当条件满足时就可以出手抓预先想好的机会。

辅助线

对付困难的问题，加一条辅助线，本质上是把论证和计算分成几个部分。把困难的问题拆开来。我感觉技术创新之难，往往在于"把登天的问题变成登山的问题"。这就是把问题分解。

股市投资希望一夜暴富，学习炒股希望一步登天，这都是不现实的，分阶段，分目标，再站在他人的肩膀上，找到自己可以跨越的栏杆，这样才是现实的成功之路。

从原点出发

数学系的很多题目，是让我们从最基本的概念出发考虑问题。一定要想清楚创新是为了什么。创新的最终目的，是为了企业赚钱、为了创造价值，而不是为了发明而发明、为了显示技术的高深。正如任正非所说的："不要只顾了展示锄头，忘记了种地。"

回到人性去思考投资，一切都会变得简单，洪攻略是建立在人性层面的股市投资体系，认真看会发现其遵循的其实都是常识，是投资者的初心，只是投资者往往被自己的贪婪、恐惧之心绑架，而忘了初心，忘了人性。

真牛人为什么能发现最有价值的消息？

一些真正的牛人常把自己的成功归功于自己的好运气，刚开始，我以为他们是谦虚，后来才发现，他们讲的是事实，只是他们自己可能也没弄清楚为什么自己会有那么好的运气。

股市投资中，确实有一些人运气好到让人吃惊，有人股市牛的时候在股市，股市差的时候，人家在其他行业大牛市；券商板块大涨时买了券商，创业板强的时候买了创业板；股灾来之前，人家因为资金有其他用处，刚好清仓了……他们这些有如神助的举动，表面上看似乎除了好运气没法解释。

我喜欢从表面追问背后的逻辑，他们的好运气背后有什么逻辑吗？自然有，人们每天都在根据自己接受的信息，作出自己的决定。这些有好运气的人也不例外，他们也是接受了一些信息，才做出了这样的选择。但大多数人没有他们的好运气，没有接收到，或没有注意到，或没有重视他们接收的这些信息，所以没有做出类似他们的决定；或是接受了同样的信息，但没有做出同他们一样的好决定。

问题来了，市场上每天充斥着大量似是而非的信息，接受怎样的信息也是需要运气的，你选择交怎样的朋友，接触怎样的人，更相信谁的话，都会影响你接受怎样的信息，以及对信息的接受度。如果再加上一个时间维度，就更复杂了，在行情的不同阶段，你选择接受怎样的信息，都在不同程度上影响着你的决定。

每个人只接受自己能接受的信息，不是你的运气好，是你当时已经有了接受这类信息的心情，而这份心情是你自己过去努力的结果。

有人一开户入股市就碰到了一个大牛市，有人一开户入市就碰到股灾。是运气吗？其实他们的行为是一样的，都是开户入市，唯一不同的是他们接受并认同这个信息的时间不同。

我们每天都在选择性接受信息，对自己肯接受的信息逐字逐句学习，对自己不肯接受的，或者还无法接受的信息视而不见，很多"洪粉家人"反映说我的很多文章越往后看越有道理，其实文章还是那种文章，是读文章的你变了，你肯接受的信息变了，对一些已经发生的事实信息你能接受了，之前对还没发生的事你不肯接受，所以常常会视而不见。

你是否能在恰当的时间，联系恰当的人，参加恰当的活动，然后做出恰当的行动，其实是由你的心境决定的，而这份心境是由你过去的"修行"决定的。

好运气不是凭空来的，是自己已经拥有的东西的体现。西方有个哲理说得好：不幸者错过偶然机会，是因为他们太忙于寻找别的东西。幸运者关心的是有什么，而不是自己在寻找什么。

很多投资者天天在寻找牛股，但牛股其实一只就够了，要天天寻找就没道理了。

同样的文字，在同一时间，不同的人会读出不同的结果，做出不同的选择。就更不用说同样的文字在不同的时间阅读，即使得出同样的结果，做出同样的选择，那最终的效果也一定相差千里。

好的投资方法，好的投资逻辑，都是市场一直存在的东西，只是被人发现了，而绝不是新的发明。有人能发现，有人却发现不了，这和一个人的阅历和能力有关。但好投资方法、好投资逻辑在什么阶段被人接受，决定了这些方法和逻辑的效果。一些人总是在牛市末期才开始接受牛市投资方法及逻辑，在熊市末期才接受熊市投资逻辑，最后受伤严重，其实这些方法和逻辑都没有错，错在这些人接受的时间不对。

最可悲的是，很多人能接受信息的时候，信息往往过了最有价值的时间，甚至已经进入有害时间。怎么样才可以让自己在恰当的时间接受恰当的信息呢？也就是怎样才可以让自己也好运连连呢？

我的研究结果是：好人好运！做人好的，做什么运气都不会差，当然包括做股票的运气。我对好人的狭义定义是：待人热情而慷慨（阳光而无私）。

讲了这么多好运气的逻辑，其实就是告诉自己一个朴素的道理：自己会不会醉，是由自己点了什么酒，喝了多少，以及自己的酒量决定的。

混什么圈子能让你在股市赚到大钱？

2015 年、2016 年连续两年获得新浪微博十大影响力财经大 V 殊荣，一些老朋友在表示祝贺的同时也表达了他们的不解，认为作为一名专业人士，我根本没必要去玩微博。

这其实是很多人的疑问，2016 年 10 月在三亚的蓝湾财富论坛的主题演讲中我特意做了解释，因为当时参加论坛演讲的许小年、夏斌、任泽松、邱国鹭等"高大上"人士都不玩微博。

那次会议主题演讲我谈了自己的一次关键转变，这次转变让我对 A 股市场有了"顿悟"。

我投资股市近 30 年，2005 年之前一直在专业圈子，做过期货公司交易部经理，证券公司电子商务部总经理，证券公司研究所副所长，资产管理总部总经理，打交道的都是专业牛人，得到了很多所谓内幕消息，但遗憾的是，总体算下来我不仅没赚到过大钱，而且感觉自己对股市似乎处于一种无知的状态，我发现每一年券商研究所似乎和我一样无知（研究所每年都会对未来一年行情做预判，但往往一季度没过完脸就打得啪啪响）。

直到 2005 年之后，我才顿悟。

2005 年开始，我因为担任老牌互联网公司证券之星的总经理，开始职业玩互联网，也开始疏远专业"高大上"人士，后来的成功让我明白，原来这其实是接地气。为了给自己这个认识壮胆，我 2005 年开始，从看好中信证券，到 2008 年底开始"战上海"，再到 2014 年的抓十倍牛股及顺势癫狂，一个个都是完美的战役，可喜的是我的微博记录了我几乎所有的思考，所有精妙的判断，更有严密的逻辑分析，我无比自豪的是我做到了不删一条微博。

为什么可以这样完美，其实不是我有多牛，而是背后有牛逻辑。具体来说：

A 股市场趋势投资最赚钱，A 股是散户占比较大的特色市场，散户行为研究远比行业研究有价值；

A 股是政策市，政府行为影响研究比个股内生赢利研究有价值；

宏观决定趋势方向，微观影响趋势的长短，宏观研究比微观研究有价值。

基于这个认识，结论就出来了：混开放的微博圈子比混封闭的微信"专业"圈子更有价值。

微博最大的特点是"现象"快速无限呈现，本质反而被淹没在茫茫信息流之中，现象和本质哪一个重要？专业圈肯定认为本质比现象重要，但我认为对股市而言现象和本质同样重要，80% 以上的人其实是受现象直接影响的（听到有人叫着火了，看到大家都在往外跑，你的反应极有可能是跟着往外跑，这叫生存本能）。通过分析控制现象才能更好地抓住并改变本质。

只治本不治标，事倍功半，投资更是如此，要专业更要接地气，这叫标本兼治。过去，在象牙塔内的专业人士要接地气是非常难的，玩惯了小圈子的人其实很难有大格局，底层人士的想法要想充分呈现更是难上加难。但好在现在是互联网时代，象牙塔内的专业人士如果肯放下身段，是完全可以通过开放的互联网平台接地气的，广大普通投资者也可以通过互联网更及时地接触到来自象牙塔里的专业资讯，尤其是他们对现象的接地气解读，相信监管的趋严也将大大压缩小圈子通过内幕消息获利的空间，所以早一点走出小圈子，或许可以早一天受益。

微博是个接地气的多元的开放平台，处处体现出创新精神、赋能意识，垂直分论坛让人感受的是微博在专业深度方面的巨大潜力。影响力就是趋势，发现趋势，就是发现财富，新浪微博 2016 年股价涨幅超过了 150%，这表明市场已经给了新浪微博一个超牛的未来预期。

混微博圈，是股市投资中的接地气行为，我坚信只有这样才能走得更远，走得更好。我会继续混微博圈，甚至有不切实际的想法，希望通过接受微博的赋能，借助长文章、短微博、视频、音频、书籍，再赋能于更多的投资者，最终适当影响、改变 A 股的生态，让更多的投资者感受到股市的可爱。

"洪攻略"快问快答（加强版）

战略篇：有道无术，术尚可求；有术无道，止于术

问：如何抓主要矛盾？

答：紧盯主要矛盾，有所为有所不为，找到影响行情的主要矛盾，多关心影响主要矛盾的信息，多关心分析主要矛盾的观点，不要在非主要矛盾事情上浪费太多的时间和精力。

对行情研究、操作而言，抓住关键时期才算抓住了主要矛盾，行情大部分时间都是平庸的，是不需要花太多精力的。所以，多抓极端行情是抓主要矛盾的投资方式。极端行情出现时，也是最容易发现影响行情走势的主要矛盾的时候。

问：为什么说重大消息看第二天？

答：因为一般重大消息公布前几天市场有先知先觉资金提前进场，行情会有所反应，而在消息见光的第一天市场的反应往往比较匆忙，很多不提前思考的人会"打乱仗"，所以当天走势往往还不能代表市场真实情况，但投资者经过一天时间的反应及思考后会对消息有更理性的认识，第二天的市场走势更真实，更具方向性，需要重点关注。

问：为什么赢家更容易理解、认同洪攻略？

答：因为洪攻略是赢家思维。

问：赢家还需要学洪攻略吗？

答：洪攻略不只是解决赢的问题，还解决为什么赢的问题，不仅能提高赢的概率，还能让人无论输赢都能淡定，摆脱投资之苦，明白股市赢并不是最重要的，赢得人生最重要。

问：炒股为什么要跟随赢家思维？

答：前一轮的赢家成为后一轮赢家的比例远高于前一轮输家成为后一轮赢家的比例，这叫赢家有成为赢家的道理。一轮行情是否会结束，就看赢家获利回吐的卖盘是不是大于输家叛变的买盘，如果是，这轮行情基本就处于尾声。

问：如何紧跟赢家思维？

答：赢家思维对散户影响力比较小，即散户不太喜欢的思维。

你必须忘记自己的仓位和持仓的股票；你必须忘记自己的账户情况；你要假设你在底部就建仓了，而且板块也踏准了节奏。假如这样的话，你最希望后面的行情怎么走，你会做什么动作？这叫模拟赢家思维。

行动和自己的思维反着来，这很反人性，你可能还是做不到。还有一个终极办法，就是强迫让自己远离输家，靠近赢家，关注赢家的思维，按他们的思维做。

问：为何炒股切忌纠结消息的真假？

答：因为消息对股价的影响和真假关系并不大，和这个消息有多少人会信，以及大家对这个消息万一是真的股价会涨还是会跌的判断关系最大。股价反映的是投资者认为的"公司价值"，记住是"投资者认为的"，不是所谓"公司真实价值"。当然，一些绝对不可能是真的或无法变成真的假消息除外，如果你恰恰信了那些消息，那只能证明是你的贪心或无知的恐惧害了你。

问：当极端转折出现，怎样转变对其视而不见的行为？

答：一个人要走出过去的阴影很难，人若能走好关键的几个人生转折点，基本就会有个成功的人生，但很多人在转折点往往因为过去的阴影而转不过来。所以，我一直提醒自己极端转折出现之后的一段时期一定要忘记过去，策略要根据现实做相应改变，必须识时务。千万不可以因为过去的阴影让自己对客观的现实视而不见。

在下一个热点变热之前它一定是"冷"的，否则逻辑不通。对应到股市操作，每一轮行情，每一个板块运行，每个个股炒作，遵循的也是春播夏长秋收冬藏的农耕法则。哪里有抱怨，哪里视而不见，哪里就有好机会。

信任无价。没有信任，再好的观点都会视而不见，更不会认真读，读了也不信，不信又何谈执行呢？

问：学了洪攻略和没学洪攻略有什么不同？

答：当极端行情出现的时候，考虑买不买问题的基本是学了洪攻略的；而考虑要不要"逃命"的基本是没学过洪攻略的。另一方面，看见极端行情的反弹考虑要不要上交"皮夹子"的是学过洪攻略的；而看见反弹着急要不要追的是没学过洪攻略的。

问：怎样信任洪攻略？

认识了概率，在行动上就不会过度追求完美。股市中那些所谓明确的确定性判断其实是不符合逻辑的，但很多人喜欢，这是数学没学好的缘故，洪攻略强调追求成功大概率，在关键的大极端时刻必须大交易！

投资追求的是成功大概率及艺术的美感，而不是绝对精确及僵化的数字。宁要模糊的正确，不要精确的错误。

问：如何把握进场时机？

答：选时其实就是把握温度，把温度测出来，时间点也就出来了。股市温度表是洪攻略体系的重要一环，核心内容是通过测量和分析股市温度，来采取对应的操作策略。股市温度的变化是有规律可循的，不同板块的活跃对应不同的市场温度，而不同的温度"季节"也不同。我们应该播种，还是收割或施肥，这些对进场时点或离仓时点的把握非常重要。

问：如何判断股市温度？

答：一是从资金面感知温度，市场会不会转暖，最终要看资金面；二是多角度感知温度：政策面温度、板块温度、情绪面、盘口、极端行情等。

问：什么是行情的"大四季""中四季""小四季"？

答："大四季"指的是年度级别的牛熊"大四季"行情周期，"中四季"指的是季度级别的"春夏秋冬"行情轮回中周期，"小四季"指的是月度级别的情绪"小四季"行情周期。

问：如何抓住极端行情？

答：一是有赢家思维，像机构一样思考；二是抓极端的冷和极端的热，具体还是通过观察输家情绪和散户情绪感知市场温度；三是把握大、小周期板块投资时点，采用痛点变甜点的方式选股，参与强势板块中的龙头股。

问：洪攻略思维为什么要重视输家情绪？

答：行情走势总是选择残忍的方向，我们把一轮行情中做反了方向的称为输家，输家都是从严重错判一轮行情开始的。

输家的情绪演变过程一般非常清晰，"季节"分明：最开始时庆幸自己对，后面发现行情走势不如意，但他们不会意识到自己错了，反而继续抛出股票，行情再涨，他们坚持看空；再涨，动摇；再涨，开始买入；调整，满仓买入；再调整，没感觉，深调整，开骂……根据他们的情绪状态容易判断大盘大概处于什么"季节"，他们情绪出现失控时的判断价值最大。

问：如何通过输家情绪判断极端行情？

答：当输家情绪失控的时候，会失去理性，断章取义，思考毫无逻辑，说话不顾后果。而每当心态失控的人变得较多时，行情往往会酝酿反转。非大面积极端的情绪没有什么参考价值，极端情绪伴随的往往是极端行情，而抓极端行情是相对容易把握的。所以，每当市场出现大面积抱怨时，就必须提醒自己冷静再冷静，努力再努力，因为这样的"季节"往往会是大的收获"季节"。

问：洪攻略选时选股总是操作不好，怎么办？

答：一是改变散户思维，如果你总认为你抓的股票就一定是好股票，或者符合逻辑的股票，这本身就是错误的；二是信任洪攻略，遵循洪攻略操作原则。

问：机构温度、散户温度、代言人温度，哪个温度最重要？

答："国家队"、公募基金、私募基金等都属于机构温度；散户温度我们通过情绪可以判断；代言人温度即大V们的温度。这些温度谁对市场影响力大，你要通过抓主要矛盾去判断，也就是这段时间什么样的温度是最主要的。

问：按洪攻略逻辑操作为何被套牢？

答：这很正常，因为洪攻略设计原理是追求成功大概率的，只有坚持使用，才能靠概率成为赢家。洪攻略鼓励关注三类股票：龙头行业龙头股，痛无可痛的股票，以及自己熟悉的股票。在选择极端调整时建仓，极端上涨时减仓。对自己熟悉的股票可以适当放松买卖原则。这些都是建立在提高成功概率目标上设计的。

问：痛点股、落难英雄、龙头股，如何理解这三者的逻辑关系？

答：这三种类型的股票是存在一定交叉区间的。痛点的股票跌无可跌，是从个人感受角度去理解的；落难英雄的落脚点是在股票上，与投资者无关，多指被"错杀"的个股；龙头板块龙头股则一定是股价创了新高的，否则不能成为龙头。

问：洪攻略如何利用人性来投资？

答：人性中最核心的两点：人会贪婪，人会恐惧。在别人贪婪的时候，你要恐惧；在别人恐惧的时候，你要贪婪。股市会走出"春夏秋冬"来，是因为人的情绪也有"春夏秋冬"，有对应关系，而极端行情往往在极端情绪出现后出现，这完全是对应的。

问：如何判断某个板块即将启动及其背后逻辑？

答：你无法将所有的板块进行"季节"的分类，所以你只需要发现"春季"板块。处于"春季"的板块背后逻辑：或政策性的原因，或行业的原因。

战术篇：得"道"之人可让"术"为其所用

问：买两三只股票就够了吗？

答：其实一只股票就够了！把一只股票做顺了，只要它的风还没倒下，就用H333一直滚动操作。

问：小单试错盈利加码，如何确定咱们试错了？

答：小单试错是为了保持好心态。如果开头就满仓买进去，若股价跌了，一定很痛苦，心态就坏了。所以要小单去试，即使跌了，但仓位不重，心态也不会受到太大的影响，若股价涨了，甚至刚买就赚钱了，心态一定是好的，证明你选股的逻辑是对的，这个时候可以继续加码。

问：自己操作的个股出现黑天鹅怎么办？

答：这个概率很小，但如果碰上了，需要认真对待，果断处理，因为这个标的你长期跟踪应该非常熟悉了。首先要问自己这个坏消息的出现是不是动摇了你对这个股票的根本判断（以后不想再做它了），如果是，要考虑彻底清仓放弃这个股票，至于什么价格出来，可以根据这个股票的盘面特性作出判断，尤其是量价关系。一般不用胡乱杀跌，见反弹坚决出局比较好。如果坏消息只是次要矛盾，那黑天鹅引发的下跌就是一次"捡皮夹子"的机会。

问：您说跌出来的机会，大跌才进场，那跌多少算大跌呢？

答：跌多少其实不是操作关键，因为调整一定有深有浅，所以要用 H333 应对（是短线还是中线，或是长线，通过设置不同滚动幅度实现），这样就不会犯大错。

问：买的某只股票被套了，现在可不可以加码？

答：假设你手中没有这只股票，你现在会买它吗？如果不会，最好卖了它。不在烂事上纠缠，是一种处世哲学；不在平庸的股票上纠缠，是一种投资原则。

问：银行股操作，应该是用保守型还是激进型的策略？

答：不要过于局限，不要拘泥保守或激进。H333 策略的主要目的是保持好心态。股票涨跌速度有快有慢，强的时候动作可以慢一点，把滚动幅度放大一点；弱的时候动作快一点，把滚动幅度缩小一点。

问：一轮行情接近尾声该如何操作？

答：所有的策略和行动都是为了保有一个投资好心态、人生好心态。

SH333 策略是满仓轮动，属超级 H333 策略，采用这个策略只有一种状态，那就是满仓，一般用来应对一段持续上涨的行情。策略结束时有两个选择，一个是直接转为空仓，一个是转为防守反击的 H333，我一般习惯转为 H333，因为我发现只有这样才能保有好心态，若直接转为空仓，一旦大盘出现高位反复或继续上行，自己心态容易变坏，影响自己对后面行情的判断。

SH333 转为 H333 一般采用的是下滚动，即先卖再买，启动 H333 时不问价格，立即减仓 1/3，再在大盘上涨的时候（一般见大盘阳线时）减仓至 1/3 底仓，大盘继续大跌时择机加仓 1/3，大盘反弹后再坚决减仓 1/3，如此反复至逻辑显示策略必须调整之时，其间如果出现连续暴跌可考虑转换启动 H007。若发现大盘可能步入慢熊也可以考虑空仓终止所有策略。若逻辑支持大盘有可能会有一轮比较有持续性的行情，你敢跌我就敢买，由 H333 直接升级为满仓的 SH333。

策略紧盯的是大盘，提供的是买卖时机参考，至于在什么个股上实施，一般在一轮行情的龙头股上实施效果最佳，板块龙头次之，如果仅是在自己喜欢的股票上实施，最好忘记持仓股票的成本、涨跌甚至价位。

至于大盘涨跌多少启动买卖，一般是按涨跌比例，不看大盘绝对指数，也没有绝对比例，比例大小也分为短线、中线和长线，对应的是日内、日间和周间，我个人比较喜欢周间。

问：当痛点板块出现新的利空消息，是不是要考虑推后建仓时间？

答：恰恰相反，应该把布局时间提前，因为利空消息利于主力资金加速完成布局，从而缩短痛点变甜点的时间。

问：什么时候抱团取暖的资金会松动？

答："认为"春天"来了，或者有更大的利益可以选择的时候。

问：主题炒作主力和价值投资主力有什么不同？

答：主题炒作的主力非常大方，大涨之后如果很多人要他手中（明显还会涨的）筹码他一定给；价值投资主力非常仁义，如果股价下跌很多人要把（明显还会跌的）筹码给他，他一定接。

问："大跌时不慌，连续小跌时要小心。"这句话背后的逻辑是什么？

答：大跌之后易涨（"国家队"出手），连续小跌没人管，而且连续小跌之后易大跌。

问：为什么要花时间关注散户喜欢扎堆的券商板块？

答：因为散户的世界必须懂；通过券商板块容易准确观察散户的情绪；和散户比速度比心态胜算更大，成功概率更高。（这里散户特指有散户心态的人，和资金量无关）

问：什么叫"忍无可忍再忍两天"？

答：假如你想卖股票，但由于一直心存侥幸而没有卖出，终于有一天你忍无可忍决定抛出股票，按你过去的习惯你也一定会抛出，这个时候请你按我说的再忍两天试试（看想法会不会变）。同理，假如你仓位轻踏空了，开始想等回调加仓，但大盘迟迟不回调，你忍无可忍决定追高或一见回调就加仓，这个时候请试试再忍两天（看看想法会不会变，或者是不是可以买到更理想的价格）。（这个方法因人而异，但对心态不好的人有奇效）

问：为什么上证 50 放巨量，创业板容易出现阶段低点？

答：每一次上证 50 放巨量，创业板容易出现阶段低点，赢家抛股票有两个理由，一是价格上涨达到了其估值预期，另一个是认为有更好的股票选择。所以，当以上证 50 为代表的股票出现筹码松动，而同时跌幅巨大的创业板逆势趋稳时，可排除系统性风险，大盘的震荡可理解为是贪得无厌的场内资金交叉换位所为。至于后面走势的持续性，则需要通过观察量价配合情况去判断。

问：为什么开大会股市不涨反跌？游资不是号称"更懂政治"吗？

答：游资懂政治是为了赚钱，他们遵循的是怎么容易赚到钱怎么来。

问：节前、季度前、大会前成交量萎缩，是不是主力都选择休息了？

答：主力（主动出力的投资者）和普通投资者（被动交易者）玩的永远是猫捉老鼠的游戏，主力要想赢必须充分利用被动交易者的恐惧（建仓）、贪婪（出货），还有松懈（暗度陈仓）。大会维稳是一条明修的栈道，调仓换股（权力交接）可能就是要暗度的陈仓。等普通投资者反应过来，权力已经顺利完成交接，一些股票已经错过了普通投资者肯卖出的价格，另一些股票已经超出了普通投资者敢买的价格。

问：通过什么判断大盘、行业、个股温度更有效？

答：大盘温度的判断，其实更多的是考量交易量，考量市场的情绪，然后分析得出板块走势、大盘走势所处的阶段。就是根据现在市场上投资者对这个板块、对大盘的态度，还有媒体对它的反应判断。当然成交量的大小也要参考，成交量小肯定说明不够火爆。

问：医药板块、上海板块、券商板块走势对大盘的指引意义？

答：医药板块走强可以感知机构的温度，一般牛市还比较远；上海板块走强可以感知游资的温度，行情有一定持续性；券商板块不走强，难有大牛市。

用洪攻略思维判断大盘的主方向及标的，再通过"聪明的钱"的温度感知市场近期的风险度，找到对应的 H333 系列操盘策略。

问：为什么好股票也会跌？

答：好股票一般在这五种情况下会跌：整体涨幅大了；短期涨速快了；板块出现整体调整（一般先跟跌，再分化，若板块风不在，好股票也会陷入盘整）；公司出现负面消息；大盘出现系统性风险。

需要重点关注的是第三点，板块出现整体调整时，比较磨心态。

另外，应对好股票的调整主要看其走势所处"季节"，"夏季"的调整宜加仓，"秋季"调整宜用 H333（针对有"安全垫"、心态好的人），当然，大资金考虑"大季节"，操盘方式会不同。

问：如何提高判断极端行情的准确率？

答：从情绪层面判断极端更为精准，因为人是有记忆力的动物，但也是忘性强的动物，时间对情绪的影响非常大，人对短期的激烈波动反应强烈，短期的连续暴跌极端情绪容易出现，长时间的连续慢涨慢跌也容易让人烦躁，所以，快涨快跌极端情绪来得快，慢涨慢跌出现情绪极端的时间要很长，行情涨得快就短，慢就长，跌得快也短，跌得慢就长。美国股市十年长牛，典型的慢涨快跌模式，相信未来的 A 股也会遵循这样一个走势。

还认为自己分不清楚行情极不极端的读者，我给你一个方法，你不特别痛苦（感到后悔、自责，开始埋怨或踏空、深套）也不特别兴奋的时候行情一定不是大极端，行情上涨至大涨你忍无可忍追高买入的时候，或持续下跌至大跌你忍无可忍砍仓时，基本算极端行情尾声。再有，判断不了平庸行情，就只抓极端行情，分不清小极端就只抓大极端机会。

再用排除法说几个是不是大盘下跌小极端的判断方法（这里说的小极端对应的是周滚动）：大小盘走势不同向不算极端；指数没加速下跌不算极端；市场没有恐慌情绪的下跌不算极端。

问：哪个板块能持续强势，该怎么判断？

答：观察龙头板块龙头股是特别简单的选股方法。真正的龙头板块的龙头股，一般都有一定的持续性，一般会有一到三倍的涨幅。如果政策消息对一个板块的利好确实非常大，那可以通过龙头股的总涨幅，辅助判断到了什么阶段，还能不能持续。

问：影响股票最核心的要素是什么？

答：最核心的要素是有没有主力买，即有没有主动性买盘。主动性买盘有两种，一种是主力认为股票质地不错，但当下估值偏低，有上涨空间，就会建仓做买入；另外一种是事件驱动。

问：如何发现好股票？

答：选股首要考虑的是"时机"，然后是板块，最后才是个股。选股时机最重要，必须有耐心，可平时选好股后放入自选，没达到自己的买入条件便等待，一旦机会出现便快准狠买入。

选股是个复杂的工作，但洪攻略力求简化，从抓主要矛盾、跟随"聪明的钱"、预期可控出发，结合投资时空观，总结出"龙头板块龙头股、痛无可痛的股票、有缘的股票"三类股票。

一个好的项目（股票）多数人视而不见充耳不闻时，往往价值最大；多数人看见了不重视或质疑时价值次之；多数人看懂了敢行动时，基本无价值甚至有害。

问：手中的股票如何判断持有还是卖出？

答：投资者关心的股票运行状态一般分三种：涨、跌、盘整。其实股票究竟处于哪种状态不重要，重要的是决定这个股票运行的"市场位置"，即相对走势强弱，这是投资者需要关心的。然后找到决定其走势强弱的主要矛盾，再去思考主要矛盾什么时候可能发生改变，最后决定采取哪种交易策略去应对。具体来说：

如果其走势强，分析是龙头板块龙头股还是跟随者，或是脱离板块的独立走强（看有没有消息驱动）等，这决定着你的具体交易策略。

如果其走势弱，在板块中总是靠后，如果你没有到忍无可忍的状态，基本可以调仓换股。

根据持股所处的"市场位置"及"季节"，采用不同的交易策略应对，是洪攻略思维。

问：投资中如何选择行业？

答：选股首先看行业，行业要从六个角度看：行业的商业模式（赚钱是否容易）；行业的空间大小；行业的门槛高低；行业的历史阶段；行业的竞争格局；行业的估值水平。

问："国家队"如此强大，怎么才能赢他们？

答：想不输靠贴身紧逼，要赢靠耐心（可惜散户投资者最缺的就是耐心）。

问：什么样的股市分析最没价值？

答：输家喜欢的分析最没价值，让输家敢于行动的判断会坑人。

问：为什么牛市的成交量会大于熊市的成交量？

答：牛市新用户进场是一个原因，但另一个重要原因是大部分投资者通常赚一点就跑了，而亏了就长期持股不动。

问：资金面、监管政策、宏观经济，如何判断谁才是当前行情的主要矛盾？

答：A股市场是个不折不扣的政策市，政策成为多数时间里左右A股走势的主要因素。如果要落实到某一轮行情，需要具体看资金面是否达到平衡；如果是要看特别长远的行情，监管政策与宏观经济的运行的关系就是主要矛盾。

问：不确定性中的确定性机会，如何把握？

答：什么是确定性？行情暴跌之后一定会反弹，这是确定的；那些绩优白马股的业绩，是确定的。投资，不要去研究不确定的、搞不清楚的问题，要找确定性的机会。

问：为什么有些人在一轮炒作中总是坐过山车，从大赚到大亏？

答：因为他们赢的时候基本不知道自己为什么赢。表面上分析得头头是道，但其实股票的走势和那些分析并没有确定的因果关系，结果验证了他们的判断，但没有验证他们的分析逻辑，他们的赢只是个巧合。

表象上看他们有两个典型特征：用价值投资分析一只题材炒作的股票，结果是股票炒作完成，却分不清是概念炒作还是价值投资。

问：趋势情绪围猎（围猎A）为什么需要看盘复盘?

答：看盘是为了能时刻感知市场的变化。短线投资者要掌握市场的动向，就要观察和分析股市行情的变化。

复盘是在头脑中对过去所做的事情重新过一遍。股市中的复盘，就是收盘后再静态地看一遍市场全貌，总结、理解当前盘面以及预测未来的情况。

问：什么样的人适合做趋势情绪围猎（围猎A）?

答：需要具备的特质就是有僧人的忍耐力、诗人的想象力和军人的执行力，简称"稳准狠"。

问：趋势情绪围猎（围猎A）是根据什么选股的?

答：唯一的选股条件就是龙头板块龙头股。趋势情绪围猎是根据市场情绪来赚取其他投资者的钱，市场情绪最热、最高的地方就是龙头板块龙头股。

问：趋势情绪围猎（围猎A）是根据什么来选时的?

答：根据"季节"的变化和情绪周期的变化来进行围猎。

问：趋势事件围猎（围猎B）的主要矛盾是什么?

答：趋势事件围猎流派的主要矛盾是事件，观察点及交易动机是事件，事件是行情运行的主要矛盾，事件催生主题，事件影响情绪，事件改变价值，事件有完整"季节"，事件也能影响股市的运行节奏，围猎B从事件角度洞察时代趋势、发掘投资机遇、抓住主线行情。

问：A股市场上参与趋势事件围猎的主力资金或"聪明的钱"有哪些?

答：有两大主力资金——游资与机构。游资喜欢借助重大事件来炒主题，市场上所有的主题炒作、热点炒作基本上都是事件所引发的；机构喜欢利用事件炒业绩的故事，事件改变价值，一些事件能给公司带来业绩增长、价值增长，机构是喜欢参与的，但机构比较注重这个事件的长远影响。

问：如何看信息? 如何通过事件信息抓住趋势事件围猎的大机会?

答：互联网时代，信息差越来越小，趋势事件围猎的猎人更喜欢玩事件催生、事件催化，没有了信息差，这个时候参与者就要拼认知差、预期差、频道差和心态差了，若想和猎人保持住相似的频道以及差不多的心态，需要一套完整的事件围猎投资哲学与交易策略。

问：为什么很多投资大师都把"故事因子（事件因子）"当作重要因子纳入他们的投资框架？

答：事件蕴含的是故事，而"人性不变，故事永恒"，索罗斯更是直言不讳地说："股市是一个讲经济故事的地方。"股市是故事，因为故事会让人靠近，让资源聚集，有资源就可以去把故事实现，一个好股票一定是有故事的股票，一段好行情伴随的总是一群不相信故事的人慢慢被故事打动。

问：趋势事件围猎的核心优势有哪些？

答：事件是第一导火索，从事件入手，可以清晰感知行情运行的脉络，洞察分析事态的发展可以准确感知行情运行所处的"季节"。有了事件这个观察点，投资者可以从纷繁复杂的行情中找到行情运行的规律，从而提高自己对行情演变的预测力，最为重要的是事件都会有清晰完整的运行节点。事件很多意味着机会很多，投资者可以根据自身情况抓最适合自己的投资机会。

问：什么样的人适合做趋势"季节"围猎（围猎 C）？

答：主要适用三类投资者：

股市初学者。围猎 C 适合初入股市的小白，但若具备一定的投资经验，学习效果会更好。

无法时时盯盘交易的投资者。围猎 C 不需要时时盯盘交易，但需要定期做复盘。

没有能力或没有时间深入研究一家公司的投资者。围猎 C 不必深度研究公司，大多数时候只需要定性研究。

问：牧场 A 和传统价值投资的区别是什么？

答：洪攻略极端交易体系下的牧场 A 流派和传统的价值投资并不一样，传统的价值投资通常是精选公司，然后以一个相对估值合适的价格买入，长期持有，赚取企业成长的钱，直到公司本质上发生改变才会卖出。

传统的价值投资要深度研究公司的本质，这需要具备非常专业的金融知识，而且如果只考虑公司的情况，不考虑市场整体环境，很容易对股价的走势做出错误的判断，经常不是买早了就是卖早了。

股票的价格波动是由人的交易行为而产生的，所以股票估值的极限边界并非由公司基本面决定的，而是由投资者决定的。人有时是非理性的，所以股价容易走极端，涨的时候涨过头，跌的时候跌过头。

洪攻略极端交易体系根据中国股市的特点，从股民人性的角度思考，利用极端思维，加入"季节"元素，把股价的走势分解为春夏秋冬四季轮回，再结合传统的价值投资，提出了价值季度牧场流派，即牧场 A 流派，应该说牧场 A 流派是更适合普通投资者的"价值投资"。

问：牧场 A 如何划分"季节"？

答：一个产业通常都有"春夏秋冬""四季轮回"，当产业处于高景气度阶段的时候对应的就是"春季"和"夏季"，当产业处于低景气度阶段的时候对应的就是"秋季"和"冬季"，而相应的股价走势也会随着产业的"四季轮回"上涨和下跌。

我们跟随"聪明的钱"观察产业和股价的"四季轮回"。如果一个产业受到政策的大力支持，就会吸引大量的资本进入，进而推升产业进入高景气度阶段，而产业高景气度就会带来相关公司的业绩大爆发，公司业绩的爆发就会引起"聪明的钱"的关注，一旦"聪明的钱"大量布局，就会带来趋势性行情。

场内"聪明的钱"又分为牧场资金和围猎资金，牧场资金通常是机构资金为主，围猎资金通常是游资和小机构为主。当机构资金主导行情的时候，股价走势通常表现得比较平稳，趋势缓慢向上，不会大起大落，而随着行情的不断向上，形成趋势后，会逐渐吸引围猎资金关注。

当围猎资金冲进牧场后，行情会在短时间内加速，趋势斜率明显变得陡峭，而一旦围猎资金离去，行情短时间内又会快速回落，重新回到机构主导的节奏中。围猎资金通常是做一波就撤离了，而牧场资金一般不会轻易离开，除非公司业绩增速开始下滑，行业逻辑发生改变。所以做牧场 A 投资，我们会跟随"聪明的钱"的变化做滚动，但会长期持有一些底仓，对选中的股票会长期跟踪，按照"季节"持续阶段交易。

问：牧场 A 流派如何理解估值?

答：传统价值投资认为，估值低就是买入的时机，估值高就是卖出的时机，但是按照估值进行投资，现实往往不是买高了就是卖飞了。

估值便宜不是买入的理由，因为便宜了还可以更便宜，而且估值可以长期在低位徘徊，这非常考验股民的耐心和信心。"季节"是估值的前提，当"季节"处于"夏季"时，估值必然高，反之当"季节"处于"冬季"的时候，估值必然低。只有先等大盘大环境变好了，公司基本面转好了，股价见底了，股价"季节"从"冬"转"春"以后，才能再结合估值进行买入，反之等股票价格走出上极端，"夏"转"秋"以后，才能结合估值进行卖出。

问：牧场 A 的股票特点是什么？

答：一是运作周期相对长，有充分反应时间。二是交易频率相对低，不需要每天盯盘。三是投资者能握得住，睡得好，省心省力。四是散户不需要很大的技巧和盘感。五是长期比较，收益也不差。

附录二

"洪攻略"名词解析

洪攻略：

洪攻略是"洪攻略极端交易体系"的简称，这套体系由洪大教育创始人、洪攻略投资研究院院长洪榕先生，根据他在资本市场驰骋近 30 年的经验，独创的一套为普通投资者量身打造的极端交易投资体系。这套投资体系从创立至今，已穿越牛熊，验证了普通投资者也能在 A 股赚到大钱。

这是一套为个人投资者量身打造的"在股市赚到属于自己的钱"的完整解决方案。洪攻略交易系统构建在人性层面上，针对个人投资者股市不赚钱背后的本质原因，用简单易用的策略帮助投资者去战胜人性的贪念和恐惧，另辟蹊径，巧妙地帮助个人投资者系统解决选股、看消息、看盘、选时、操盘及风控等普遍难题。所有策略设计源自市场赢家智慧及个人实践，根植于人性底层，可以随市场变化而变化。

洪攻略实战：

面对股市这个战场，"洪攻略极端交易体系"是一套完整的股市投资实战解决方案。通过抓主要矛盾，弄明白战事的性质，找到投资的主战场，跟随"聪明的钱"找到投资的前线，然后根据前线战事的性质、大小、所处"季节"来排兵布阵，决胜股市。在股市战场帮助投资者根据自己的兵力能力，针对战场的情况，采取相应的策略去应对，以此提高投资成功率。

洪攻略实战音符：

一大交易原则——极端交易（不极端不交易）。

二大选股原则——远离平庸，拥抱龙头。

三大选股方向——龙头板块龙头股，痛无可痛的股票，熟悉的股票（和自己有缘的股票）。

四大交易策略——H333、SH333、H110、H007。

五大交易流派——趋势情绪围猎（围猎 A），趋势事件围猎（围猎 B），趋势"季节"围猎（围猎 C），价值季度牧场（牧场 A），价值年度牧场（牧场 B）。

六大思维——极端交易、围猎、工具、城门立木、概率、"季节"思维（"四季轮回"）。

七大战法——城门立木战法，极端估值时空图，H333 建仓，H333 滚动，H333 降级打击，H333"捡皮夹子"，不交易（不交易是交易的最高境界）。

洪攻略思维：

洪攻略思维是以"战上海"投资哲学为思维核心，是基于人性层面的哲学思维，是适应中国特色 A 股投资的思维体系，力求从战略层面解决投资者看盘和选股的问题。

"战上海"投资哲学思维：

"战上海"投资哲学思维是洪攻略思维的核心，重点阐述了洪攻略的"道"，包括：抓主要矛盾，跟随"聪明的钱"，做预期可控的投资。

抓主要矛盾：

主要矛盾一定是当前影响并决定"现实状况"的"事情"，也就是说这件"事情"基本可以完美解析为什么会出现这样的"现状"，逻辑一定是通顺的。

抓主要矛盾是指通过系统分析和深度思考，抓住影响股市行情和趋势的众多矛盾中的主要矛盾。

主要矛盾一般包括：国家层面（管理层）、政策层面（监管层）、行情层面（"季节"）、个股层面（"聪明的钱"的选择）、操作层面（心态和计划）、利益层面（目标和初心）的矛盾。主要矛盾有长期主要矛盾、短期主要矛盾，长期主要矛盾影响大趋势，短期主要矛盾影响的是波动频度及幅度。

跟随"聪明的钱"：

"聪明的钱"——资本市场上先知先觉及能快速反应的力量。

"聪明的钱"一般包括"国家队"、游资、外资、社保养老金、公募及私募基金等，其主要特点有：主动选择交易、识时务、稳准狠、会休息、顺势而为（风来了扬帆，没风晒网）等。

跟随"聪明的钱"就是跟随市场先知先觉的"聪明的钱"，通过他们的市场语言及资金动向，像他们一样思考，提高投资成功率。

做预期可控的投资：

可控，不仅是对投资品种的选择，对仓位的控制，更是对心态的控制，这是投资最关键的一点。做预期可控的投资就是抓不确定中的确定性机会，只做风险可控、成功概率大的投资。一般需要做到：

不做超出自己承受能力的投资；

了解风险控制实际是心态控制；

顺势而为才能做好风险控制；

只做三类股票：龙头板块龙头股、痛无可痛的股票、自己熟悉的股票。

投资时空观：

投资时空观是基于"一切事物都处于一定的时空之中，呈现不同运动规律，遵循各自的生命周期"而简化的股市温度体系及投资四季说。

股市温度体系：

股市温度体系是洪攻略极端交易体系的重要一环，找到了温度，就知道了市场热点和板块热点在哪里，核心内容是通过测量和分析股市温度来判断"季节"采取对应的操作策略。

"股市体温表"是在"战上海"投资哲学基础上构建的系统，主要采集直接反映股市状态的一些项目"温度"，包括：大盘温度、板块温度、政策（政府）温度、媒体温度、专家温度、机构温度、散户温度、技术温度等，根据这些温度最后得出一个综合温度。然后根据这个综合温度决定仓位的轻重，即决定采用什么投资攻略（不同温度，不同策略应对）。

"投资四季说":

洪攻略的"四季轮回"理论基于任何事态的发展一定遵循其"生命周期",有小周期也有大周期,对应到股市中,每一轮行情、每一个板块运行和每个个股炒作,基本遵循"春播、夏长、秋收、冬藏"的周期轮回法则。

H333 系列操盘策略:

H333 系列操盘策略由 H333 策略、SH333 策略、H007 策略、H110 策略组成,主要帮助投资者解决如何操作的问题。其中 H333 策略是策略核心,所有的策略和行动都是为了保有一个投资好心态。

H333 系列操盘策略对应的是大盘不同"季节"的不同市况,给出的是不同风险机会下的仓位建议及买卖时机选择,追求的是成功大概率。

H333 策略:

H333 策略是把交易资金分成三部分,花 1/3 资金建底仓,用 1/3 资金滚动交易,预留 1/3 资金"捡皮夹子"。

H333 策略是特殊阶段投资 A 股的一套策略,属防守反击型。这个策略不是简单的高抛低吸,一般用在行情转折或趋势不明阶段,用于保护好心态。

H333 滚动原则:

H333 滚动原则是只看幅度,不问价格,不可滚成满仓,不滚动则"滚蛋"。

H333 适用阶段:

H333 适用阶段是"春季"和"秋季",还有行情可能转折期间,即牛市和熊市的后期。

SH333 策略:

SH333 是攻击性策略,是一个满仓的策略。

主要用在两个阶段:一是趋势明显的上涨行情,一般牛市确立;二是大盘没有太大系统性风险时用于强势板块强势股。是 H333 策略的超级版,满仓甚至融资运行。

H007 策略:

H007 策略是极端大跌时的策略,在极端行情才能使用,必须在连续快速大跌之后才能使用。H007 里面含有两个 7,就是大跌到一个阶段的时候,买进

70%的仓位，如果后面继续跌停，再买70%，总仓位达到140%，一般在见底反弹三天后结束此策略。

H110策略：

H110策略是用于熊市、阶段性调整行情（"冬季"）的策略，用一成仓位在"秋季"及"冬季"或平衡市中阶段性炒作后期。仅用一成仓位去滚动，象征性地操作看好的目标股，或者完全空仓，直至春天来临调整为H333。

行情的"春季"：

春季特征，首先是先知先觉的资金开始建仓；走势妖艳的个股开始出现；政策如春风，个股偶尔全面开花；但是不看好的声音很多，而抛出筹码不多；提示风险看空的声音不绝于耳，大盘不知不觉中往上冲破了一个又一个阻力位。

行情的"夏季"：

何为盛夏？太阳很毒，温度很高，人们普遍感觉很热，热得难受。暴涨的行情总是时间太短；涨停板一板接一板；小阴小阳还似春天，一根长阳出现感觉行情要结束；投资者满仓融资，表现出无限豪迈；饿死胆小的，撑死胆大的。

行情的"秋季"：

一场秋雨一场寒，十场秋雨该穿棉。秋雨就如股市见顶之后的带量阴线，一根比一根寒冷，十根阴线足以把投资者完全包裹，让投资者变得行动笨拙，被动进入冬眠状态（套牢不动）。若见连续带量阴线，多数投资者行动迟缓被动持仓，则基本为秋天。

行情的"冬季"：

冬天独有的孤独感，与心中未来的牛股孤独相守，在寒冷的冬天忍受熊市的痛和愁，此时一些抗寒品种逆势走强，耐心熬过熊市的寒冬，梅花香自苦寒来。

政策市：

政策市是指国家的改革措施对市场的影响力是最大的，经常会因为一个政策造成股市的涨与跌，政策成为主导的关键因素，所以称之为政策市。

主力：

主力是指股市中主动出力、主动交易的投资者，一般都是"聪明的钱"和赢家。

主力特征主要有：识时务、懂得急流勇退、稳准狠、懂得休息、做成功率大的事情。

主力试盘：

试盘是庄家拉升股价之前，为了更好地掌握主动权，尽可能有效地降低运作成本，用小部分资金拉抬和打压股价，制造一个特殊的盘口，从而测试实盘交易状况和其他投资者对该股的反应、对该股的持筹心理。

主力试盘其实就是和散户博弈，而博弈比的其实是心态，试盘过程其实就是通过交易来判断散户对待自己手中筹码的态度，进而通过培养散户的贪婪、惯性或制造散户的恐惧来达到自己的目的。

散户：

散户是指与资金量无关，具有散户心态和思维的投资者。

散户特征：喜欢追涨杀跌，投资无计划、无方向；没有风险意识，不肯砍仓，不敢重仓持有；顺时不思考，不顺时乱思考，盲从；爱幻想，不努力，认为天上会掉馅饼；特别情绪化，爱抱怨，乱发泄；总是后悔，但认为错都在别人；不亏光不离场。

微博散户情绪：

微博散户情绪是股市体温表中投资者情绪的一个观察点。一般散户喜欢追涨杀跌，活在不远的过去。通过微博平台可以很好地感知散户情绪，从而判断行情所处阶段。

游资：

游资是指具有一定的资金量，主动灵活出击，结合市场题材，利用 T+1 及涨跌停板制度，通过制造热点和趋势来获利的活跃资金。

游资特征：讲政治、先知先觉、反应快、成功率高、不打无准备之仗、稳准狠。他们敏锐、聪明，游走在道德、法律以及监管层及社会承受度的边缘，通过"城门立木"试探管理层的底线，同时试探出普通投资者的贪婪程度。

峰终定律：

一轮大行情已经结束了，而让输家记忆犹新的仍是那些涨得特别好的股票。当那些已经被炒到很高价位的股票出现调整时，投资者会认为机会来了，很容易高位接盘。因为他们心中幻想的仍然是这只股票能继续像之前一样大涨，所以他们对下跌毫无感觉，直至被深套。

当股市反转开始往上走时，因为受峰终定律的控制，记忆犹新的仍然是熊市的大跌，是股票被深套的恐惧，所以他特别容易割肉，稍微涨一点点就抛出。

投资者的记忆永远是之前股市出现峰值（极端上涨和极端下跌）的地方，所以每一次都是高位接盘、低位抛出。峰终定律就是用过去控制现在，这是人性弱点，也是被猎人反复利用来"割韭菜"的点。

赢家：

赢家是指前一轮行情中跑赢大盘并踏准行情节奏的投资者。一般是主动交易投资，拥有好心态，关键时刻思维不乱，赢得了一轮行情或者赚到了钱且赢得了人生的投资者。

输家：

输家是指前一轮行情跑输大盘并节奏混乱的投资者。一般是被动投资者，心态不稳，输掉一轮行情或者财富的投资者。

赢家思维：

一是必须忘记自己的仓位和持仓的股票；二是必须忘记自己的账户情况；三是要假设你在底部就建仓了，而且板块也踏准了节奏，假如这样的话，你最希望后面的行情怎么走？假如这样的话，你会做什么动作？洪攻略思维就是赢家思维。

输家思维：

总是活在不远的过去，属于记忆的"峰"；活在自己"持仓"的世界中，属于记忆的"终"。无法克服峰终定律，总做无效思考和倒金字塔投资。

物极必反：

物极必反指事物发展到极点就会向相反的方向转化。

极端交易：

极端交易指只在极端行情时才交易。可以显著帮助投资者提高投资成功率，降低行情操作难度。

在行情平庸时不动声色（不做交易），在行情极端时期出手（买或卖）。即大极端大交易，小极端小交易，不极端不交易，极端跌时增仓，极端涨时减仓。

极端行情：

极端行情分为大极端和小极端，上极端和下极端。

大盘、板块连续暴涨或暴跌，叠加散户情绪的极端贪婪及恐惧，即为大极端；大盘、板块与散户情绪不同步，两者中只有一个出现极端，即为小极端。

大盘、板块或个股疯狂式上涨，速度够快、时间较短，即为上极端；当大盘、板块或个股恐惧式下跌，速度够快、时间较短，即为下极端。

大极端大交易：

大极端大交易是指大跌大买，大涨大卖，每一次大极端中的极端下跌都是"捡皮夹子"甚至启动 H007 策略的好机会，每一次极端中的极端上涨都是 H333 系列操盘策略降级打击的减仓点。

小极端小交易：

小极端小交易指行情连续处于一定幅度的上涨或下跌时，进行小仓位的 H333 滚动操作策略。

不极端不交易：

不极端不交易指平庸行情不参与交易，多做有效思考。不交易可以是空仓，也可以是满仓或任何仓位。

龙头板块龙头股：

龙头板块龙头股指每轮行情启动必有主热点板块及龙头个股带领市场人气拓展向上空间，对大盘趋势指引和个股上升起到领头羊作用的个股。

有缘的股票：

有缘的股票指和自己有缘分，自己很熟悉、长期关注、对其股性和业绩非常了解，在上面能赚很多钱的股票。

平庸股票：

平庸股票指走势平庸、不被市场和投资者认可的平庸公司，或者是不被主力选中的平庸公司。

痛点变甜点：

痛点变甜点指板块或个股经过长时间的下跌，价格严重偏离价值（痛无可痛），由于下跌幅度巨大，持股人痛苦到麻木，达到极端之后绝处逢生，跌无可跌、利空出尽，开始步入上升通道。

落难英雄王者归来：

落难英雄王者归来指曾经引人注目的龙头股，后来由于一些原因连续下跌，到了无人问津的地步，但在某一时间段里，一些因素和消息的改变使其迎来一轮新的上涨。

"捡皮夹子"：

"捡皮夹子"是 H333 策略的组成部分，是应对黑天鹅事件造成股市大跌时采用的。在用 H333 策略操作股票滚动时，如果有突发的消息导致股价下跌，可在大跌时买入，第二天股价反弹时抛出。

第三层次思维：

第一层次思维，考虑的因素往往在过去的股市中已经反映，这样的思考属于无效思维；

第二层次思维，考虑的因素影响的就是现在的市场（现在的股价）；

只有第三层次思维，考虑的因素才会影响未来的市场（未来的股价）。

右侧交易：

右侧交易属于趋势投资，在市场不热，没有明显趋势转向时是不会入场的，但在趋势出现后会非常大胆地犀利入场，一般在牛市主升浪表现非常优秀。右侧交易的优势是会躲过最熬人的熊市后期或者大熊市的伤害，劣势是比较容易错过牛市第一波。

左侧交易：

左侧交易属于价值投资，在市场下跌末期，在下跌过程中逐步建仓的动作，一般会提前买入，甚至主动买套，越跌越买，痛苦地买入，甜蜜地卖出。左侧交易常常会在熊市抄底过早，牛市离场过早。

猎人：

股市中的"猎人"指的是主力资金，往往能够决定行情的走势，在交易中处于主动地位。

围猎：

股市中的"围猎"通常指的是一种集体投资行为，即一些投资者"联合"起来，共同投资于某个特定的股票或行业，从而导致其他投资者损失惨重的行为。

阶段性围猎：

阶段性围猎是指在某一阶段，当适用围猎的热点、政策、业绩等题材出现时，"聪明的钱"会作为短时间的炒作题材，利用题材吸引散户跟风"割韭菜"。

游资围猎过程：

游资的围猎过程一般是先制造或利用市场热点信息，在市场比较热时用连续涨停板吸引眼球。若散户不跟便继续拉涨停，短时间内拉抬股价吸引散户追涨，等有大量散户追高买入时适当让利给散户，一旦市场情绪不太热，追涨情绪有犹豫时快速离场，待股价隔日大反转时已顺利离场。

游资围猎特征：

一是喜欢玩确定性，每一个大题材的炒作，游资都是绝对的主力，但他们大多数并不是提前潜伏，有些大事件他们也是消息公布之后才开始重手介入。

二是龙头引领定位，龙一涨幅太大最后多半会玩到自弹自唱，在龙一上不赚钱。

三是声东击西确定龙一，在龙二龙三等股票上赚钱。基本可以推算龙二、龙三的高度。所以，他们只要用力让龙一达到预定目标，便可以很从容地从龙二、龙三（不连续无量涨停，容易买入）上赚到大钱。

洪攻略原则：

• 洪攻略思维原则

抓主要矛盾、跟随"聪明的钱"、做预期可控的投资

- 洪攻略选股原则

只做三类股：龙头板块龙头股，痛无可痛的股票，自己熟悉的股票

- 洪攻略选时原则

极端交易：大极端大交易，小极端小交易，不极端不交易

- 洪攻略仓位管理原则

仓位大小以呵护好心态为第一目标

- 洪攻略交易原则

摆脱峰终定律控制，不猜顶不猜底，远离平庸的行情，远离平庸的股票；

妙用 H333，用 H333 壮胆参与强势股，用 H333 拿回交易的主动权；

耐得住寂寞，经得起震荡，跟得住趋势，砍得了亏仓。

博弈思维：

博弈思维是投资者在投资决策中所采用的一种策略，即通过与其他投资者的竞争来获取收益。这种思维方式强调了投资者之间的对立关系，认为市场是一个零和游戏，即一方赢利必然导致另一方亏损。博弈思维的核心是追求最大化收益，同时尽可能地减少其他投资者的收益。

牛市思维：

牛市思维是一种投资心态，通常在股票、期货等市场呈现牛市（价格持续上涨）时出现。牛市思维的主要特点是乐观、自信和贪婪。

极端交易思维：

极端交易思维是洪攻略中重要的选股和择时思维，只在极端时（极端上涨和极端下跌）才交易，从而大大提高了投资的成功率。在投资中，我们经常用极端交易思维选买卖时机，寻找交易机会。

城门立木思维：

城门立木具有市场影响力和号召力，城门立木又称龙头板块龙头股，能够引领市场运行一段时间的趋势行情。城门立木 50% 是底线，一倍起步，好行情三到五倍，大行情十倍以上。城门立木的股票必须走到让投资者看见，而大多数情况下最后才倒下。

在投资中，我们经常用城门立木思维确认"季节"、交易板块及个股。

围猎思维：

围猎思维是 A 股投资中重要的交易策略和底层逻辑思维，便于看清中国股市，在 A 股赚取超额收益。在投资中，我们经常用围猎思维看盘，看机会大小。

工具思维：

工具思维是投资必备的思维，站在更高维度，理性看待市场发生的各类现象。比如，一个板块按价值投资思维来看似乎没价值，不具备上涨条件，但如果它上涨可以帮助主力达到"割韭菜"的目的，那这只股票大概率会上涨。

在投资中，我们经常用工具思维思考有没有好行情和好机会。

概率思维：

概率思维是指利用数学概率的方法去思考分析问题的一种思维。在投资中，这是一种非常重要的思维方式，内含胜率和赔率。洪攻略中强调个案思维要不得，一定要习惯概率思维。追求大概率是为了提高胜率，追求没风险是投资最大的风险。不做概率（胜率、赔率）平庸的行情，不买趋势平庸的股票。

"季节"思维：

洪攻略中的"季节"思维指的是"季节"和策略匹配，仓位和"季节"匹配。在投资中，我们经常用季节思维指导仓位和策略。

牵牛绳：

牵牛绳的目的是为了用较小的力气控制一只股票，带动一个板块，甚至影响大盘走势，提高其投资胜率，这是牵牛绳的巨大价值。

城门立木股属于牵牛绳，牵一发动全身，比如 2022 年 6 月，主力疯狂拉升光大证券股价，进而带动券商板块走强，券商板块走强带动银行板块走强，最终带动上证指数创出这轮行情的新高。

牵牛绳不但可以把行情向上拉，还可以把行情向下拉。我们可以通过观察被牵牛绳牵着的股票走势来洞察投资机会或风险，或者根据牵牛绳的应用规律去提前洞察牵牛绳可能的动作。

活跃资金：

股市中的活跃资金是指那些在股市中大量交易、买卖股票的投资者所持有的资金。这些资金可以是机构投资者、个人投资者或大型基金等。

活跃资金在股市中扮演着非常重要的角色，它们的交易行为和投资决策可以对股市产生重大的影响。例如，当一些大型机构投资者开始买入某只股票时，通常意味着他们对该股票的未来表现持乐观态度，可能会吸引其他投资者跟随他们的步伐，从而推高该股票的价格。相反，如果一些大型机构投资者开始卖出某只股票，通常意味着他们对该股票的未来表现持悲观态度，可能会导致其他投资者也开始卖出该股票，从而压低该股票的价格。

因此，了解股市中的活跃资金是非常重要的，对于投资者来说，可以通过观察这些资金的行为和趋势制定自己的投资策略。同时，政府和监管机构也可以通过监管措施来引导活跃资金的投资方向，维护市场的稳定和健康发展。

散户思维：

散户思维具备以下五种特征：天天打听牛股、到处打听消息、听到风就是雨、永远在后悔中、去天桥看热闹。

贪婪：

股市中的贪婪通常指的是投资者过度追求短期利润，忽视了公司的基本面和长期价值，盲目追涨杀跌，甚至愿意承担高风险以获取更高的回报。

在股市中，贪婪往往会导致投资者采取过度激进的投资策略，例如高杠杆操作、盲目跟风等，这些行为可能会导致投资者的损失加剧。同时，贪婪也容易引发市场波动和投机炒作，使得股市价格脱离其基本面和真实价值。

情绪温度计：

股市中的情绪温度计是指一种用来衡量市场情绪的指标，它通常通过分析投资者的情绪和行为数据来反映市场的热度和风险程度。

具体来说，情绪温度计可以通过监测投资者的交易量、价格波动、资金流向等数据来判断市场的乐观程度或悲观程度，从而评估市场的热度和波动性。例如，当投资者情绪高涨时，交易量和价格波动通常会增加，资金流入也会增多，这可能导致市场上涨；相反，当投资者情绪低迷时，交易量和价格波动通常会减少，资金流出也会增多，这可能导致市场下跌。

公鸡型信息：

"公鸡型信息"指的是市场上流量大的、输家特别喜欢看的信息，往往长得漂亮，引人注意。但即使是公鸡中的战斗机，叫得很响亮，也是不会下蛋的信息，因为它追求的是短平快的结果，对提高投资成功率毫无意义。

母鸡型信息：

"母鸡型信息"指的是其貌不扬，但是能下蛋的信息。能帮助你找到牛股，并且让你拿得住，让你具备战斗的能力，具备良好的心态，而这恰恰是决定投资成功的关键。

声东击西：

声东击西是游资惯用的围猎方法，很赚钱。大题材概念炒作，一定会有连续涨停的龙头，即龙头引领，这是给市场看的。

对于确定性的大题材大概念，游资是绝对不会放过的，他们会找到最适合做龙头的股票（俗称龙一），测算这个龙头的拉抬空间，这叫提前"定位"，一般要求龙一有至少三倍的上涨空间。若能找到这样的股票，就会根据这个确定性的目标布局这次题材炒作。因为确定了龙一的目标，基本可以推算龙二、龙三的高度。

所以，只要用力让龙一达到预定目标，便可以很从容地从龙二龙三（不连续无量涨停，容易买入）上赚到大钱。只要把龙一的走势图画（或推算）出来，基本可以确保在龙二、龙三上从容进出。

龙一由于涨幅太大，最后多半会玩到自弹自唱，甚至不赚钱，但无所谓，这正是声东击西围猎的精髓所在。精心选择龙一，精心操作，但在龙一上赚钱不是炒作它的首要目的。当龙一倒的时候，往往表明这轮围猎彻底结束了。

倒金字塔投资：

倒金字塔投资的意思是当指数在低位时资金投入少，在相对高位时投入更多资金，致使账户在大盘调整不多时，便亏掉了前期赚到的大部分利润，以至于坏了心态，乱了舞步。这是大多数投资者亏钱的原因之一。

追涨杀跌：

追涨杀跌是投资者在峰终定律的影响下所采取的冒险策略。

追涨，指在股票价格上涨时，投资者认为该股票的价格还会继续上涨，因此会追高买入该股票，以期望获得更高的收益。杀跌，指在股票价格下跌时，投资者认为该股票的价格还会继续下跌，因此会抛售该股票，以避免进一步的损失。

追涨杀跌的行为会让投资者处于被动投资状态。当股市极端跌时没钱买，只能恐惧地斩仓；当股市极端涨时没有股票可抛，只会贪婪追高。这也是大多数投资者亏钱的根本原因之一。

常年满仓：

长年满仓指的是投资者始终用账户的全部资金买股票，这样很容易陷入被动状态，无法做到主动择时，会错失很多机会。这也是大多数投资者亏钱的原因之一。

长年满仓的投资者具备如下特征：只有换股的需求，只对牛股感兴趣，每天到处打听牛股，喜欢荐股群，喜欢追涨杀跌，总是活在不远的过去。

做多中国：

做多中国指的是看好中国的未来，与国家站在一起，看多中国，做多中国才能收获更多的财富，跟着国家走才能行得稳、走得远、飞得高。

做多中国的三条主线：资产重估（中国核心、中国优势、中国特色资产，比如中字头公司）；科技未来（比如人工智能产业链）；经济复苏超预期（比如线下消费）。

结构性牛市：

结构性牛市是指股市中出现的一种特殊类型的牛市，它的特点是与特定行业或板块相关的股票价格上涨，而非整个市场整体上涨。

小单试错盈利加码：

小单试错盈利加码是一种能够提高投资成功率的策略。小单试错，即刚开始少量买入，用小单试试买股票之前做的功课是否有效。小单买入之后若发现市场走势与想象的完全不一样，要立即平仓；若小单盈利了，就要开始加码以获取更大的利益。

小单试错盈利加码与倒金字塔投资不同。举例来说，你在一个股票10元价格时少量买入 10 万元，不久这个股票涨到近 11 元，你在 10.6 元左右再加码买入 100 万元，这叫小单试错盈利加码；如果你在 10 元时买入 10 万元，一段时间后这个股票涨到 20 元，你在 19 元左右加仓 100 万元，这叫倒金字塔投资。

超预期：

超预期指的是行情走势（或业绩增长、股价表现等）超出市场预期。

预期差：

预期差指的是行情走势和市场预期之间存在差距。当行情走势和市场预期一致时，预期差归零。

弹性空间：

在股市中，"弹性空间"指的是股价上涨和下跌的空间，可以用来描述某个行业或公司的适应能力和抗风险能力。决定股票弹性空间大小的两大关键点：一看历史好行情时的实际弹性（振幅大小），二看板块个股当下想象空间高度。

降级打击：

在股市投资中，用 SH333 的胆识去实施 H333 战略、用期货投资功力去投资股市、用博弈功力和行为金融学的修为去进行价值投资，这都属于降级打击，降级打击可以大大提高胜算。

交易十法：

交易十法包括：不交易、热身法、跳出法、中国式对冲、会卖的才是师傅、龙头战法、牛市战法、中国式趋势交易、防深套交易法、先发制人交易法。

人性不变，故事永恒，逻辑无价：

每天的行情都在重复昨天的故事，也就是说几乎所有的行情都可以在历史中找到范例。

每一个行情"季节"，背后的逻辑都有相似之处，每一轮炒作都有相似的规律，赢家的行为大同小异，输家的心情基本是历史重演。

H333 救驾：

投资者经常会陷入重仓被套、轻仓踏空或踩雷的困境，H333 救驾能让投资者在战场上化被动为主动。

围猎 A 流派：

洪攻略极端交易体系五大流派之一。根据中国股市的特点，从人性的角度思考，在投资者贪婪时恐惧卖出，在投资者恐惧时贪婪买入，不太考虑机会大小，不提前建仓埋伏。一轮行情、一个板块、一个股票上涨途中，在市场情绪还没有达到疯狂时果断持续交易，在情绪开始退却时坚决退出，彻底离场。

趋势情绪围猎：

趋势情绪围猎是洪攻略围猎 A 流派的全称。

趋势情绪龙头战法：

洪攻略选股以龙头板块龙头股为原则，围猎 A 的交易周期以中短期为主，选股以趋势、情绪为主。

市场情绪：

所有投资者对于当前市场涨跌情况的具体体现。

趋势事件围猎：

简称围猎 B，是洪攻略五大流派之一。流派核心战法是：事件龙头战法。"聪明的钱"利用重大事件展开趋势围猎，流派的观察点及交易动机是事件，无论利好事件还是利空事件都蕴含着较好的事件围猎机会。事件围猎重点关注"八大事件"，即金融改革、国家战略、产业政策、技术革新、地缘政治、自然事件、常规事件、舆情事件。

极端事件：

极其不寻常的重大利空事件（黑天鹅事件、灰犀牛事件）。

相"季"行事：

根据"季节"采用相匹配的交易策略。

快围猎：

游资主导的围猎行情，通常以"连续 N 个涨停板"的方式进行趋势围猎。

慢围猎：

"聪明的钱"主导的围猎行情，常以"不连续 N 个涨停"的方式进行趋势围猎。

事件围猎温度计：

主要用于游资主导的趋势围猎行情中，观察游资的围猎风向与围猎温度。

看板识天气：

通过涨停板观察游资所主导的围猎天气情况。

趋势"季节"围猎（围猎 C）：

趋势季节围猎流派比较重视大盘研究，主张放弃相对小的或者不容易把握的机会，专抓季节明显、机会较大的整体性机会，即做大盘、板块的季度行情。

选股上会考虑一定的持续性，会借用一点价值投资的选股方式，但主要还是考虑股票的上升空间，希望守正出奇。

中线龙头战法：

围猎 C 以赚中线趋势的钱为最终目标，主要使用中线龙头战法。

即站在"中四季"时空观下理解行情，寻找具备月度以上持续力的龙头板块龙头股机会，再根据所处"季节"阶段采用 H333 系列操盘策略应对。

中四季：

区别于年度级别的牛熊"大四季"行情周期和月度级别的情绪"小四季"行情周期，"中四季"指的是季度级别的"春夏秋冬"行情轮回中周期。

围猎 C 基本交易策略：

"春季"采用 H333 建仓策略，"夏季"采用 SH333 策略或激进型 H333 策略，"秋季"采用 H333 滚动策略，"冬季"只做极端交易。

牧场 A 流派：

洪攻略极端交易体系五大流派之一，根据中国股市的特点，从股民人性的角度思考，利用极端思维，加入"季节"元素，把股价的走势分解为"春夏秋冬""四季轮回"，再结合传统的价值投资，提出价值季度牧场流派，即牧场 A 流派，应该说牧场 A 流派是更适合普通投资者的"价值投资"。无论是公司的价值还是股票的估值，牧场 A 流派重点从周期"四季"轮回角度出发，重视价值周期和估值周期的运行规律研究，实现策略的最终落地。

价值季度牧场：

价值季度牧场是洪攻略牧场 A 流派的全称。

中线价值龙头战法：

洪攻略选股以龙头板块龙头股为原则，牧场 A 的交易周期以中长期为主，选股以价值龙头为主，所以牧场 A 的核心交易战法是"中线价值龙头战法"。

极端估值时空图：

投资最重要的是收益风险比，价值投资是风险思维，炒作是收益思维。极端估值时空图是以估值为锚，以趋势为尺，用时间换空间画出风险收益边界。于一个股票而言，预期时间段最大估值是预期收益上极端，预期最小估值是风险下极端。在预期时间段接近上极端是离场点，接近下极端是进场点。参与这类股票，在找买卖点时，需要画出这个股票的"极端估值时空图"。

中国资产重估：

不同市场适用不同的估值体系才是理性客观的，把在美国成熟市场投资成功的"种子"种在 A 股市场的"土壤"中，注定会水土不服，不可能有"放之四海而皆准"的估值体系。中国特色社会主义对应的是中国特色制度环境、政策环境、经济环境、发展路径、分配机制、资产结构、投资者结构、所有制结构等，对应的是有中国特色的资本市场才顺理成章，逻辑才通，所以需要建立具有中国特色的估值体系。